新世纪高职高专实用规划教材 经管系列

# 市场调查与预测
## (第 3 版)

李世杰 于 飞 主 编
王 丽 孙晓然 韩大平 副主编

清华大学出版社
北 京

## 内 容 简 介

市场调查与预测是财经类、管理类专业学生的必修课。也是现代企业了解市场和消费者需求的重要手段。

本书紧扣高职教育技术应用型人才培养目标，以市场调查与预测的具体工作过程为导向，将市场调查与预测分解为11个任务：任务1 明确市场调查的意义和程序；任务2 选定调查目标；任务3 制定市场调查方案；任务4 确定调查内容；任务5 选择市场调查方法；任务6 决定抽样计划；任务7 设计调查问卷；任务8 组织实施市场调查；任务9 整理、分析市场调查资料；任务10 预测市场发展趋势；任务11 准备并编写市场调查报告。

本书在每个任务前均设计了"能力目标""核心能力""任务分解""任务导入"等环节，使学生在课前能够对每个任务有一个总的认识；每个任务后均附有"课程小结""课堂讨论""课后自测""案例分析""模拟实训"等内容，为课后训练和学生自学提供了方便。

本书适合作为高职高专院校财经类、管理类专业的教材，也可作为企业管理人员、市场调研人员的培训教材，对相关行业的从业人员也极具参考价值。

---

本书封面贴有清华大学出版社防伪标签，无标签者不得销售。
版权所有，侵权必究。举报：010-62782989，beiqinquan@tup.tsinghua.edu.cn。

**图书在版编目(CIP)数据**

市场调查与预测/李世杰，于飞主编. —3版. —北京：清华大学出版社，2018（2022.1重印）
(新世纪高职高专实用规划教材　经管系列)
ISBN 978-7-302-50476-4

Ⅰ. ①市… Ⅱ. ①李… ②于… Ⅲ. ①市场调查—高等职业教育—教材 ②市场预测—高等职业教育—教材 Ⅳ. ①F713.5

中国版本图书馆 CIP 数据核字(2018)第 127556 号

责任编辑：梁媛媛
装帧设计：刘孝琼
责任校对：王明明
责任印制：丛怀宇

出版发行：清华大学出版社
　　　　网　　址：http://www.tup.com.cn, http://www.wqbook.com
　　　　地　　址：北京清华大学学研大厦 A 座　　邮　　编：100084
　　　　社 总 机：010-62770175　　邮　　购：010-62786544
　　　　投稿与读者服务：010-62776969, c-service@tup.tsinghua.edu.cn
　　　　质量反馈：010-62772015, zhiliang@tup.tsinghua.edu.cn
　　　　课件下载：http://www.tup.com.cn, 010-62791865
印 刷 者：北京富博印刷有限公司
装 订 者：北京市密云县京文制本装订厂
经　　销：全国新华书店
开　　本：185mm×260mm　　印　张：14.75　　字　数：300千字
版　　次：2010年9月第1版　2018年7月第3版　　印　次：2022年1月第5次印刷
定　　价：39.80元

产品编号：078340-01

# 第 3 版前言

随着经济全球化的发展，市场竞争更加激烈，能否及时、准确、全面地获取市场信息，并通过分析市场信息准确地预测和把握市场发展趋势，已经成为企业提高决策能力和管理水平、提高整体竞争力的关键因素。因此，各行各业对信息的需求与利用都在不断加大，对各类数据的搜集与分析也更加重视。为此，我们在参阅国内外大量资料和最新科研成果的基础上，对第 2 版教材进行了必要的调整和修订，形成了本书。

本书紧扣高职高专教育技术应用型人才培养目标，与企业的营销管理实践紧密结合，基于市场调查与预测的具体工作过程，将市场调查与预测分解为 11 个任务：任务 1 明确市场调查的意义和程序；任务 2 选定调查目标；任务 3 制定市场调查方案；任务 4 确定调查内容；任务 5 选择市场调查方法；任务 6 决定抽样计划；任务 7 设计调查问卷；任务 8 组织实施市场调查；任务 9 整理、分析市场调查资料；任务 10 预测市场发展趋势；任务 11 准备并编写市场调查报告。本书在内容的处理上突出应用、精选实例，能帮助读者学会处理市场调查与预测中的各种问题。本书在每个任务前均设计了"能力目标""核心能力""任务分解""任务导入"等环节，使学生在课前可以对每个任务有一个总的认识；每个任务后均附有"课程小结""课堂讨论""课后自测""案例分析""模拟实训"等内容，为课后训练和学生自学提供了方便。

本书体现了全新的设计理念，既重视教师的精讲，又重视学生的实训，强调师生的互动效应。

本书由河北软件职业技术学院李世杰、于飞任主编，王丽、孙晓然、韩大平任副主编，李世杰编写大纲并最终修改定稿。各项任务的编写分工如下：任务 1、4、10 由河北软件职业技术学院于飞编写；任务 2、3、8 由河北金融学院孙晓然编写；任务 5、7 由河北软件职业技术学院王丽编写；任务 6、9 由德州学院韩大平编写；任务 11 由河北省科技工程学校蔡纬国编写。河北软件职业技术学院冯荣欣教授对本书的编写提出了很多好的意见和建议，河北川汇贸易有限公司总经理李光先生提供了很多素材和案例。本书的编辑和出版得到了清华大学出版社的鼎力支持与帮助。另外，在本书的编写过程中，我们还参考了国内外同行的许多文献，在此一并表示感谢！

教材是体现教学内容的知识载体，是进行教学的基本工具，更是人才培养质量的重要保证。因此，在本书的编写过程中，我们丝毫不敢懈怠。但由于作者水平所限，书中疏漏或不妥之处仍难避免，欢迎广大读者提出宝贵意见，以便我们进一步修改和完善。

编　者

# 第1版前言

随着经济全球化的发展,市场竞争更加激烈。能否及时、准确、全面地获取市场信息,并通过分析市场信息准确地预测和把握市场发展趋势,已经成为企业提高决策能力和管理水平、提高企业整体竞争力的关键因素。所以,各行各业对信息的需求与利用都在不断加大,对各类数据的搜集与分析也更加重视。为此我们在参阅国内外大量资料和最新科研成果的基础上,结合自身多年积累的教学经验编写了本书。

本书始终紧扣高职高专教育技术应用型人才培养目标,与企业的营销管理实践紧密结合,基于市场调查与预测的具体工作过程,将市场调查与预测分解为11个任务:任务1 明确市场调查的意义和程序;任务2 选定调查目标;任务3 制定市场调查方案;任务4 确定调查内容;任务5 选择市场调查方法;任务6 决定抽样计划;任务7 设计调查问卷;任务8 组织实施市场调查;任务9 整理、分析市场调查资料;任务10 预测市场发展趋势;任务11 编写市场调查报告。本书在内容的处理上突出应用、精选实例,能帮助读者学会处理市场调查与预测中的各种问题。本书在每个任务前均设计了"能力目标""核心能力""任务分解""任务导入"等环节,使学生在课前对每个任务有一个总的认识。每个任务后均附有"课程小结""课堂讨论""课后自测""案例分析""模拟实训"等内容,为课后训练和学生自学提供了方便。

本书体现了全新的设计理念,既重视教师的精讲,又重视学生的实训,强调师生的互动效应。本书适合作为高职高专院校财经类、管理类各专业的教材,也可作为企业管理人员、市场调研人员的培训教材,对相关行业的从业人员也极具工作参考价值。

本书由河北软件职业技术学院李世杰、于飞任主编,孙晓然、王丽、韩大平、蔡纬国、边保全任副主编。李世杰完成编写大纲和最终修改定稿。各项任务执笔人如下:任务1、4、10由河北软件职业技术学院于飞编写;任务2、3、8由河北金融学院孙晓然编写;任务5、7由河北软件职业技术学院王丽编写;任务6、9由德州学院韩大平编写;任务11由河北省科技工程学校蔡纬国编写。河北软件职业技术学院冯荣欣对本书的编写提出了很多好的意见和建议,河北川汇贸易有限公司总经理李光先生也提供了很多素材和案例,本书的编辑和出版得到了清华大学出版社的鼎力支持与帮助。另外,在本书编写过程中参考了国内外同行的许多文献。我们在此一并表示感谢。

教材是体现教学内容的知识载体，是进行教学的基本工具，更是人才培养质量的重要保证。因此，在本书的编写过程中，我们不敢稍有懈怠。但由于作者水平所限，书中疏漏或不妥之处仍难避免，欢迎广大读者提出宝贵意见，以便我们进一步修改和完善。

编 者

# 目 录

## 任务1 明确市场调查的意义和程序 ...... 1

能力目标 ...... 1
核心能力 ...... 1
任务分解 ...... 1
任务导入 ...... 1
分项任务 ...... 2

### 1.1 明确市场调查的意义 ...... 2
1.1.1 市场的含义 ...... 2
1.1.2 市场信息的含义 ...... 3
1.1.3 市场调查的含义 ...... 4
1.1.4 市场调查的作用 ...... 6

### 1.2 了解市场调查的类型与程序 ...... 7
1.2.1 市场调查的类型 ...... 7
1.2.2 市场调查的程序 ...... 8

课程小结 ...... 9
课堂讨论 ...... 10
课后自测 ...... 10
案例分析 ...... 11
模拟实训 ...... 12

## 任务2 选定调查目标 ...... 13

能力目标 ...... 13
核心能力 ...... 13
任务分解 ...... 13
任务导入 ...... 13
分项任务 ...... 14

### 2.1 明确调查的目的，确定调查的目标 ...... 14
2.1.1 明确调查的目的 ...... 14
2.1.2 确定调查的目标 ...... 15

### 2.2 理清调查的范围，确定调查的对象 ...... 16
2.2.1 理清调查的范围 ...... 16
2.2.2 确定调查的对象 ...... 16

课程小结 ...... 17
课堂讨论 ...... 17
课后自测 ...... 18
案例分析 ...... 18
模拟实训 ...... 20

## 任务3 制定市场调查方案 ...... 21

能力目标 ...... 21
核心能力 ...... 21
任务分解 ...... 21
任务导入 ...... 21
分项任务 ...... 21

### 3.1 选择市场调查方案 ...... 21
3.1.1 市场调查方案的类型 ...... 22
3.1.2 市场调查方案选择的实际应用 ...... 23

### 3.2 市场调查方案的主要内容 ...... 24
3.2.1 标题扉页 ...... 24
3.2.2 调查课题的目的与意义 ...... 24
3.2.3 调查课题的内容与范围界定 ...... 25
3.2.4 调查研究所采用的方法介绍 ...... 26
3.2.5 课题的研究进度和有关经费开支预算 ...... 26
3.2.6 列出课题负责人及主要参与者名单 ...... 27

### 3.3 研究方案的可行性评价 ...... 27
3.3.1 方案的可行性研究方法 ...... 27

3.3.2 方案的评价标准 .................. 28
　课程小结 ........................................... 28
　课堂讨论 ........................................... 29
　课后自测 ........................................... 29
　案例分析 ........................................... 30
　模拟实训 ........................................... 32

## 任务 4　确定调查内容 ................ 33

　能力目标 ........................................... 33
　核心能力 ........................................... 33
　任务分解 ........................................... 33
　任务导入 ........................................... 33
　分项任务 ........................................... 34
　4.1 调查市场环境 ............................ 34
　　4.1.1 调查政治法律环境 .............. 34
　　4.1.2 调查经济技术环境 .............. 35
　　4.1.3 调查社会文化环境 .............. 36
　　4.1.4 调查自然地理环境 .............. 36
　　4.1.5 调查竞争环境 ..................... 37
　4.2 调查消费者 ................................ 37
　　4.2.1 调查消费者的基本情况 ...... 37
　　4.2.2 调查消费者的动机 .............. 37
　　4.2.3 调查消费者的购买行为 ...... 39
　4.3 调查营销组合 ............................ 40
　　4.3.1 调查产品 ............................. 40
　　4.3.2 调查价格 ............................. 40
　　4.3.3 调查分销渠道 ..................... 41
　　4.3.4 调查促销方式 ..................... 41
　课程小结 ........................................... 44
　课堂讨论 ........................................... 44
　课后自测 ........................................... 44
　案例分析 ........................................... 45
　模拟实训 ........................................... 46

## 任务 5　选择市场调查方法 ......... 47

　能力目标 ........................................... 47
　核心能力 ........................................... 47
　任务分解 ........................................... 47
　任务导入 ........................................... 47
　分项任务 ........................................... 48
　5.1 文案调查法 ................................ 48
　　5.1.1 确定文案调查法的资料来源 ... 49
　　5.1.2 文案调查法的操作流程 ...... 52
　　5.1.3 明确文案调查法的优缺点 ... 54
　5.2 观察法 ........................................ 54
　　5.2.1 观察法的应用范围 .............. 55
　　5.2.2 观察法的操作对象 .............. 55
　　5.2.3 观察法的操作流程 .............. 56
　　5.2.4 明确观察法的优缺点 .......... 57
　5.3 实验法 ........................................ 58
　　5.3.1 实验法的基本要素 .............. 58
　　5.3.2 实验法的操作流程 .............. 59
　　5.3.3 明确实验法的优缺点 .......... 61
　5.4 访问法 ........................................ 62
　　5.4.1 面谈访问法 ......................... 62
　　5.4.2 电话调查法 ......................... 67
　　5.4.3 邮寄调查法 ......................... 68
　　5.4.4 网络调查法 ......................... 69
　课程小结 ........................................... 71
　课堂讨论 ........................................... 71
　课后自测 ........................................... 72
　案例分析 ........................................... 72
　模拟实训 ........................................... 74
　综合实训 ........................................... 76

## 任务 6　决定抽样计划 .................. 77

　能力目标 ........................................... 77
　核心能力 ........................................... 77

任务分解 ............................................. 77
  任务导入 ............................................. 77
  分项任务 ............................................. 77
6.1 界定调查总体 ....................................... 77
  6.1.1 界定总体 ................................... 78
  6.1.2 明确样本 ................................... 78
  6.1.3 确定样本容量 ........................... 78
6.2 编制抽样框 ........................................... 79
6.3 选择抽样方法 ....................................... 80
  6.3.1 随机抽样 ................................... 80
  6.3.2 非随机抽样 ............................... 83
6.4 用样本统计值推断总体参数 ............... 86
  6.4.1 搜集样本资料，计算样本
     统计值 ....................................... 86
  6.4.2 用样本统计值推断总体的
     参数值 ....................................... 87
课程小结 ..................................................... 87
课堂讨论 ..................................................... 88
课后自测 ..................................................... 88
案例分析 ..................................................... 89
模拟实训 ..................................................... 90

## 任务 7  设计调查问卷 ............ 91

  能力目标 ............................................. 91
  核心能力 ............................................. 91
  任务分解 ............................................. 91
  任务导入 ............................................. 91
  分项任务 ............................................. 91
7.1 明确市场调查问卷的结构 ................... 91
  7.1.1 前言 ........................................... 92
  7.1.2 调查问卷的主题内容 ............... 93
  7.1.3 附录 ........................................... 93
7.2 确定问卷设计的格式 ........................... 94

  7.2.1 问卷设计的格式 ....................... 94
  7.2.2 问卷设计应注意的问题 ......... 100
7.3 制作问卷 ............................................. 103
  7.3.1 明确调查主题和资料范围 ..... 103
  7.3.2 分析样本特征，确定问卷
     类型 ......................................... 103
  7.3.3 拟定问题，设计问卷 ............. 103
  7.3.4 获得客户的认同 ..................... 104
  7.3.5 对问卷进行预测试 ................. 104
  7.3.6 印制问卷 ................................. 104
课程小结 ................................................... 105
课堂讨论 ................................................... 105
课后自测 ................................................... 105
案例分析 ................................................... 106
模拟实训 ................................................... 113

## 任务 8  组织实施市场调查 ........ 114

  能力目标 ........................................... 114
  核心能力 ........................................... 114
  任务分解 ........................................... 114
  任务导入 ........................................... 114
  分项任务 ........................................... 115
8.1 组织调查实施队伍 ............................. 115
  8.1.1 实施主管的职责 ..................... 115
  8.1.2 实施督导的职责 ..................... 116
8.2 选聘调查员 ......................................... 116
  8.2.1 具备良好的思想品德素质 ..... 117
  8.2.2 具有较高的业务素质 ............. 117
  8.2.3 拥有良好的身体素质 ............. 117
8.3 培训调查员 ......................................... 117
  8.3.1 培训如何接触被调查者 ......... 118
  8.3.2 培训如何提问 ......................... 118
  8.3.3 培训如何记录 ......................... 118

8.3.4　培训如何结束访谈 ................. 118
8.4　监督与管理调查员 ......................... 119
　　8.4.1　调查人员所引起的质量问题 ................................. 120
　　8.4.2　监督调查员 ......................... 120
　　8.4.3　评估调查员 ......................... 121
课程小结 ................................................. 122
课堂讨论 ................................................. 123
课后自测 ................................................. 123
案例分析 ................................................. 124
模拟实训 ................................................. 127

## 任务 9　整理、分析市场调查资料 ......128

能力目标 ................................................. 128
核心能力 ................................................. 128
任务分解 ................................................. 128
任务导入 ................................................. 128
分项任务 ................................................. 128
9.1　整理市场调查资料 ......................... 128
　　9.1.1　接收调查资料 ..................... 129
　　9.1.2　审核调查资料 ..................... 129
　　9.1.3　编码与输入调查资料 ......... 131
　　9.1.4　资料分组汇总 ..................... 136
　　9.1.5　绘制统计表、统计图 ......... 138
9.2　分析市场调查资料 ......................... 143
　　9.2.1　平均指标分析 ..................... 144
　　9.2.2　变异度指标分析 ................. 147
　　9.2.3　偏度和峰度指标分析 ......... 148
课程小结 ................................................. 149
课堂讨论 ................................................. 150
课后自测 ................................................. 150
案例分析 ................................................. 151
模拟实训 ................................................. 154

## 任务 10　预测市场发展趋势 ................155

能力目标 ................................................. 155
核心能力 ................................................. 155
任务分解 ................................................. 155
任务导入 ................................................. 155
分项任务 ................................................. 156
10.1　定性预测法 ................................. 156
　　10.1.1　个人判断法 ....................... 156
　　10.1.2　集合意见法 ....................... 156
　　10.1.3　德尔菲法 ........................... 159
10.2　时间序列预测法 ......................... 162
　　10.2.1　简单平均法 ....................... 162
　　10.2.2　移动平均法 ....................... 164
　　10.2.3　指数平滑法 ....................... 167
　　10.2.4　趋势外推法 ....................... 169
　　10.2.5　季节指数法 ....................... 171
10.3　回归预测法 ................................. 172
　　10.3.1　一元线性回归分析 ........... 172
　　10.3.2　多元线性回归分析 ........... 176
课程小结 ................................................. 178
课堂讨论 ................................................. 179
课后自测 ................................................. 179
案例分析 ................................................. 180
模拟实训 ................................................. 181

## 任务 11　准备并编写市场调查报告 ......183

能力目标 ................................................. 183
核心能力 ................................................. 183
任务分解 ................................................. 183
任务导入 ................................................. 183
分项任务 ................................................. 183
11.1　准备市场调查报告 ..................... 183
　　11.1.1　明确市场调查的流程 ...... 183

11.1.2 确定市场调查报告的类型及阅读对象 ...................184

11.1.3 确定编写市场调查报告的意义 ........................184

11.1.4 确定市场调查报告的功能 ....185

11.1.5 确定市场调查报告编写的特点 .............................186

11.2 编写市场调查报告 ..........................186

11.2.1 确定市场调查报告的封面 ....187

11.2.2 确定市场调查报告的目录 ....189

11.2.3 确定市场调查报告的导语 ....190

11.2.4 确定市场调查报告的主体内容 .............................191

11.2.5 确定市场调查报告的结尾 ....192

11.2.6 确定市场调查报告的附录 ....193

11.2.7 各种常见市场调查报告的参考内容 .........................193

课程小结 ...........................................193

课堂讨论 ...........................................194

课后自测 ...........................................194

案例分析 ...........................................195

模拟实训 ...........................................199

**附录 A 利用 Excel 工具统计汇总调查问卷** ...............................200

**附录 B 利用 Excel 工具绘制统计图** ......205

**附录 C 用 Excel 软件计算描述统计量** .................................213

**附录 D 运用 Excel 进行回归分析** .........216

**参考文献** ...........................................222

# 任务 1　明确市场调查的意义和程序

## ◎ 能力目标

通过完成本任务,你应该能够:①了解市场调查的作用;②识记市场调查的程序。

## ◎ 核心能力

明确市场调查的程序。

## ◎ 任务分解

- 明确市场调查的意义。
- 了解市场调查的类型与程序。

## ◎ 任务导入

男人长胡子,因而要刮胡子;女人不长胡子,自然也就不必刮胡子。然而,美国的吉列公司把刮胡刀推销给女人,居然大获成功。

吉列公司创建于 1901 年,其产品因使男人刮胡子变得方便、舒适、安全而大受欢迎。进入 20 世纪 70 年代,吉列公司的销售额已达 20 亿美元,成为世界著名的跨国公司。然而,吉列公司的领导者并不因此而满足,而是想方设法继续拓展市场,争取更多的用户。就在 1974 年,吉列公司推出了面向妇女的专用刮毛刀。这一决策看似荒谬,却是建立在坚实可靠的市场调查的基础之上的。

吉列公司先用一年的时间进行了周密的市场调查,发现在美国 30 岁以上的妇女中,有 65%的人为了保持美好形象,要定期刮除腿毛和腋毛。这些妇女,除使用脱毛剂之外,主要靠购买各种男用刮胡刀来满足此项需要,一年下来在这方面的花费高达 7500 万美元。相比之下,美国妇女一年花在眉笔和眼影上的钱仅有 6300 万美元、染发剂 5500 万美元。毫无疑问,这是一个极有潜力的市场。

根据市场调查结果,吉列公司精心设计了新产品,它的刀头部分和男用刮胡刀并无两样,采用一次性使用的双层刀片,但是刀架则选用了色彩鲜艳的塑料,并将握柄改为弧形以利于妇女使用,握柄上还印压了一朵"雏菊"图案。这样一来,新产品立即显示出了女性的特点。

为了使"雏菊"刮毛刀迅速占领市场,吉列公司还拟定了几种不同的"定位观念"到消费者中去征求意见。这些定位观念包括:突出刮毛刀的"双刀刮毛";突出其创造性的

"完全适合女性需求";强调价格的"不到50美分";以及表明产品使用安全的"不伤玉腿"等特点。

最后,公司根据多数妇女的意见,选择了"不伤玉腿"作为推销时突出的重点,并刊登广告进行大肆宣传。结果,"雏菊"刮毛刀一炮打响,迅速畅销全球。

(资料来源:http://wenda.tianya.cn/wenda/thread?tid=24f9520df2b70f1b)

市场是商品经济的产物。哪里有商品,哪里有商品交换,哪里就有市场。特别是在商品经济的发达阶段——现代市场经济条件下,企业作为独立的商品生产者和经营者,直接置身于市场环境之中,随时受到市场机制的制约与调节。要想在瞬息万变的市场环境和激烈的市场竞争中求得生存和发展,企业必须充分认识市场,了解市场,在把握市场运行规律和作用机制的基础上,广泛搜集市场信息,深入开展市场调查,对市场未来的发展动向作出准确预测,从而为企业正确制定经营目标和发展战略奠定坚实的基础。

### 分项任务

## 1.1 明确市场调查的意义

**任务提示** 本分项任务将引领你了解市场调查的概念及意义。

**任务情景** 信息是市场的先导,是生产、经营活动的前提,企业若想在激烈的市场竞争中使自己的产品站稳脚跟、独领风骚,就要从了解市场的需求动向入手。要了解消费者的需求,需要进行市场调查。市场调查对于许多企业来说已成为一种武器,在它们看来,不搞市场调查就进行决策是不可思议的。但仍有很多企业根本没有自己的调查部门,或者即使设有一个调查部门,其工作内容也仅仅局限于例行的预测、销售分析,对调查作用认识不足。那么,什么是市场调查呢?如何理解市场调查的意义?

### 1.1.1 市场的含义

随着社会分工和商品经济的发展,市场的概念也在不断发展和深化,目前对市场较为普遍的理解主要有以下四点。

#### 1. 市场是商品交换的场所

商品交换活动一般都要在一定的空间范围内进行,市场首先表现为买卖双方聚在一起进行商品交换的地点或场所。这是人们对市场最初的认识,虽不全面但仍有现实意义。

#### 2. 市场是商品的需求量

从市场营销者的立场来看,市场是指具有特定需要和欲望、愿意并能够通过交换来满足这种需要或欲望的全部消费者。消费者是市场的中心,而供给者都是同行的竞争者,只能形成行业,而不能构成市场。

人口、购买能力和购买欲望三个相互制约的因素,结合起来才能构成现实的市场,并决定着市场的规模与容量。人们常说的"某某市场很大",并不都是指交易场所的面积宽大,而是指某某商品的现实需求和潜在需求的数量很大。这样理解市场,对开展市场调研有直接的指导意义。

**3. 市场是商品供求双方相互作用的总和**

人们经常使用的"买方市场"或"卖方市场"的说法,就是反映商品供求双方交易力量的不同状况。在买方市场条件下,市场调研的重点应放在买方;反之,则应放在卖方。

**4. 市场是商品交换关系的总和**

在市场上,一切商品都要经历商品——货币——商品的循环过程:一种形态是由商品转化为货币,另一种形态则是由货币转化为商品。这种互相联系、不可分割的商品买卖过程,就形成了社会整体市场。

### 1.1.2 市场信息的含义

从广义上讲,市场信息是对商品交换过程中市场系统客观形态及其变化规律的反映。市场信息积累到一定量之后被人们认识和掌握,而系统化的市场信息就成为市场经营管理的知识。这些有关市场活动的知识经过人们的搜集、传递、接收,被用来解决特定的经营管理问题,称为市场情报。因此,市场信息又是对被人们传递、接收、理解了的,与市场活动有关的各种消息、数据、资料、知识、情报的统称。企业获取市场信息的手段是市场调查研究。

市场信息作为广义信息的组成部分,除具有一般信息的特征外,还具有以下特征。

**1. 客观性**

市场信息是客观存在的。只要进行市场营销活动,就会产生客观反映活动状况的信息。市场营销信息量大且多变,既有来自企业内部的,又有来自企业外部的;既有原始信息,又有加工过的信息;既有稳定信息,又有流动信息和偶发信息;等等。企业在搜集信息时,应遵循其客观性,力求客观、准确,这样才能真实地反映市场动态状况,有利于企业分析影响营销活动的各种因素,以作出适应市场变化的决策,提高企业的适应能力和应变能力。

**2. 时效性**

市场营销活动极为频繁,情况瞬息万变,这就决定了市场营销信息形成速度快、难以控制、实效性强的特点。对此,日本的商业情报专家认为:"一个准确程度达到100%的情报,其价值还不如一个准确性只有 50%、但赢得了时间的情报。特别是在竞争激烈之际,企业采取对策时如果慢了一步,就会遭受覆灭的命运。"因此,企业应建立有效的信息网络,以便及时准确地搜集信息,为营销决策服务。否则,市场信息将瞬间消失以致丧失时机。过时的信息对企业营销决策是毫无价值的。

### 3. 系统性

市场营销信息不是零星的、个别的信息集合,而是若干具有特殊内容的信息在一定时间和空间范围内形成的系统集合。因而,企业应连续、大量、多方面地搜集信息,并进行加工,分析这些信息之间的内在联系,以保证信息的全面性和完整性,使其成为有用的信息。

### 4. 双向性

双向性是指信息的传递和信息的反馈。信息的获得依赖于传播媒介对信息的传递。随着科学技术的迅猛发展,现代的传播媒介呈现出多样性和高速化。企业应利用先进的信息技术与设备,有计划、有组织、连续不断地对信息进行搜集与传递,以保证信息的科学性、准确性与及时性。

企业通过信息的传递对营销活动进行控制,控制的结果又作为信息反馈到企业,企业利用反馈的信息对营销计划进行调整和修正,再对营销活动进行控制。这样,在企业的营销活动中,信息的流动始终是以市场为核心贯穿于企业营销活动的全过程。企业通过信息的传递与反馈,作出营销计划与决策,并对营销活动进行控制。

## 1.1.3 市场调查的含义

### 1. 狭义的市场调查

狭义的市场调查是指针对消费者所作的调查,即以科学的方法搜集有关消费者购买商品、消费商品的各种事实、意见、态度及动机的信息。

### 2. 广义的市场调查

随着市场和环境的不断变化,企业在营销过程中会受到多方面的影响,企业所搜集的信息量越来越大,范围也越来越广,从消费和流通领域拓展到生产领域,包括产前调查、产中调查、产后调查和售后调查。

根据美国市场营销协会的解释,广义的市场调查包括产品分析、市场分析、销售分析、消费者研究、广告研究等。例如,产品分析是从商品的使用和消费角度对产品的形态、大小、重量、美观、色彩、价格等进行分析,同时对销售的途径、市场营销的方法、销售组织、销售人员培训、广告作用、促销活动等问题进行分析。

因此，市场调查是一种有目的的活动，是一个系统的过程，是对信息的判断、搜集、整理和分析。我们可以将市场调查定义为：对那些可用来解决特定营销问题的信息所进行的设计、搜集、整理、分析和报告的过程。

## 案例阅读

### 国外企业如何进行市场营销调查

**创办意见公司** 日本实践技术协会开设了一家"意见公司"，它有近百名员工，其中50名与不同年龄、不同层次的消费者建立了固定的联系，经常请这些消费者对各种商品提出意见，包括对某些商店的批评建议。同时，该公司还刊出广告，欢迎各界人士向公司打电话或上门提意见，公司会给提意见者一定的报酬。"意见公司"将搜集的各种意见进行整理分类，并及时反馈给各有关生产经营者，从中得到利益上的回报。"意见公司"成了联结生产经营者与消费大众的纽带。

**聘人研究垃圾** 美国的雪佛龙公司、阿尔可公司在作出新产品开发与营销决策前，会投入不少资金聘请亚利桑那大学人类学系教授威廉·雷兹将土珊市每天的垃圾收集起来，然后按其内容及原产品的名称、质量、数量、包装等予以分类，获得当地食品消费的信息。雪佛龙、阿尔可等公司的食品和饮料制造厂凭此决策，果然获得成功。用威廉·雷兹教授的话说："垃圾绝不会说谎和弄虚作假，什么样的人就丢什么样的垃圾。"

**私人经济侦探** 美国一些企业为使自己的产品畅销，以获取较高的利润，常常雇用私人经济侦探，想方设法取得市场信息。在芝加哥，有一名叫厄尼·里佐的经济侦探，受雇于一家刚刚开业的玻璃面镜公司老板，任务是了解一家同行的主要制造商到底有哪些买主。厄尼经过一段时间的调查，发现那家制造商的主要推销员都习惯在家里用电话处理业务。于是厄尼到电话公司假称自己就是那家制造商的推销员，急需电话单附件去报账，于是，这份重要的商业情报就被侦探弄到手了。

**进行神秘调查** 在美国，有数家专门的公司，它们利用那些"普通的"消费者，要求他们详细记录下他们购物或接受服务时发生的一切情况，然后填写一份认真拟就的调查表，这种利用消费者"神秘购物法"的调查方式很有成效。据《哈佛企业评论》杂志的一份研究报告说，作为"常客"的消费者数目如果增加5%，企业的利润就能增加25%。

**派员现场观察** 德国一家皮鞋企业的经营者为使自己的产品适应国际市场的需求，特别想了解各国流行的皮鞋款式。该企业没有派人到各国去分别搜集信息，而是派专人到国际机场的候机厅长时间观察外国游客的皮鞋式样，从而很经济地获得了国外皮鞋市场的最新信息，找到了各国皮鞋市场需求方面的差异。

（资料来源：李世杰，王峰. 市场调查与预测[M]. 武汉：武汉理工大学出版社，2005.）

### 1.1.4　市场调查的作用

大家都听说过《孙子·谋攻篇》中的一句话:"知己知彼,百战不殆。"什么叫"知己知彼"?从市场营销的角度来看,所谓"知己知彼"就是要了解自己、了解客户、了解竞争对手。企业只有在获得大量的、可靠的市场信息的基础上,才能做到"知己知彼,百战不殆",才能在激烈的市场竞争中占据有利地位。

市场调查是企业的"雷达"或"眼睛",对于企业来说具有以下三个方面的重要作用。

**1. 市场调查是企业进行决策的客观依据**

企业进行经营决策,首先要了解内部和外部的环境信息,而要掌握这些环境信息,就必须进行市场调查。决策者要针对某些问题进行决策,通常需要了解和考虑多方面的情况和问题。例如,哪些市场仍旧存在着未满足的需求,哪些市场已经饱和;消费者喜欢什么样的产品;产品在某个市场上的销售预计可达到什么样的数量;怎样才能扩大产品的销路,增加销售数量;如何确定产品的价格;应该使用什么方法促进产品销售。如此种种问题,只有通过实际市场调查之后才能得到具体答案。

**案例阅读**

#### 日本自行车是如何打进欧美市场的

我国是世界上自行车拥有量最大的国家,但出口数量却不多,进入欧美市场的则更少。欧美是世界上自行车的主要消费地区,在激烈的自行车经销竞争中,日本却取得了成功,其取得成功的关键是通过市场调查,正确掌握了市场的信息资料,并加以应用。例如,调查欧美人的体格特征。欧美人的胳膊与腿比日本人长,于是日本特意设计出不同高度与距离的车架、坐垫和车把来适应欧美人的需要。又如,调查欧美流行色彩。1984年,它们调查到欧美人对颜色的爱好是:蓝色占27.4%,红色占25.9%,银灰色占14%,黑色占15.3%,奶白色占11%,其他色占6.4%等。于是,它们根据这些数据来调整自行车的色彩。再如,调查自行车在欧美的用途。在欧美市场上,自行车代步、载重等功能早已被汽车或其他交通工具所代替,在那里,自行车主要是旅游、娱乐、运动、健身、妇女短途购物及学生上学所用的交通工具。根据这些特点,日本在款式、原料工艺、包装、价格等方面作了相应的调整。通过以上三个方面细致的市场调查,日本的自行车成功地打进了欧美市场。

(资料来源:李世杰,王峰. 市场调查与预测[M]. 武汉:武汉理工大学出版社,2005.)

**2. 市场调查能够促进经营管理的改善,提高企业的竞争力**

企业生产或经营的好坏,最终取决于经营管理者的管理水平。企业要想重视市场调查,就必须不断搜集和获取新的信息,这样才能熟知生产和管理技术发展的最新动态,找出自身的差距，从而向更先进的水平靠拢，提高企业的核心竞争力。通过市场调查可以及时掌握与企业相关领域新产品和新技术的发展状况，为企业采用新技术和先进的经营管理经验提供条件。在激烈竞争的市场中，最终能够站稳脚跟的将是那些生产低投入、低损耗、高产值、高质量产品的企业。如果企业的经营管理水平高，能够有效地调动现有资源并合理调配、进行最佳组合，就可以达到降低成本、减少损耗的目的。现代经营管理注重的是科学化和理性化的管理，是建立在拥有大量数据和文字资料的基础之上的。管理决策不能单凭经验，而要以对大量资料进行分析后的结果为依据，作出科学的判断。因此，重视市场调查是提高企业管理水平的基础。

**3. 市场调查是企业实现生产目的的重要环节**

企业生产的目的是为了满足消费者的需求，若想了解消费者需要什么以便按照消费者的需求进行生产，尤其现在消费者的需求不断变化，就要求企业及时进行市场调查。因此，市场调查是企业实现生产目的的重要环节。

## 1.2 了解市场调查的类型与程序

**任务提示** 本分项任务将让你对市场调查的类型和程序有个初步认识。

**任务情景** 市场调查是一项复杂、细致的工作，涉及面广，对象不稳定。为了使整个调查工作有节奏、高效率地进行，进而取得良好的预期效果，必须加强组织工作，合理安排调查步骤。若市场调查类型不同，则调查方法、调查对象、调查内容也不同。进行市场调查之前首先要确定调查类型。

### 1.2.1 市场调查的类型

**1. 按市场调查的组织形式划分**

按市场调查的组织形式划分，市场调查可分为以下三类。

(1) 专项调查：一般是指受某个客户的委托针对某些问题进行一次性的调研，即从给定的总体中一次性地抽取样本进行调研，并且只从样本中获取一次性信息。专项调查可以是定量的，也可以是定性的。

(2) 连续性调查：一般是指对一个(或几个)固定的样本进行定期的、反复的调研。样本中的被调研对象(人或单位)一般不随调研时间的变化而变化。例如，消费者固定样组(panel)或其他固定样组调研、连续的跟踪研究和品牌测量(continuous tracking and brand measures)、零售细查研究(retail scanning)、连续的媒介研究(continuous media research)等，都属于连续性调查。

(3) 搭车调查：是指多个客户共同利用一个样本进行调研，就像是大家一起搭乘一辆公共汽车。这种调查根据各个客户搭车调查问题的个数和类型来决定客户的费用。一般有搭车调查业务的调研公司，且每年实施搭车调查的时间和价格都是固定的。例如，每月实施一次或每周实施一次等。由于搭车调查的实施一般都是定期的，因此经常将搭车调查归入连续性调查类，但需要注意的是，搭车调查每次所用的样本不一定是固定的。

**2. 按调查的研究对象划分**

按调查的研究对象划分，市场调查可分为以下两类。

(1) 消费者调查：调查的对象是购买商品、使用商品的消费者，或者是有可能购买商品、使用商品的潜在消费者。当然，这里的"消费者"和"购买"都应从广义上去理解。例如，在媒介研究、广告研究中，听众、观众、读者(统称受众)就是使用媒介的消费者。

(2) 非消费者调查：调查对象为消费者以外的其他对象，包括企业的制约者和领导者、销售渠道的从业者、政府和研究机构的相关人员、媒介的从业人员等，还可能包括零售店、百货商店、工厂、银行等单位或企业。

**3. 按资料来源划分**

按资料来源划分，市场调查可分为以下两类。

(1) 文案调查：通过搜集已有的资料、数据、调研报告、已发表的文章等有关的二手信息，加以整理和分析。

(2) 实地调查：在制定详细的调研方案的基础上，由调研员直接从被访者那里获得资料，再对资料进行整理和分析，从而写出调查报告。

## 1.2.2 市场调查的程序

**1. 确定调查问题**

市场调查的第一步也是最重要的一步是确定调查问题。做好这一步需要了解调研问题的背景，主要包括：客户为什么要做市场调查；企业以往的经营情况、销售量、市场占有率、利润、在同行中的优势和劣势的主观估计等；企业对市场前景的主观预测；客户要做的决策及要实现的目标是什么；对现有消费者的基本情况及消费行为的主观了解；客户财力及准备投入的调查费用；相关的法律环境和经济环境等。

**2. 确定调查方案**

市场调查的第二个阶段是要制订一个搜集资料的计划。市场调查是一项复杂的、严肃的、技术性较强的工作，一项全国性的市场调查往往要组织成千上万的人参加，为了在调查过程中统一认识、统一内容、统一方法、统一步调，圆满完成调查任务，就必须事先制订出一个科学、严密、可行的工作计划和组织措施,以使所有参加调查工作的人员都依此执行。在设计一个调查计划时,要求作出决定的有调查的内容、调查的方法、调查问卷、抽样方案、人员安排、经费安排等。调查方案是调查研究的指导方针和行动的纲领及依据。

### 3. 实施调查和搜集数据

经过培训的调查人员,按照事先确定的调查时间,在确定的调查地点对调查对象按照已经确定的调查方法进行调查,从而搜集资料。这是整个调查活动中最繁忙的阶段。能否搜集到必要的资料,是市场调查能否取得成功的最根本条件。同时,资料的搜集也是一项艰苦的基础工作,不仅要求调查人员有埋头苦干、吃苦耐劳的精神和实事求是的态度,而且需要熟练掌握搜集资料的方法和技巧。

### 4. 处理数据和分析数据

搜集来的大量资料是分散的,需要对其进行整理分析,具体包括以下工作。

(1) 接收和清点资料。

(2) 检查和校订资料。

(3) 编码。

(4) 输入数据。

(5) 查错。

(6) 处理缺失数据。

(7) 统计预处理。

(8) 制表、作图和进行统计分析。

### 5. 撰写调查报告

调查报告是对某项工作、某个事件、某个问题,经过深入细致的调查后,将调查中搜集的材料加以系统整理、分析研究,并以书面形式向组织和领导汇报调查情况的一种文书。其主要内容包括:说明研究的目的是什么,研究的理论基础是什么,要解决什么问题,有什么意义。调查报告的主要部分是资料分析,要把资料分析的步骤、所用的公式或图表等一一列出。最后针对资料的分析,说明存在的问题并提出相应的对策和建议。

## 课 程 小 结

市场在社会经济发展的各个阶段表现出不同的含义:①市场是指商品交换的场所,即买卖双方发生交易行为的地点或场所;②市场表现为对某种或某类商品的消费需求;③市场是各种市场主体之间交换关系乃至全部经济关系的总和;④市场是社会经济生活的综合体现,也是社会资源的主要配置者和经济活动的主要调节者。

市场调查的定义为:对那些可用来解决特定营销问题的信息所进行的设计、搜集、整理、分析和报告的过程。它不仅包括对消费者的调查,也包括对营销环境、竞争对手、企业、产品、渠道、价格、推销方式等方面的调查。

市场调查最主要的作用就是帮助决策者作出更好的决策,具体表现在:①市场调查是企业进行决策的客观依据;②市场调查能够促进经营管理的改善,提高企业的竞争力;③市场调查是企业实现生产目的的重要环节。

市场调查是一种有目的的活动,是一个系统的过程,是对信息的判断、搜集、整理和分析。其具体程序包括:①确定调查问题;②确定调查方案;③实施调查和搜集数据;④处理数据和分析数据;⑤撰写调查报告。

## 课 堂 讨 论

1. 有关调查数据显示,在国内只有不足0.5%的企业愿意作正规的市场调查,这些企业多是一些跨国企业、合资企业和部分大型私企。而大多数企业对调查的有效性和可信度存在较大的怀疑,于是它们宁愿凭经验决策行事,其结果呢?"盲人骑瞎马,夜半临深池。"随着现代市场环境的加速变化,仅凭经验带来的不确定性加大,风险也大大提高,这就难以保障决策活动的有效性和准确性。

试讨论为什么很多企业未能充分和正确使用市场调查。

2. 有的企业把市场调查看成"一竿子买卖"。不少企业待到产品投产前,才意识到有必要做市场调查,于是忙着联系市场调查公司,然后做街访,搞座谈,确定产品定位。可一旦产品投放市场,便把市场调查抛诸脑后,以为一次足矣,只争燃眉之急。

试讨论市场调查和"一竿子买卖"的关系。

## 课 后 自 测

一、选择题

1. 现代社会经济条件下,市场的概念应该是(    )。
    A. 商品交换的场所
    B. 供需关系的总称
    C. 全社会多种经济关系的总和
    D. 既是一般意义上商品交换的场所,又表现为全部商品经济关系的总和
2. 同商品经济一样,市场经济也是以商品交换和市场为基础的,市场经济(    )。

A. 同商品交换相伴而产生　　B. 同市场相伴而产生
C. 随商品经济的产生而产生　D. 是商品经济发展到高度社会化的产物

3. 下列各项中不属于微观市场构成要素的是(　　)。

A. 人口　　B. 商品　　C. 购买力　　D. 购买欲望

4. 市场调查的目的是(　　)。

A. 了解消费者需求　　B. 分析市场趋势
C. 为市场预测和经营决策提供依据　　D. 获取市场信息

## 二、判断题

1. 获取市场信息是市场调查的目的。(　　)
2. 商品、供给、需求是微观市场的构成要素。(　　)
3. 市场调查就是针对消费者所作的调查，以科学的方法搜集有关消费者购买商品、消费商品的各种事实、意见、态度及动机的信息。(　　)
4. 探索性调查是为了使问题更明确而进行的小规模调查活动。(　　)

## 三、简答题

1. 如何定义市场和市场调查？
2. 市场调查的作用是什么？
3. 简述市场调查的流程。

# 案 例 分 析

### 数据恐慌

上海的柴远森先生出差来北京的时候，在西单买了一本有关市场调查的书。3个月以后，他为这本书付出了三十几万元的代价。更可怕的是，这种损失还在继续，除非柴先生的宠物食品公司关门，否则那本书会如同魔咒般伴随着他的商业生涯。

"最近两年，宠物食品市场空间增加了两三倍，竞争把很多国内企业逼到了死角。"《中国财富》记者在 2005 年北京民间统计调查论坛上见到了柴先生，"渠道相近，谁开发出好的产品，谁就有前途。以前做生意靠经验，觉得产品设计要建立在科学的调研基础上。去年底，决定开始为产品设计做消费调查。"

为了能够了解更多的消费信息，柴先生设计了精细的问卷，在上海选择了 1000 个样本，并且保证所有的抽样在超级市场的宠物组购物人群中产生，内容涉及价格、包装、食量、周期、口味、配料六大方面，覆盖了所能想到的全部因素。沉甸甸的问卷让柴氏企业的高层着实振奋了一段时间，但谁也没有想到市场调查正把他们拖向溃败。

2005年年初，上海柴氏的新配方、新包装狗粮产品上市了，旺销只持续了一个星期，随后就是全面萧条，后来产品在一些渠道甚至遭到了抵制。过低的销量让企业高层不知所措，当时远在美国的柴先生更是惊讶："科学的调研为什么还不如以前我们凭感觉定位来得准确？"到2005年2月初，新产品被迫从终端撤回，产品革新宣布失败。

柴先生告诉《中国财富》："我回国以后，请了十多个新产品的购买者回来座谈，他们拒绝再次购买的原因是宠物不喜欢吃。"产品的最终消费者并不是"人"，人只是一个购买者，错误的市场调查方向决定了调查结论的局限，甚至荒谬。

经历了这次失败，柴先生认识到了调研的两面性——成功的调研可以增加商战的胜算，而失败的调研对企业来说是一场噩梦。

(资料来源：中国MBA网，http://www.mba.org.cn/mbahtml/28115116/4827_1.html)

问题：从本案例中我们得到了什么启示？

# 模 拟 实 训

一、实训项目：成立调查公司，确定调查项目。

二、实训目标：能够组建协作团队，培养合作意识与团队合作精神；确定调查项目，培养捕捉经济社会热点问题的能力。

三、实训内容：

1. 组建团队。以调查小组为单位，根据调查实训的目的和完成工作任务的实际需要，将学生分组，每组5~6人；确定组长，由组长分配工作，具体工作包括方案设计、问卷设计、实施调查、数据整理分析、调查报告撰写。组员之间密切配合，互相启发，全组成员分工完成各项工作。

2. 确定调查项目。备选课题有：大学生求职意愿及需求市场调研分析；某某商场(超市、银行)顾客满意度调查；关于大学生手机、笔记本调查报告；手机(家用电脑)消费行为调查；大学生学习或消费行为调查；大学生网购调查。也可以自拟。

四、实训组织：团队合作完成。

五、实训考核：成功地建立了项目团队，完成了组员间的合理分工，确定了调查项目。

# 任务2　选定调查目标

## 能力目标

通过完成本任务，你应该能够：①明确调查的目的；②确定调查的目标；③理清调查的范围；④确定调查的对象。

## 核心能力

- 确定调查的目标。
- 确定调查的对象。

## 任务分解

- 明确调查的目的，确定调查的目标。
- 理清调查的范围，确定调查的对象。

## 任务导入

日本的卡西欧公司一直以来都以产品新颖、性能优良而闻名世界，能做到这些主要应该归功于其市场调查工作。卡西欧公司的市场调查经常采用寄送卡片的方式进行，卡片只有明信片大小，但是设计精巧，调查栏目中的内容体现了其全面的考虑：第一栏是对购买者信息的调查，其中包括年龄、性别、职业等；第二栏是对使用者的调查，其中包括购买者本人、家庭成员、其他人等，以及每一类人的性别、年龄等信息；第三栏是对购买方法的调查，其中包括个人购买、团体购买、赠送等方式；第四栏是对了解产品信息来源的调查，包括橱窗海报、报纸杂志、电视广告、口口相传等方式；第五栏是对消费者选择产品的原因的调查，包括操作方便、音色优美、功能齐全、价格便宜、商店介绍、朋友推荐和孩子要求等；第六栏是对用后感受的调查，备选项包括"非常满意""一般满意""普通""不满意"；第七栏是对购买者还希望产品增加的功能、进行的改进的调查。这些为公司提高产品质量、改进经营策略和开拓新市场提供了依据。

(资料来源：陈祝平. 市场调研与分析[M]. 上海：上海大学出版社，2004.)

## 分项任务

## 2.1 明确调查的目的，确定调查的目标

**任务提示** 本分项任务将引领你了解市场调查目标的确定。

**任务情景** 市场调查与预测工作的第一步就是确认信息需求。企业的决策者为了解决问题或提出一个长远规划，必须有一定的信息作为决策的基础，以减少决策的不确定性，降低风险。但是一般情况下，企业仅能对市场调查项目提供一个大致框架和笼统的数据要求，而以此为据就制订调查计划是不科学的，可能会导致得非所需，做大量的无用功，甚至丧失决策时机。

因此，在制定正式的调研方案之前，一般都有一个准备阶段，主要任务就是明确调查的目的和确定调查的目标。

### 2.1.1 明确调查的目的

明确调查的目的就是根据企业的信息需求对调查活动提出任务，也就是把企业的决策问题转化为市场调查的问题。

一般情况下，人们总是以为对于所需问题有清楚的了解，而困难在于决策者与研究者的沟通上。但实际并非如此，很多情况下决策者是带着并不十分清楚的问题去寻求帮助的。这时的首要任务就是帮决策者搞清决策问题，进而确定研究目标。

一般情况下，企业的问题主要涉及以下两个方面。

#### 1. 企业的未来发展方向和战略规划

企业的未来发展方向和战略规划主要是指企业创立之前对市场的定位、产品的规划，必须考察宏观和微观市场环境及其发展趋势，行业的竞争情况和发展趋势，产品的需求量、发展潜力等，或者原有企业开发新产品时面临的类似问题。

#### 2. 企业在生产经营中出现困难或需要制定营销策略

企业在生产经营中出现困难或需要制定市场营销策略时，需要调查营销策略执行中存在的问题、市场竞争的情况、消费者的购买行为等。这时需要针对存在的问题及产生这些问题的原因进行市场调查，如销售额下降、市场占有率下降、产品积压、资金周转困难等，以便找到原因，提出解决办法。如果问题比较模糊，就有必要进行一次全面性的初步探索，找到主要原因，进一步选择市场调查所要解决的主要问题。

市场调查与预测工作是根据研究目的进行的，而不是根据企业的决策问题进行的。研究目的越明确，市场调查工作范围的界定就越准确，这样不仅能有效地降低调查费用，还

能提高所搜集信息的适用性，减少误差。而如果不明确调查目的，将会影响整个调查进程的有效性和经济性。

## 2.1.2 确定调查的目标

调查目标主要是指在市场调查活动中必须要解决的具体问题，这是促进市场调查与预测工作成功的第二个关键步骤。

调查目标明确，可以使市场调查工作有具体的活动范围，提高调查活动的收益和效率。而如果目标不明确，则有可能导致必要的项目没有进行调查，而在不需要进行调查的项目上做大量无用功，造成时间、财力上的浪费。

调查目标的确定必须慎重。在确定调查目标之前，应该对企业面临的问题进行了解和分析，必要时还要进行初步的市场调研，以明确调查目的和目标。

市场调查工作的目标必须明确而具体，且具有可实施性：第一，在企业面临的所有问题中，要明确其中的主要问题、最迫切需要解决的问题、内在的原因都是什么；第二，要明确而具体地说明调查人员需要搜集的资料是什么，有什么具体要求，甚至需要明确不需要搜集的资料有哪些。

**案例阅读**

### 实体书店的复兴之路——以上海市为例调查项目的调查目的

文化是民族的灵魂，而书籍，则是文化的载体。实体书店作为一个城市软实力和文化的象征，它代表着城市化进程中的文化积淀，是城市人文风景的窗口，也是体现城市文化内涵的缩影，对塑造城市人文精神、促进社会和谐稳定有着不可替代的作用。然而，目前实体书店正面临着多方面的挑战，因此认清目前实体书店所处的境地，探求其所面临的威胁，研究发现应对该威胁的有效途径，从而维护实体书店在社会中的地位就显得尤为重要。其具体研究目的如下。

(1) 了解上海市居民目前的读书购书状况。

(2) 探索不同人群间的读书购书行为的差异。

(3) 研究实体书店的经营状况，发现实体书店目前在经营过程中的优势与不足。

(4) 根据忠诚度对顾客进行分类，再进一步挖掘不同顾客类型的属性特征和行为特征。

本次调查对上海市不同性别、不同年龄、不同学历、不同职业和不同收入的群体的读书用书的习惯等进行统计与调查，从内在素质与外在表现上分析上海市市民去书店的现状，并得出相关结论。

(资料来源：微信订阅号《市场调查之家》实体书店该怎么拯救自己？
上海第二工业大学第七届全国大学生市场调查与分析大赛总决赛一等奖作品)

## 2.2　理清调查的范围，确定调查的对象

**任务提示**　本分项任务将引领你了解市场调查范围和对象的确定。

**任务情景**　确定调查范围和对象的过程就是确定由谁来提供资料和具体数据的过程。要根据不同的调查目的确定不同的调查范围和对象，然后再采取相应的抽样法和测量方法。如南京市区月饼消费情况的调查，其调查对象就是该地区不同性别、年龄、收入水平的消费者。在选择调查对象时，应在注意经济性原则的基础上保证代表性，确保调查对象能反映总体的基本情况。

### 2.2.1　理清调查的范围

首先要明确调查的地理范围，调查的地区应与企业的产品销售范围相一致或近似。当在某一城市做市场调查时，调查范围应尽量包括整个城市；当在全国范围内做市场调查时，由于调查样本数量有限，调查范围不可能遍及全国的每一个目标市场或每一个城市，一般可根据目标市场的人口分布、收入、文化程度等因素，选择若干城市，或者在少数城市划定几个小范围调查区域，这样可相对缩小调查范围，减少实地访问工作量，提高调查工作效率，减少费用。

然后应该明确调查对象的范围，也就是按照调查对象的特征划定范围，这主要是为了解决向谁调查和由谁具体提供资料的问题。调查对象是根据市场调查工作的目的而确定的被调查者的总体，它是由某些性质上相同的样本单位所组成的。

### 2.2.2　确定调查的对象

明确调查范围之后就可以确定调查对象了，确定调查对象也可以叫定义总体。调查总体的确定，并不像想象的那么容易。比如，要通过市场调查的方式了解购物中心消费者的惠顾与购买行为，该如何确定调查对象呢？

实际上，要准确地界定一个总体，必须包括四个要素，即抽样元素、抽样单位、抽样范围和抽样时间。例如，在一个企业关于其产品社会集团购买量的调查中，调查总体可以定义为："在过去三年中，在中国境内，所有购买过我们产品的机关、部队、学校、企业和事业单位。"在这个总体的定义中，就包含这四个要素。

(1) 抽样元素：所有购买过我们产品的机关、部队、学校、企业和事业单位。
(2) 抽样单位：所有购买过我们产品的机关、部队、学校、企业和事业单位。
(3) 抽样范围：全国。
(4) 抽样时间：过去三年中。

缺少这四个要素中的任何一个，抽样总体的界定都是不清楚的。

在以消费者为调查对象时，要注意有时某一产品的购买者和使用者不一致，如对婴儿食品的调查，其调查对象应为孩子的母亲。此外，还应注意到一些产品的消费对象是某一特定消费群体或侧重于某一消费群体，这时调查对象应注意选择产品的主要消费群体。例如，对于化妆品，其调查对象主要选择女性；对于酒类产品，其调查对象主要为男性。

正确地界定总体是抽样程序的第一步，它关系到所得信息是否可靠和信息量大小的问题。确定调查对象之后，就可以进行样本选择了。按照对象范围的特征，运用科学的方法选择样本，可以提高调查工作的准确性和经济性。有关抽样的问题将在后面的章节中进行介绍。

## 课 程 小 结

在制定市场调查的具体实施方案之前，首先要明确调查的目的，确定调查的目标，理清调查的范围，确定调查的对象。

明确调查的目的就是根据企业的信息需求对调查活动提出任务，也就是把企业的决策问题转化为市场调查问题。很多情况下，决策者是带着并不十分清楚的问题去寻求帮助的。这时的首要任务就是帮助决策者搞清决策问题，进而确定研究目标。一般情况下，企业的问题主要涉及两个方面：①企业的未来发展方向和战略规划；②企业在生产经营中出现困难或需要制定营销策略。

调查目标主要是指在市场调查活动中必须解决的具体问题，这是促进市场调查与预测工作成功的第二个关键步骤。市场调查工作的目标必须明确而具体，具有可实施性。第一，在企业面临的所有问题中，要明确其中的主要问题、最迫切需要解决的问题、内在的原因都是什么；第二，要明确而具体地说明调查人员需要搜集的资料是什么和有什么具体要求，甚至需要明确不需要搜集的资料有哪些。

理清调查的范围主要是指明确调查的地理范围和调查对象的范围。

确定调查对象也可以叫作定义总体。要准确地界定一个总体，必须包括四个要素，即抽样元素、抽样单位、抽样范围和抽样时间。

## 课 堂 讨 论

在实际的生产经营活动中，很多企业虽然也注重对未来市场发展趋势的预测，但是以此为依据作出有关决策之后，仍然没有达到预期的效果。结合本任务内容，从市场调查与预测的角度出发，试想一下为什么会出现这种情况？应如何解决？

# 课 后 自 测

## 一、选择题

1. 下列各项中，属于企业的未来发展方向和战略规划的是(　　)。
   A. 销售额下降　　　　　　　　B. 市场占有率下降
   C. 行业的竞争情况和发展趋势　　D. 产品积压
2. 下列各项中，属于企业在生产经营中经常出现的问题是(　　)。
   A. 行业的竞争情况和发展趋势　　B. 产品的需求量
   C. 发展潜力　　　　　　　　　　D. 销售额下降
3. 下列各项中，不属于确定市场调查范围的因素是(　　)。
   A. 目标市场的人口分布　　　　　B. 产品原料来源
   C. 目标市场的人口收入　　　　　D. 目标市场人口的文化程度

## 二、判断题

1. 市场调查的目的应该完全由企业决策者提出。　　　　　　　　　　　　(　　)
2. 抽样元素和抽样单位不能相同。　　　　　　　　　　　　　　　　　　(　　)
3. 正确地界定总体是抽样程序的第一步，确定调查目标之后，才能进行样本选择。
   (　　)
4. 市场调查与预测工作是完全根据企业的决策问题进行的。　　　　　　　(　　)

## 三、简答题

1. 市场调查工作的目标必须明确而具体，具有可实施性，主要包括哪些需要注意的问题？
2. 要准确地界定一个调查目标总体必须包括哪四个要素？
3. 简述确定市场调查目标的流程。

# 案 例 分 析

## 确定调查问题与目标的综合案例

某市人大常委会责成地方交通局(以下简称交通局)，采取措施方便老年居民(以下简称老年人)使用公共交通。因为交通局并没有关于老年人需求及其出行习惯的最新信息，于是向调研机构求助，要求调研机构帮助搜集新数据。下面这段文字是交通局对问题的最初陈述。

## 任务2　选定调查目标

"为更好方便城市老年人对公共交通的使用,交通局正考虑改善目前的服务。可能采取的措施包括:购置特殊类型的公共汽车、对现有的公共汽车进行改装和增加新线路,可能的话还将考虑对车费实行优惠。在作出这些耗资巨大的决定与改变前,交通局需要有关老年人对交通需求的信息,以便根据预算情况最大限度地满足老年人的需求。"

在涉及"采取措施方便老年人使用公共交通"这一决策时,交通局将决策目标阐释为需要调整现有的服务来"方便城市老年人对公共交通的使用",但是什么样的调研问题才能帮助交通局达成决策目标呢?

交通局需要了解老年人对公共交通的需求,以及这些需求是否和如何得到满足,这就明确了该项目的信息需求,即调查目的。

对于调查设计来说,明确了调查问题确实意味着设计工作迈出了一大步,但是还不够,调查目标必须得到系统陈述。调研设计者首先要确切地了解:谁是数据的主要使用者;调查数据主要用在什么地方。

根据交通局的内部分工,这项事关全局的工作具体由交通规划部来承担。具体来说,交通局的规划人员主要把信息用于购置特殊类型的公共汽车、改装现有的公共汽车、增加新线路、对车费实行优惠。

其次,调查设计者还要确定操作性定义,包括这样一些问题:①客户对谁或对什么感兴趣。在这里,客户仅对老年人的公共交通需求及使用感兴趣。要求对"老年人""公共交通"和"使用"等都要有确切定义。②所关心的调查单元在哪里;客户对什么地域感兴趣;仅对在大都市运行公共汽车的市区范围感兴趣,或者是对被现有公共汽车网络所覆盖的地域感兴趣。也许他们最后的决定是调查居住于整个都市范围内的所有老年人。③什么是调查的标准时期。在交通局的陈述中指的是现在的需求,这就意味着要了解老年人最近时期(如星期、月等)内乘公共汽车的情况。

在明确了调查问题并对调研目标作过系统陈述后,调查机构在一个相对较粗的水平上列出了调查的内容框架。

对于老年人,客户也许希望确定他们不同的特征:年龄;性别;是否残疾;家庭收入;地理位置;住所类型(如养老院、公寓、独立住宅);家庭构成(与谁共同生活)。

为了确定交通需求,客户也许需要以下信息:上星期出行次数;出行频率(每天次数,区分每星期中的工作日及周末);使用的交通工具;乘坐公共汽车遇到的问题;在本地旅行的次数。

要得到出行特征的信息,还应该问:出行目的;出行的起点与目的地;出行途中受到的限制;需要的帮助;因为缺少交通工具而取消出行的次数。

为了确定需求在目前是否得到满足,还应该了解交通模式方面的问题:可用性(他们是否拥有自己的轿车、自行车等);公共汽车的使用;乘公共汽车的花费;服务在哪些方面可以改善；什么可以促使老年人使用(或更经常使用)公共汽车。

(资料来源：张灿鹏，郭砚常. 市场调查与预测[M]. 北京：清华大学出版社，2008.)

问题：据此案例分析如何确定市场调查的调查问题和调查目标，讨论交通局确定的依据是否合理。

## 模 拟 实 训

一、实训项目：确定市场调查的目标。

二、实训目标：理解调研意图并确定目标，以此提高学生沟通与分析解决问题的能力。

三、实训内容：①明确委托方，即调查报告的使用者；②与委托方接洽，明确调研意图；③收集资料，分析问题背景，确定调查的目标；④确定调查的对象。

四、实训组织：团队合作完成。

五、实训考核：团队成员发言，全班讨论、交流，教师进行点评。

# 任务 3　制定市场调查方案

### 能力目标

通过完成本任务，你应该能够：①体会市场调查设计的意义；②掌握市场调查方案设计的内容和方法。

### 核心能力

掌握市场调查方案设计的内容和方法。

### 任务分解

- 选择市场调查方案。
- 市场调查方案的主要内容。
- 研究方案的可行性评价。

### 任务导入

现在越来越多的企业开始重视市场调查，可往往是投入了很大的财力和人力，却没收到很好的效果。这其中的原因除了具体环节实施效果之外，一个最基本的前提就是整个调查方案的合理性有待提高。设计一个优秀的市场调查方案，对于市场调查与预测工作本身来说是达到调查目标的基础，对于企业制定正确的企业发展战略和提高单位经济效益也具有十分重要的作用。

市场调查工作具有复杂、严肃、技术性较强等特点，为了顺利、有效地开展并完成整个市场调查工作，必须事先制定出一个科学、严密、可行的市场调查方案。市场调查方案设计的目的是制定整个市场调查工作的行动计划和纲领，以便所有参加调查的工作人员都依照执行。

### 分项任务

## 3.1　选择市场调查方案

**任务提示**　本分项任务将引领你了解市场调查方案的类型与选择。

**任务情景**　对于不同的研究需要，应进行的市场调查的类型也是不同的。最常见的是根据不同的研究目标,将市场调查与预测工作分为探索性调查、描述性调查、因果性调查三大类。这三类市场调查从工作背景、调查方式、数据要求、分析方法上来说都是不一样的,在具体调查方案的设计上也有所区别。

### 3.1.1 市场调查方案的类型

市场调查方案的类型包括探索性调查、描述性调查和因果性调查。

**1. 探索性调查**

探索性调查是为了找到问题的根源或者使问题更明确而对市场环境和其他因素进行的初始调查与分析。其主要用于以下四方面:①发现潜在的问题或机会;②寻找新的理念;③确定企业营销中存在的问题;④确定营销方案之前的小规模测试。

探索性调查可以使用任何方法进行资料搜集与分析,但是由于目标主要是为了初步找到营销中的问题和原因所在,因此多数情况下倾向于使用二手资料,采取任意或主观抽样,进行小范围调查或简单实验。

探索性调查一般是小规模调查活动,花费的时间和费用都比较少,具有灵活、省时、省力的特点。探索性调查虽然也有一个大致的方向和步骤,但是一般情况下目标不是非常确定,也就不一定有一个固定的计划。

**2. 描述性调查**

描述性调查是寻求对"谁""什么事情""什么时候""什么地点"这样一些问题的回答,目的在于尽量准确地描述营销变量之间的关系。这种调查主要用于市场潜力调查、产品使用情况调查、销售状况调查、消费者态度调查与分析等。

描述性调查属于定性研究的成分多一些,用到的数据包括一手数据和二手数据。它可以描述不同消费者群体在需求、态度、行为等方面的差异。

在描述性调查中,出于调查目的的需要,一般会假设变量之间存在着某种函数或因果关系,否则调查就没有多大意义了。调查之前一般要根据所需要的数据、所使用的调查方法和分析方法制定一个合理的调查方案。

**3. 因果性调查**

因果性调查是调查一个因素的改变是否引起另一个因素改变的研究活动,目的是识别、确定两个或多个营销变量之间的因果关系,并以此为基础预测未来某些环境因素的变化以及对营销活动造成的影响,以便提出相应对策。如预期价格、包装及广告费用等对销售额的影响。

因果性调查基本上属于定量研究,所用到的数据包括一手数据和二手数据,所用到的方法包括逻辑推理(主要通过三种证据证实因果关系：伴随变化——因与果的伴随；相继变化——先有因而后有果；没有其他影响因素干扰——排除干扰后只剩因果关系)和统计分析(如回归分析、因子分析、层次分析等方法)。

在因果性调查中，也要遵循调查目的的需要，在调查之前一般要根据所需要的数据、所使用的抽样方法、调查方法、分析方法等制定一个合理的调查方案。

### 3.1.2 市场调查方案选择的实际应用

选择市场调查方案之前首先要确认企业的信息需求。企业的决策者必须有一定的信息作为决策的基础，但是一般情况下，企业仅能对市场调查项目提供一个大致框架和笼统的数据要求。因此，在制定正式的调研方案之前，一般都有一个准备阶段，主要任务就是确定调查目的和信息需求，以便选择合适的调查方案。

首先要明确调查目的。很多情况下决策者是带着并不十分清楚的问题去寻求帮助的，所以制定市场调查方案之前，必须把企业的决策问题转化为市场调查的问题。

接下来要确定调查主题，也就是在市场调查活动中必须解决的具体问题。调查主题明确，可以使市场调查工作有具体的活动范围，从而提高调查活动的收益和效率。这是制定市场调查方案的前提，也是促进市场调查与预测工作成功的关键步骤。

在制定市场调查方案之前，还要先确定调查范围和目标，也就是确定由谁来提供资料和具体数据。要根据不同的调查目的确定不同的调查范围和目标，然后再采取相应的抽样方法和测量方法。在选取调查目标的时候，应在注意经济性原则的基础上保证代表性，确保调查对象能反映总体的基本情况。

明确了以上问题之后，才能科学、合理地选择和制定市场调查方案。

**案例阅读**

**新产品开发不同阶段的市场调查内容与方案选择**

一个企业，要想在营销中占领市场，取得良好的经济效益，必须使产品满足消费者的需求，这就要先了解消费者需要什么。通过市场调查，确定消费者的需求，才能开发出消费者所需要的新产品，以保证企业获得满意的利润。市场调查是贯穿新产品开发始终的重要因素。

(1) 前期开发的市场调查。对于新产品开发，尤其是高技术含量的新产品开发，技术只能保证新产品的质量和性能，却不能保证其市场占有率，企业除了要了解自身的资金与设备状况、组织技术力量之外，还要进行广泛的市场调查，如市场环境调查(市场现状、国内外竞争对手的产品现状、社会上有关部门的研究成果、目标市场基本情况等)和市场需求调查(市场需求量、需求结构、需求动机以及预期利润分析等)。此时应该选择描述性市场调查。

(2) 制造、试销阶段的市场调查。本阶段市场调查的主要任务是搜集市场反映，进一步验证前期方案。一方面搜集既能保证提高新产品质量，又能降低成本，更能符合市场特点的资料；另一方面，调查重点要放在试销试验上，当科研、生产部门制定出少量模型和样品之后，其中一部分要分别送到事先选定的供销部门供消费者试验，并搜集有关的意见，汇集整理，再反馈到设计部门，以便进一步验证与改进前期方案。此时主要选择的是探索性调查。

(3) 销售阶段的市场调查。一种新产品问世后，很难适应多方面既迫切又复杂的要求，大多数消费者也只知道使用产品，但是要用什么样的产品则需要通过宣传来引导，即通过宣传吸引消费者，打开销路。同时，由于新产品尤其是高新技术产品的科技含量高，设计与制造过程比较复杂，不易被市场和消费者所了解、掌握直至接受，因此，如何克服陌生感从而有效地使用新产品的问题也变得突出了。由此看来，对于新产品而言，在销售阶段的突出问题便是宣传和售后服务。但是，宣传与售后服务的效果如何，则主要看是否能够有的放矢。而要做到有的放矢，市场调查便是一条主要途径。此时市场调查的内容有：竞争者的产品特点、宣传促销手段、消费者的购买动机、购买行为的类型和模式、产品在市场上的具体反映、各种传媒特点等。营销人员应在充分、具体地调查以上内容的基础上进行分析研究，制定出相应的宣传促销计划及售后服务措施，从而使产品得到更加广泛的推广。此时选择的是因果性调查。

## 3.2 市场调查方案的主要内容

**任务提示** 本分项任务将让你掌握市场调查方案的主要内容。

**任务情景** 市场调查总的任务包括方法选择、调查实施、数据分析等几个阶段，在设计市场调查方案的时候，应该通盘考虑。调查方案的每一个细节都有很多选择方案，综合考虑和权衡利弊后制定一个科学的、可行的调查方案，不仅关系任务完成的经济性、时效性，有时还影响任务的成败。因此，选择调查方案是市场调查工作的关键步骤。

### 3.2.1 标题扉页

标题扉页部分主要是简要介绍市场调查与预测工作的背景与原因。

### 3.2.2 调查课题的目的与意义

要进行市场调查方案设计，首先要分析企业面临的问题，并在此基础上明确市场调查的目的，也就是为什么进行市场调查。调查目的的定位十分重要，它会影响调查方法、调查对象、调查时间、调查地点的选择等事项。如果调查目的不确定，就会导致必要调查项目的丢失或不必要项目的增加，影响调查效果；如果调查目的定位不正确，就会南辕北辙，调查也就没有实际意义了。

市场调查的目的主要包括如下内容。

**1. 通过市场调查来确定企业未来发展方向和经营战略的实施**

无论是建立新企业，还是已有企业开发新产品或新市场，都需要了解市场。这就需要通过市场调查来了解行业的现状及未来的发展趋势，调查产品的需求量和市场潜力，分析市场竞争情况。

**2. 通过市场调查来找到营销策略中存在的问题并提出解决方案**

企业在生产经营过程中，总会在市场营销活动中遇到各种各样的问题或困难，如销售额下降、产品积压、市场占有率下降、资金周转困难等。这些问题都属于表面问题，要想找到解决的对策，就必须弄清楚造成这些问题的原因，这样才能对症下药，解决问题。这就需要通过市场调查来研究市场竞争情况、消费者购买行为、营销中存在的具体问题等。

### 3.2.3 调查课题的内容与范围界定

(1) 在明确了调查目的的基础上，要进行市场调查，首先要确定调查内容，或者称作调查项目，也就是向被调查者了解哪些问题。例如，消费者的性别、年龄、收入、文化程度，消费者喜爱的商品品牌、规格、价格，消费者对商品的满意度，以及竞争者等其他内容。

确定调查内容的时候要注意：①调查内容要围绕调查目的来设计，脱离调查目的的内容只能浪费调查资源；②调查内容之间注意保持关联性，内容全面，结构清晰合理，能够取得满意效果；③调查内容要实际可行，以利于调查工作的开展。

(2) 确定了调查内容后，还要确定调查范围，其中包括确定调查的地理范围、时间范围和调查对象等。

在地理上，调查范围应该与产品销售区域一致或相似，最好是在同一个城市或地区。如果由于实际原因做不到，则应选择人口分布、收入、文化程度等特征相似的地区或城市来进行调查，以减小误差。

在时间上，应根据调查的实际需要，选择方便进行调查和对调查结果造成的误差小的时间段进行。

在调查对象上，要根据调查的目的、任务来确定符合调查所需年龄、文化程度、性别等特征要求的个体，以及在什么样的调查单位中抽取这些样本。抽取调查对象总体的原则就是在经济性原则的基础上保证样本对总体的代表性。

### 3.2.4 调查研究所采用的方法介绍

在调查方案中,要确切说明采用什么样的方法搜集数据和分析预测。市场调查的方法受到调查目的、调查性质、调查经费、调查时间等因素的影响,只有方法选用得当,才能在合理的预算下保质保量地完成调查工作。

市场调查的方法主要可以分为二手数据调查和一手数据调查两大类,抽样方法可以分为随机抽样和非随机抽样两大类,而数据的分析及预测主要可以分为定性分析和定量分析两大类。关于这些方法将在后面的任务中进行介绍。

### 3.2.5 课题的研究进度和有关经费开支预算

**1. 市场调查研究进度**

市场调查工作一般都有严格的时间要求。多数调查工作都要求在有限的时间内完成,以配合企业领导者决策和满足调查目的的需要;还有一些市场调查工作,因为具有具体特征,所以必须在某一特定的时间段内完成,如某产品国庆黄金周销售情况等。因此,对于市场调查工作,一定要制订一个完整的时间规划。

要制订一个完整的时间规划,首先要制订完整可行的调查组织计划,其具体内容包括:调查的组织领导、调查机构的设置、人员的选择和培训、工作的具体步骤和善后处理等。根据具体调查任务各个环节的特点、重要性、难易程度、逻辑顺序等具体情况,考虑意外情况发生的可能性,编制一个合理可行的工作进度表。

**2. 经费开支预算**

市场调查工作都应该在一定的预算范围内展开,因此在制定调查方案的时候需要编制费用开支预算。开支预算一般通过两大类方法来估计。

一类属于明细法,通过估计各个阶段、各项活动的费用并加总估算总额。具体阶段费用包括:方案设计费用、调查实施费用、数据处理费用与其他。各项活动的费用包括:问卷设计费、调查管理费、人员培训费、资料购买费、专家咨询费、调查人员工资、差旅费、打印费、统计分析与报告费等。

另一类属于参考法,通过借鉴过去的、类似的市场调查工作的具体和总体调查费用,结合现在的价格水平以及其他具体情况来估算一个比较合理的调查经费开支预算。

编制预算时应该注意将所有的费用都考虑在内,同时还要考虑意外的情况,避免在调查过程中出现经费短缺的麻烦。此外还要注意节约,在保证调查工作顺利进行的前提下,尽可能地节约调查费用,提高工作的经济效益。

### 3.2.6 列出课题负责人及主要参与者名单

市场调查工作的开展最终要靠人来实现，一个合理、有效、精干的工作队伍，完备的组织计划，是完成市场调查工作的基础。

根据调查工作的特点和要求，组织计划一般包括以下三个方面的内容。

**1. 调查组织的领导、机构**

市场调查工作需要多人参与，领导与组织机构的作用在于对调查工作、调查人员进行分工、管理和监督，使调查活动顺利、高效地展开。

**2. 人员配备**

人员配备是对调查工作的细化，将日常主持、配合、访问等具体工作落实到每个人。

**3. 人员培训**

调查人员的素质对调查结果有很大的影响，因此还要组织有关人员进行培训。

## 3.3 研究方案的可行性评价

**任务提示** 本分项任务将引领你了解如何确定一个调查方案的可行性。

**任务情景** 调查方案的制定往往不是一次完成的，而要经过必要的可行性研究。可行性研究是科学决策的必经阶段，也是制定调查方案的重要工作。从可行性研究的角度来看，确定市场调查方案，需要综合考虑各种影响因素，先设计多种有价值的调查方案，再通过分析比较，从中选优。

### 3.3.1 方案的可行性研究方法

对调查方案进行可行性研究的方法主要有三种：逻辑分析法、经验判断法和试点调查法。

**1. 逻辑分析法**

逻辑分析的作用是检查所设计的调查方案的各部分内容是否符合逻辑和情理。逻辑分析法主要用于对调查方案中的调查项目设计进行可行性研究。

例如，要调查某化妆品的消费者结构，而设计的调查对象却以学生群体或男性居多，则按此设计得到的结果就无法满足调查的要求，因为一般情况下化妆品的主要消费群体是成年女性。

**2. 经验判断法**

经验判断法是组织一些具有丰富调查经验的人士，或结合以往成功的调查案例，对设计出的调查方案加以初步研究和判断,以证明方案的可行性。用经验判断法对调查方案进行可行性分析的优点是省时、省力,但由于人们认识的局限性、差异性、时限性,各种主客观因素都会对人们判断的准确性产生影响。

例如,把一个市场调查的方案移植到另一个调查任务中来通常是可行的,但是如果不考虑实际区别就会出差错。

### 3. 试点调查法

对于大规模的市场调查而言,在大规模展开调查之前进行小范围测试是整个调查方案可行性研究的重要环节。试点调查法具有两个明显的特点:一是实战性,二是创新性。通过试点调查把调查效果反馈回来,从而起到修改、补充、丰富、完善正式调查方案的作用。试点调查的主要目的是使调查方案更加科学和完善,而不仅仅是搜集资料。

## 3.3.2 方案的评价标准

对于调查方案优劣的评价,有如下标准。

(1) 方案设计是否准确体现了调查目的和要求、调查结果能否对解决问题提供有益的帮助,这是大方向的问题。

(2) 方案设计是否科学、完整和适用,能否使调查数据的质量有所提高。例如,抽样框架是否合理,分析方法是否科学,时间、地点等条件是否恰当,能否降低各种误差(如前期测量误差、生理条件误差、历程误差、工具误差、选择误差、流失误差、相互作用误差、反应误差、测量时间误差、替代情境误差等)。

当然,评价一项调查方案的设计好坏,最终还要通过调查实施的实践来检验,即进行调查实效检验。

# 课 程 小 结

市场调查工作具有复杂、严肃、技术性较强等特点,为了顺利、有效地开展并完成整个市场调查工作,必须事先制定一个科学、严密、可行的市场调查方案。市场调查方案设计的目的是制定整个市场调查工作的行动计划和纲领,以便所有参加调查的工作人员都依照执行。

根据不同的研究目标,市场调查与预测工作可以分为探索性调查、描述性调查、因果性调查三大类:①探索性调查是为了找到问题的根源或者使问题更明确而对市场环境和其他因素进行的初始调查与分析;②描述性调查的目的在于尽量准确地描述营销变量之间的关系;③因果性调查的目的是识别、确定两个或多个营销变量之间的因果关系。

调查方案的每一个细节都会有很多的选择方案，综合考虑和权衡后选择制定一个科学的、可行的调查方案，不仅关系任务完成的经济性、时效性，有时还影响任务的成败。市场调查方案的主要内容包括：①标题扉页；②调查课题的目的与意义；③调查课题的内容与范围界定；④调查研究所采用的方法介绍；⑤课题的研究进度和有关经费开支预算；⑥列出课题负责人及主要参与者名单。

调查方案的制定，往往不是一次完成的，而是要经过必要的可行性研究。对调查方案进行可行性研究的方法主要有三种：逻辑分析法、经验判断法和试点调查法。

## 课 堂 讨 论

企业的市场调查与预测工作有些是由专业调查机构来进行的，有些则是由企业自己进行的。在企业自己进行市场调查的情况下，相关人员是否专业，能不能在调查展开之前先科学、合理地制定一个市场调查方案，是决定调查工作效果的关键步骤。结合实际探讨一下，一般都有哪些企业能够做到自己进行市场调查？

## 课 后 自 测

一、选择题

1. 对于产品需求趋势的预测应该属于( )。
   A. 探索性调查　　　　B. 描述性调查　　　　C. 因果性调查
2. 下面不属于描述性调查的是( )。
   A. 产品使用情况调查　　B. 销售状况调查
   C. 消费者态度调查　　　D. 新产品试销
3. 到图书馆查资料属于( )。
   A. 一手数据调查　　　　B. 二手数据调查
4. 下面不属于用明细法估计经费开支的项目是( )。
   A. 方案设计费用　　　　B. 调查实施费用
   C. 类似调查费用　　　　D. 数据处理费用

二、判断题

1. 确定营销方案之前的小规模测试属于探索性调查。　　　　　　　(　　)
2. 在市场营销活动中两种现象先后发生，那么两者一定有因果关系。(　　)
3. 进行市场调查一定要通过一手数据调查才能达到目标要求。　　　(　　)

4. 在确定市场调查工作费用预算的时候,明细法一定比参考法准确。（　　）

### 三、简答题

1. 市场调查方案都有哪些类型？各有什么特征？
2. 如何选择市场调查方案的类型？
3. 市场调查方案主要包括哪些重要内容？
4. 怎样判断一个市场调查方案的可行性？有哪些评判标准？

# 案 例 分 析

## 内蒙古地区部分高校大学生对国学认知现状的调查方案

### 一、调查背景

2001年7月9日CCTV-10开播的《百家讲坛》以建构时代常识，享受智慧人生为主旨，选择观众最感兴趣、最前沿、最吸引人的选题，掀起了"国学热"的第一波热潮。近年来，一系列以"国学"为主题的电视节目应运而生，极大传播了国学，引起了一部分人对于国学的重视。但如何才能够真正将国学普及化，影响最大化，成为现如今主要探讨的话题。如何才能够借助《中国诗词大会》《朗读者》等电视节目的热潮，将国学持续发展起来，仍需进一步地努力。因此，当我们回顾国学发展的历史，反思当下国学热潮时，应该承认，当前"国学热"的出现是全球化和多元化矛盾在中国当前的一个体现，同时也是当前中国政治合法性和道德重建的内在需要的体现，有它的合理性和必然性。同时在学科意义上，国学可以让我们清醒地认识到现代的学科分类在解释传统的学术资源时的困难。国学的最佳定位是作为一种批判性的视角，让我们意识到学术传统的独特性和中国自身价值立场的重要性，但这并不意味着必须拒绝西方的学科体系才能有效地延续本土文化的精神。科学和人文应得到有机地结合，文化认同应由强调族群转化为强调人类解放这样的角度来看，强调国学目的则应当是要超越国学。

### 二、调查目的

20世纪90年代以来，世界进入经济一体化、信息高速化和文化多样互补的新时代。在价值取向多元化的今天，将国学经典融入我们的生活中，不仅是"德育为先"的素质教育的必然要求，也是陶冶学生情操，完善人格修为，提升师生人文素养所必不可少的重要举措。

由于受市场经济的冲击、功利化的价值取向和教育目标的影响，在今天的中小学生当中，存在自私、粗俗、浮躁、厌世的现象，修养缺失、诚信缺失、感恩缺失、理想缺失、追求缺失、学校说教式的教育往往显得苍白无力。

随着时代的进步，社会的发展，市场经济的确立，内在素质、外在素养的高低，将直接关系到人在社会中的发展程度和成功与否。加强学生文明行为养成教育，既是我们弘扬传统美德的需要，也是学生身心健康发展的必然。

本次调查以内蒙古地区部分高校在校大学生对国学的认知现状为载体，探索一些影响国学发展的因素。

### 三、调查对象及内容

本次调查的研究对象是内蒙古地区部分高校的大学生，选择其作为研究对象主要出于如下考虑：①大学生自主意识较强，有独到的见解，接受社会信息较为全面，兴趣释放自由；②大学生是传统文化的传承者；③大学生的文化素养代表着国家的文化素养。

此次调查的主要内容包括：大学生的基本信息，大学生对于国学认知现状的基本状况，认知现状的影响因素，认知现状以及影响因素对于男女、年级、性别的差异，大学生对国学认知现状的综合分析五大部分。

### 四、调查方式及实施过程

本次调查方式主要采用问卷调查，以书面提出问题的方式搜集资料，研究者对所要研究的问题编制成问题表格，以电子问卷为主，纸质问卷为辅，从而了解被调查者对某一现象或问题的看法与意见。

1. 网上发放问卷

采用问卷星作为网上发放问卷载体，以链接、二维码、网页地址的形式，借助微博、微信、QQ等通信媒介对于电子问卷采用了随机发放，并对问卷调查人群(大学生)、地点(内蒙古地区)及所在院校(部分高校)进行了设定与质量控制。

2. 校园抽样实施方案与实施过程

对内蒙古地区部分高校的部分校区按照随机抽样的方式进行电子和纸质问卷发放，地点涉及教室、图书馆、食堂及操场等。

此外，为了平衡性别、专业以及年级比例，针对特定人群随机抽取部分人数发放纸质问卷。

3. 专家访问调查实施方案与实施过程

对于内蒙古地区国学幼儿园校长及教师进行了深入访问，对问卷进行了补充，对结论进行了证实。

### 五、调查的组织计划

(略)

### 六、调查进程和费用预算

调查进程和费用预算如表3-1所示。

表 3-1  调查进程和费用预算

| 项　目 | 时间分配(天) | 预计经费(元) | 备　注 |
|---|---|---|---|
| 确定调查目标、制订调查计划 | | | |
| 设计问卷和组织问卷调查、网上调查、直接体验 | | | |
| 深度访谈调查 | | | |
| 资料整理分析 | | | |
| 撰写调查报告 | | | |
| 调查报告定稿并印刷 | | | |
| 合计 | | | |

(资料来源：微信订阅号《市场调查之家》十年韶华，聚颂今朝，2018 年 1 月 2 日)

# 模 拟 实 训

一、实训项目：制定市场调查方案。

二、实训目标：通过训练，让学生设计一份符合要求的市场调查方案，培养学生的写作能力。

三、实训内容：对接受的调查项目进行策划，设计整个项目计划，撰写市场调查方案。

四、实训组织：团队合作完成。

五、实训考核：提交本团队的市场调查方案，全班讨论、交流，教师进行点评。

# 任务4　确定调查内容

## 能力目标

通过完成本任务，你应该能够：①识记市场调查的内容；②根据调查目的选择调查的内容。

## 核心能力

识记市场调查的内容。

## 任务分解

- 调查市场环境。
- 调查消费者。
- 调查营销组合。

## 任务导入

荷兰某食品工业企业每推出一种新产品均受到消费者的普遍欢迎，产品供不应求，其成功主要依赖于该企业不同寻常的征求意见的市场调查。以"色拉米斯"产品为例，在推出"色拉米斯"之前，企业选择了700名消费者作为调查对象，询问这些消费者是喜欢企业的"色拉色斯"（老产品的名称），还是喜欢新的色拉调料。消费者对新产品提出了各种期望，企业综合消费者的期望，几个月后研制出来了一种新的色拉调料。当企业向被调查者征求新产品的名字时，有人提出一个短语："混合色拉调料"。企业拿出预先选好的名字"色拉米斯"和"斯匹克杰色斯"供消费者挑选，80%的人认为"色拉米斯"是个很好的名字。这样，"色拉米斯"便被选定为这种产品的名字。不久企业在解决了"色拉米斯"变色问题后准时销售这种产品时，又进行了最后一次消费者试验。企业将白色和粉色提供给被调查者，根据消费者的反应确定颜色，同时还调查消费者愿意花多少钱来购买它，并以此确定产品的销售价格。经过反复地征求意见，并根据这些意见作了改进，"色拉米斯"一举成功。

(资料来源：范云峰. 营销调研策划[M]. 北京：机械工业出版社，2004.)

## 分项任务

# 4.1 调查市场环境

**任务提示** 本分项任务将引领你明确宏观营销环境的调查内容。

**任务情景** 宏观营销环境是指影响企业微观环境的一系列巨大的社会力量，包括经济、政治、法律、科学技术、社会文化、自然地理、竞争等方面的因素。对于宏观环境来说，企业难以按自身的要求和意愿随意改变它，但可以主动适应环境的变化和要求来制定相应的策略。如果企业善于适应环境就能生存和发展，否则就难免被淘汰。

### 4.1.1 调查政治法律环境

#### 1. 调查政治环境

政治环境调查包括了解企业市场营销活动的外部政治形势和状况以及国家管理市场的方针政策。一个国家如果政局不稳，社会矛盾尖锐，秩序混乱，就会影响经济的发展和人民的购买力。政府的方针、政策规定了国民经济的发展方向，也会对企业的经营活动产生影响。例如，由于各地区生产力水平、经济发展程度的不同，政府对各地区的经济政策也不同，有的地区的经济政策宽松些，有的严格些；对某些行业采取倾斜政策，对不同的行业采取不同的优惠、扶持或限制政策。对国际政治环境的分析，应了解"政治权力"与"政治冲突"对企业营销活动的影响。政治权力影响市场营销，往往表现为由政府机构通过采取某种措施约束外来企业，如进口限制、外汇控制、劳工限制、绿色壁垒等。政治冲突是指国际上的重大事件与突发性事件，这类事件在以和平与发展为主流的时代从未绝迹，对企业市场营销工作影响或大或小，有时带来机会，有时带来威胁。

**案例阅读**

#### "沈阳飞龙"的失误

沈阳飞龙医药保健品集团自1991年组建以来，4年完成销售额20亿元，实现利润4.2亿元，成长为全国保健业的领导者，其生产的延生护宝液成为明星产品。

然而天有不测风云。从1994年下半年开始，国内保健品市场一片混乱，到1995年年初，全国一下子冒出2.8万种保健品，泛滥成灾，严重冲击了"沈阳飞龙"的销售。"沈阳飞龙"作为保健品行业的先驱者，一下子玩不转了。经过了解才知道：卫生部原来对保健品按三类中药审批如同报新药一样严格，但不知道是哪个部门放松了条件，发放保健品许可证时，检测标准参照食品标准。

标准的放松造成了保健品市场的失控：凡是液体类的保健品按饮料标准检测，与检验汽水差不多，只要大肠杆菌不超标就可以生产。加之保健品不受广告法的限制，从而使保健品的营销环境发生了翻天覆地的变化。由于"沈阳飞龙"管理层信息不足，因此被放松的政策打得措手不及，销售量严重滑坡。

沈阳飞龙医药保健品集团的失误给我们的启示是：如果不注重宏观环境的变化，再优秀的企业也会沦为落伍者。

(资料来源：崔晓文. 广告学概论. 北京：清华大学出版社，2009.)

**2. 调查法律环境**

法律环境是指国家或地方政府颁布的各项法规、法令和条例等。企业面向国际市场时，必须了解并遵循出口国政府颁布的有关经营、贸易、投资等方面的法律、法规。法律环境调查主要包括进口限制、外汇控制、方针、法令、法规、条例、贸易惯例和要求等。例如，日本政府曾规定，任何外国公司进入日本市场，必须找一个日本公司同它合伙；美国曾以安全为由，限制欧洲制造商在美国销售汽车，以致欧洲汽车制造商不得不专门修改其产品，以符合美国法律的要求。

### 4.1.2 调查经济技术环境

**1. 调查经济环境**

经济环境是指企业面临的社会经济条件及其运行状况、发展趋势。经济环境对市场活动有直接的影响，对经济环境的调查，主要可以从生产和消费两个方面进行。

1) 生产方面

生产决定消费，市场供应、居民消费都依赖于生产。生产方面的调查主要包括：能源和资源状况、交通运输条件、经济增长速度及趋势、产业发展状况、国民生产总值、通货膨胀率、就业率、税收、利率，以及农业、轻工业、重工业比例关系等。

2) 消费方面

消费对生产具有反作用，消费规模决定着市场的容量，也是经济环境调查不可忽视的重要因素。消费方面的调查主要是了解某一国家(或地区)的国民收入、消费收入状况、消费支出状况、物价水平、物价指数、消费结构、消费者储蓄和信贷等。

消费结构：消费结构取决于消费收入水平。(恩格尔定律)随着消费者收入的增加，其购买食品的支出比重会有所下降，而用于交通、娱乐、健身保健、旅游等方面的支出比重会有所增加。关于消费结构，除了要考虑消费者收入水平外，还要考虑不同国家和地区的生活习惯、价值观念等因素。

消费者储蓄和信贷：收入分为储蓄和消费。储蓄增加，消费减少，本期支出水平就会下降，潜在购买水平提高。消费者信贷是消费者凭借信用先取得商品使用权，然后按期归还贷款。信贷增加，本期支出水平提高，潜在购买力下降。

**2. 调查技术环境**

科学技术是第一生产力，影响着社会经济的各个方面。新技术革命不仅对传统产业进行改造，也带动了新兴产业的发展，使生产增长、新产品出现、产品质量的提高越来越多地依赖于科学进步。这既可能给企业创造新的市场机会并在竞争中取得成功，也可能给企业造成环境威胁。技术环境调查包括及时了解国内外科技总发展水平和发展趋势，各种新技术、新材料、新产品、新能源、新工艺的发展趋势和速度，技术引进和技术改造，国家有关科研技术发展的方针政策及计划等。

### 4.1.3 调查社会文化环境

社会文化环境调查通常包括社会阶层、民族、宗教、风俗习惯、家庭构成、相关群体、受教育程度以及价值观念等相关因素的调查。社会文化环境在很大程度上决定着购买行为，影响着消费者购买产品的动机、种类、时间、方式以及地点。企业为了更好地满足消费者的需要，必须了解社会文化环境对消费者爱好的影响，经营活动必须适应所涉及国家(或地区)的文化和传统习惯，才能为当地消费者所接受。例如，在销往中东地区的各种食品中不能含有酒精，这是因为该地区绝大多数人民笃信伊斯兰教，严禁饮酒。

> **小资料**
>
> 中国、日本、美国等国家对熊猫特别喜爱，但一些阿拉伯人却对熊猫很反感；墨西哥人视黄花为死亡、红花为晦气，而是喜爱白花，认为白花可驱邪；德国人忌用核桃，认为核桃是不祥之物；日本人忌荷花、梅花图案，也忌用绿色，认为不祥；南亚有一些国家忌用狗作为商标；在法国，仙鹤是蠢汉和淫妇的代称，法国人还特别厌恶墨绿色；黄色在中国象征尊贵与神圣，而在西方则象征下流和淫秽；伊拉克人视绿色代表伊斯兰教，但视蓝色为不吉利；匈牙利人忌"13"单数；日本人在数字上忌用4和9；我国香港和台湾地区的商人忌送茉莉花和梅花。

### 4.1.4 调查自然地理环境

自然地理环境调查主要包括目标市场的地理位置、气候及自然环境条件、运输条件、仓储条件、自然资源状况、生态条件、环境保护等。气候对人们的消费行为有很大的影响，直接影响企业的生产和销售。例如，加湿器冬天在北方十分畅销，但在南方则很少有人问津，其主要原因是北方冬天室内暖气充足，气候十分干燥，形成较大的市场需求；而南方气候湿润，近似天然加湿器。由此可见，地理和气候环境是市场调查不可忽视的一个重要内容。

### 4.1.5 调查竞争环境

一个企业很少能单独为某一市场服务，公司的营销活动总会受到一群竞争对手的包围和影响，企业竞争对手的状况将直接影响企业的营销活动。企业要想在市场上立于不败之地，必须要了解竞争对手，在满足消费者需要和欲望方面比竞争对手做得更好。竞争环境调查包括：①竞争者的数量，经营规模及其人力、物力、财力，经营管理水平；②竞争者的生产经营规模、技术水平和新产品开发情况；③竞争者生产经营商品的品种、质量、价格、式样、特色、促销策略、服务方式及在消费者心目中的声誉和形象；④竞争者所采取的市场价格策略、销售渠道策略和广告策略；⑤竞争者的市场占有率和市场覆盖率；⑥竞争者的企业发展战略及目标；⑦潜在竞争对手状况。

## 4.2 调查消费者

**任务提示** 本分项任务将引领你明确消费者的调查内容。

**任务情景** 消费者是企业产品或服务的购买者，是企业经营活动的出发点和归宿，是企业生存之本，企业的营销活动是以满足消费者为中心的。消费者变化着的需求要求企业以不同的服务方式提供不同的产品，并制约着企业营销决策的制定和服务能力的形成。因此，企业必须认真地调查研究消费者，必须深入地了解谁是自己产品的消费者，他们为什么购买，他们如何作出购买决策，有哪些因素影响他们的购买行为等。

### 4.2.1 调查消费者的基本情况

营销者必须了解谁是所要营销产品和服务的现有和潜在消费者，即分析目标市场的营销对象是谁或将是谁。通常采用综合消费者的特征、消费者的需要、生活方式、人口变数等来描述目标消费者。例如，消费者(或目标市场)可以被描述为："女性、时尚、年龄范围25～40岁、职业妇女。"消费者基本情况调查包括：①现有消费者和潜在消费者的数量及地区分布状况；②消费者的个人收入和家庭平均收入水平、购买力的大小、购买商品的数量；③消费者的年龄、性别、职业、民族、文化程度等。

### 4.2.2 调查消费者的动机

购买动机是指人们为了满足自身某种需要而产生的购买商品的欲望、念头和冲动。购买动机调查主要是弄清产生各种动机的原因，如了解市场上的消费者为什么采用某种行为方式，为什么他们购买这些产品而不是其他的产品，为什么他们在这些商店而不是去其他商店消费。

消费者购买动机一般可以分为两大类：本能动机和心理动机。

### 1. 本能动机

本能动机是指由消费者生理本能需要所引起的购买动机，这种购买动机大量表现在人们购买吃、穿和部分用的商品的行为之中。由本能动机所产生的购买行为，具有习惯性、经常性和相对稳定性等特点，供给弹性较小，多数是日常生活必需品。当然，随着时代的变化，生活必需品的内容也会发生变化。

### 2. 心理动机

心理动机是指受心理活动支配而引起的购买动机。心理动机主要有感情动机、理性动机和光顾动机三种。

1) 感情动机

感情动机是建立在主观需要基础上的购买动机。例如，由求新、求美、求异、求荣、求名等心理引起的各种动机，被宣传动员产生的购买动机，受抢购影响产生的购买动机等，都属于感情动机。这种动机具有稳定性和周密性差的特点。

2) 理性动机

理性动机是建立在客观需要基础上的购买动机。理性动机是在对商品价格，商品耐用性、可靠性、维修服务等方面了解、考虑、比较的基础上产生的购买动机，这种动机一般比较稳定和周密。感情动机和理性动机并不矛盾，消费者在实际购买时往往同时具有两种或两种以上的动机。例如，某消费者为了培养孩子的音乐修养，产生了购买钢琴的感情动机，钢琴的规格、型号很多，究竟购买哪一种，经过对价格、音质、外观、售后服务等各方面的理性思考，同时也受到广告宣传的影响，最终选择了某种品牌的钢琴。

3) 光顾动机

消费者喜欢在某家商店购买商品而不在另一家商店购买即属于光顾动机。商店处于便利的购物地点、拥有舒适的购物环境、合理的商品价格和完善的售后服务等，都能引起消费者的光顾动机。

#### 通用汽车公司成功的背后

斯隆掌管美国通用汽车公司大权时，美国经济已发展到一个新的水平，消费者已不满足于"低层次需要"。斯隆根据当时消费者多层次的购买动机，果断地调整了经营策略，本着"分期付款、旧车折价、年年换代、密封车身"的原则，向消费者提供新一代轿车，其中包括适合富翁需要的最豪华、最气派的凯迪拉克牌，向中产阶层提供的别克牌、奥尔兹莫比尔牌等，向普通大众提供的简易、廉价的雪佛兰牌，因而抢走了福特"替代马车式的 T 型汽车"的大部分市场,一举奠定了它的汽车"新帅"的地位。通用汽车公司从此称霸于世界。

(资料来源:马连福. 现代市场调查与预测[M]. 北京:首都经济贸易大学出版社,2002.)

由此可以看出,准确地把握消费者的购买动机对于一个企业的生存与发展起着至关重要的作用。

### 4.2.3 调查消费者的购买行为

消费者购买行为是消费者购买动机在实际购买过程中的具体表现。消费者购买行为调查,就是对消费者购买模式和习惯的调查,即了解消费者在何时购买(when)、何处购买(where)、由谁购买(who)和如何购买(how)等情况。

#### 1. 消费者何时购买的调查

消费者在购物时间上存在着一定的习惯和规律。某些商品销售随着自然气候和商业气候的不同,具有明显的季节性。例如,在春节、中秋节、国庆节等节日期间,消费者购买商品的数量要比以往增加很多。商业企业应按照季节的要求,适时、适量地供应商品,才能满足市场需求。此外,对于商业企业来说,掌握一定时间内的客流规律,有助于合理分配劳动力,提高商业人员的劳动效率,把握住商品销售的黄金时间。

#### 2. 消费者在何处购买的调查

消费者在何处购买的调查一般分为两种:一是调查消费者在什么地方决定购买,二是调查消费者在什么地方实际购买。对于多数商品,消费者在购买前已在家中作出决定,如购买商品房、购买电器等,这类商品信息可通过电视、广播、报纸、杂志等媒体所作的广告和其他渠道(如消费者之间、朋友之间)获得。而对于一般日用品、食品和服装等,具体购买哪种商品,通常是在购买现场,受商品陈列、包装和导购人员介绍而临时作出决定的,具有一定的随意性。

此外,为了合理地设置商业和服务业网点,还可对消费者常去哪些购物场所进行调查。在什么地方购买的一般规律是:主、副食品和日常生活用品,如粮食、蔬菜、副食调味品、日用小商品等,购买频繁,为节省时间,通常是到住所附近的商店购买;一些周期性消费的商品,如衣着类、家庭装饰类、化妆品等,一般到便于挑选和比较、品种较多的大中型商店购买;若是购买高档商品、耐用消费品,如家具、家用电器,一般到信誉好的大中型商店、专业商店、老字号商店购买。

#### 3. 谁负责家庭购买的调查

对于谁负责家庭购买的调查具体可包括三个方面:一是在家庭中由谁作出购买决定,

二是谁去购买，三是和谁一起去购买。有关调查结果显示：对于日用品、服装、食品等商品，大多由女方作出购买决定，同时也主要由女方实际购买；对于耐用消费品，男方作出决定的较多，当然在许多情况下也要同女方共同商定，最后由男方独自或与女方一同去购买；对于儿童用品，常由孩子提出购买要求，由父母决定，与孩子一同前往商店购买。此外，通过调查还发现，男方独自购买、女方独自购买或男女双方一同购买对最后实际成交有一定的影响。

**4. 消费者如何购买的调查**

不同的消费者具有各自不同的购物爱好和习惯，若从商品价格和商品品牌的关系上来看，有些消费者注重品牌，对价格要求不高，他们愿意支付较多的钱购买自己所喜爱的品牌；而有些消费者则注重价格，他们购买较便宜的商品，而对品牌并不在乎或要求不高。

消费者购买商品的品牌爱好和款式有一定的规律。例如，有些人属于经济型的购买者，选择品牌、款式首先从经济因素出发，比质比价决定选择商品类型；有些人则属于冲动型的购买者，对品牌无特殊了解，常常受到商品外观、广告的影响，甚至在看到很多人排队争购时，就产生购买决定。

## 4.3　调查营销组合

`任务提示` 本分项任务将引领你明确营销组合的调查内容。

`任务情景` 企业一次成功和完整的市场营销活动，应意味着将适当的产品，以适当的价格、适当的渠道和适当的促销手段，投放到特定市场的行为。企业应该生产什么样的产品，如何定价，选择什么样的渠道和促销手段才能更好地满足消费者，这是摆在决策者面前的主要问题。营销组合调查主要包括产品、价格、分销渠道和促销方式的调查。

### 4.3.1　调查产品

市场营销中的产品不仅是指在市场上提供出售的物质实体，而且是指能够提供市场、用于满足人们某种欲望和需要的任何事物，包括服务、技术、组织、思想等各种有形或无形的东西。产品调查的内容包括：①消费者对产品的性能、设计、质量、外观、包装、商标、价格、实用方便性和安全性等的评价；②本产品的知名度；③本产品的美誉度和忠诚度；④本产品的品质形象、技术形象与未来形象；⑤本产品的品牌联想形象；⑥本产品生命周期及开发新产品的可能性和途径。

### 4.3.2　调查价格

商品价格是消费者和企业最为敏感的一个因素，与双方利益关系密切。商品价格受众多因素的影响，如商品供求状况、商品生产成本、居民收入水平、商品特点及重要性、国家价格政策以及市场竞争状况。在买方市场中，商品供求状况和市场竞争状况是企业应该特别关注的两个因素，也是企业调查的重点。企业进行市场价格调查主要是为了了解产品市场价格情况及其变动趋势，合理定价，扩大销售，增强竞争力，提高经济效益。市场价格调查的内容主要包括商品市场价格情况、商品价格影响因素及其变化、商品价格变化预测。

**案例阅读**

**百货公司的商品价格调研**

武汉一家大型百货公司准备在周边某一小城市开设一家超市，主要经营日用品。为了尽快打开局面，必须对经销商品进行合理定价，为此该公司特地成立了专门的调研小组。调研小组对进入该市的所有有一定规模和影响力的超市和商场的商品价格进行了详细摸底，掌握了各类商品的价格情况。在此基础上，该公司制定了自己的定价策略：对需求量大的商品采取低价，以吸引消费者，薄利多销；对需求量一般的商品采取中间价，保持一定的价格优势，适当争取较大利润；对需求量小的商品采取高价，确保商品品质，树立企业形象。

(资料来源：叶叔昌，邱红彬. 营销调研实训教程[M]. 武汉：华中科技大学出版社，2006.)

### 4.3.3 调查分销渠道

分销渠道是指某种产品和服务从生产企业流向消费者或用户的路线和通道，是产品和服务的所有权转移所经历的途径及相应设计的中间机构即中间商(主要是指零售商、批发商、代理商)。当产品进入分销渠道后，中间商是非常重要的环节，其决定着产品能否以最优的路线到达消费者手里。分销渠道调查的内容包括：①分销渠道的结构和类型；②分销渠道的覆盖范围和销售效率；③各类中间商的经营业绩、决策能力、服务力量、储存和运输等条件、资金财务状况和信誉情况等。

### 4.3.4 调查促销方式

促销是指企业运用各种手段，传递产品或劳务信息，以说服和激励消费者购买企业的产品或劳务，实现扩大销售目的的一切企业活动的总和。促销方式主要有四种：人员推销、营业推广、公关活动和广告活动。

**1. 调查人员推销活动**

人员推销的目的是通过与消费者的直接联系，引导消费，激发消费者的购买欲望，促进产品销售。人员推销调研主要是从推销人员和促销效果方面进行的调研：一是推销人员素质力量、分工、技巧的调研；二是推销方式的效果调研，如调研登门推销、洽谈会推销等的效果，通过调研，来了解不同的商品采取什么样的推销活动效果最佳；三是人员推销所产生的反响和实际经济效果的调研，即评价人员推销目标的实现程度，如提高市场占有率情况、信息传递的"知晓度"等。

2. 调查营业推广活动

营业推广是指企业在特有的目标市场中，为迅速刺激需求和鼓励消费而采取的策略，具体方式包括赠送样品、优惠券、有奖销售、提供赠品等。营业推广的调查内容包括：营业推广策略调查、营业推广效果调查(营业推广对用户产生的影响)、营业推广辅助策略的调查、营业推广失败或成功的调查等。

3. 调查公关活动

一个企业为了创造良好的社会环境，争取公众支持，建立和维护优良形象而开展各种公共关系活动。公关活动的调查内容包括：①公关活动的主要内容与策略；②企业关系网络调查；③公关活动和宣传措施对产品销售和企业形象的影响等。

4. 调查广告活动

广告是企业最常用、最重要的促销手段，企业一般都要在广告方面投入较多的资金。这些资金投向哪里，是否能达到预期的效果，是企业非常关心的问题。广告调研就是要为企业找出效果好、成本低的广告方案，并对广告效果进行评价。广告调研的内容主要包括广告媒体状况调查和广告效果调查。

1) 广告媒体状况调查

广告媒体状况调查包括以下三类。

(1) 印刷类媒体的调查。①调查性质。要分清楚是晚报还是早报、日报，是机关报还是行业报、专业期刊，是娱乐性还是知识性、专业性，是邮寄送达还是零售、直接送达等。②调查其准确的发行量。发行量越大覆盖面也就越广，每千人广告费用就越低。③调查清楚读者层次。对于读者的年龄、性别、职业、收入、阅读该刊所花费的时间等情况要清楚地加以了解。④调查其发行周期。按发行周期，报纸分为日报、周报、旬报，杂志分为周刊、旬刊、月刊、双月刊、季刊等。

(2) 电子类媒体调查。①调查其覆盖区域，即传播范围。②调查其节目的编排与组成，哪些节目比较有特色，节目的质量如何。③调查其收听、收视率，要精确到各个节目的收听、收视率。

例如，某产品要做电视广告，首先要弄清楚哪一个电视台影响最大、范围最广；再调研拟做广告的电视台覆盖范围、收视的户数或人数；最后要调研收看该台电视节目的人喜欢什么样的节目，大多在哪一时间段收看电视，对电视及其广告的态度如何。

（3）其他媒体调查。调查它们的功能特点、影响范围、广告费用等。其他媒体主要是指户外广告、交通工具广告、霓虹灯广告、路牌广告。通过调查交通人数、乘客人数、进出商店人数来测算这些广告的接触率，接触率越高，则广告传播范围越大。

2）广告效果调查

广告效果调查包括以下内容。

（1）事前调查。事前调查是指在广告实施前对广告的目标对象进行小范围的抽样调查，了解消费者对该广告的反映，以此来改进广告策划及广告表现，提高随后的广告效果。

（2）事中调查。事中调查是指广告作品正式发布之后到整个广告活动结束之前的广告效果的调查，它主要是对广告作品和广告媒介组合方式的调查。

（3）事后调查。事后调查是指在广告之后的一段时间里，对于广告的目标对象所进行的较大规模和较广范围的调查，通过广大消费者对广告活动的反映，来测定广告效果的调查工作。其目的在于测定广告预期目标与广告实际效果的差距，反馈广告活动的受众信息，为修正广告策略和进一步开展广告工作奠定量化基础，以便使广告主或广告公司的广告活动更好地促进企业目标的实现。

**案例阅读**

### 飞亚达手表的广告策划调研

飞亚达手表在消费者心目中享有较高的声誉，这与其广告有很大关系。

飞亚达手表曾在中央电视台做过较长时间的广告。每当"新闻联播"要开始的时候，电视画面上都会出现飞亚达手表，它的秒针在一格一格地摆动，伴随着浑厚的男士声音"飞亚达表为您报时"，它的秒针指向12，正好就是电视上时间跳到19:00的时候。

这则广告虽然简单，却安排得恰到好处。人们习惯于与电视对时间，这则广告表明飞亚达手表非常精确；许多人爱看"新闻联播"，这则广告的媒体选择、时机选择都非常合适；画面简洁、语言简短，给人印象深刻；广告主体和主题都十分明确。

为做好广告，飞亚达进行了深入的调查分析，并认为：手表的基本功能是计时，走时准确是手表的最大亮点；中央电视台覆盖面广，"新闻联播"收视率高；广告内容精练，容易产生好的效果；手表在中央电视台做广告未见先例。因此，飞亚达作出了这样的广告决策。

(资料来源：叶叔昌，邱红彬. 营销调研实训教程[M]. 武汉：华中科技大学出版社，2006.)

以上各项内容是从营销调研的一般情况来讲的。各个企业市场环境不同、营销活动的出发点不同，因而所要调研的问题也不同。企业应根据自身的具体情况，有针对性地选择其营销调研内容，用最少的时间、费用、人力把调研工作做好。

## 课 程 小 结

营销调研主要是围绕企业营销活动展开的，其调研内容主要包括：①营销环境调研；②消费者调研；③营销组合调研。市场营销环境是指影响企业微观环境的一系列巨大的社会力量，包括经济、政治、法律、科学技术、社会文化、自然地理、竞争等方面的因素。消费者调研包括消费者基本情况调查、消费者动机及行为调查。

## 课 堂 讨 论

1. 怎样理解市场社会文化环境调查？
2. 企业为什么要对消费者的购买行为进行调查？

## 课 后 自 测

一、选择题

1. (　　)主要是指市场所处的人口、收入水平、消费水平及结构、国民经济比例关系等方面的环境。
   A. 物质环境调查　　　　　　B. 市场文化环境调查
   C. 市场经济环境调查　　　　D. 政治环境调查
2. 市场社会文化环境调查主要包括(　　)。
   A. 消费者文化及教育水平　　B. 民族与宗教状况
   C. 社会物质文化水平　　　　D. 社会价值观念
3. 心理动机包括(　　)。
   A. 感情动机　　　　　　　　B. 理性动机
   C. 光顾动机　　　　　　　　D. 本能动机
4. 以下影响商品价格的因素是(　　)。
   A. 商品生产成本　　　　　　B. 居民收入水平
   C. 市场竞争情况　　　　　　D. 商品供求状况

二、判断题

1. 产品调查仅包括消费者对产品的性能、设计、质量、外观、包装、商标、价格、实

用方便性和安全性等的评价。（　）

2. 消费者市场是最终产品的市场，消费者的基本情况是最重要的市场调查内容。（　）

3. 广告调查是指在广告之后的一段时间里，对广告的目标对象所进行的较大规模和较广范围的调查。（　）

4. 社会文化环境在很大程度上决定着购买行为，影响着消费者购买产品的动机、种类、时间、方式以至地点。（　）

### 三、简答题

1. 什么是法律环境的调查？
2. 竞争环境调查对企业经营的作用有哪些？
3. 简述市场调查的内容。
4. 营业推广的方式有哪些？

# 案 例 分 析

## 美国旅行社广告

20世纪60年代初，大卫·奥格威的奥美广告公司在137家竞争美国旅行社广告业务的广告公司中脱颖而出，成为竞争的优胜者，被美国商务部聘用，负责在英、法、德三国为美国旅游业制作"请君莅临美国观光"的旅游广告。取得该业务后，奥格威便着手对欧洲进行了周密的市场调查。调查结果显示，60年代初的欧洲，其经济远不如第二次世界大战后美国的发展速度，人们的生活水平也不像美国那样高。当时，美国有半数以上家庭的年收入在5000美元以上，而英国则只有3%的家庭达到这一水平。此前，到美国旅游的欧洲人主要是商人和少数"大款"，绝大多数欧洲人则误认为到美国旅游花费太高而望而却步。经过细致的调查后，奥格威发现，到美国旅游的花费并不像人们想象得那么高，欧洲人之所以会发生上述误会并产生种种担心，是由于不了解情况所致。因此，奥格威认为，在广告中直接将到美国旅游花费的真实情况如实地告诉欧洲旅行者，是消除种种误会和担心的关键所在。通过对美国各地住宿、饮食、交通等方面情况的详细实地考察和各项花费的反复核实，奥格威才将最后的费用写进广告之中——去美国旅游，一周只需35英镑！

这一广告出现在欧洲主要报纸上后，立即引起巨大的轰动，无数个电话打到美国旅行社设在伦敦、巴黎、法兰克福的办事处，询问到美国旅游的各种具体问题，结果各办事处不得不加班加点，一直工作到深夜。欧洲的各家大报社也根据这一广告提供的信息，派记者到美国采访，发回大量专稿特写，介绍美国的旅游业情况。

奥格威精心策划的这一广告活动在欧洲获得了巨大的成功。据统计资料显示,在该广告宣传开始8个月后,从法国到美国旅游的人数增加了27%,英国为24%,德国为18%。

(资料来源:张勤. 广告理论与实务[M]. 北京:科学出版社,2006.)

问题:请结合上述案例讨论分析,为什么大卫·奥格威的美国旅行社的广告会取得巨大的成功?

## 模 拟 实 训

一、实训项目:手机市场竞争调查。

二、实训目标:通过这次操作,帮助学生识记市场调查内容的基本技能,能根据调查目标选择相应的调查内容。

三、实训内容:选择一种手机进行调查,确定调查的内容,在调查的基础上对这种产品的市场情况进行评价。

四、实训组织:全班分成若干小组,每组4~5人。

五、实训考核:要求每个小组拟定一份调研方案,每个小组推举一名代表在全班讨论、交流。教师对每一份调研方案予以批阅或点评。

# 任务 5  选择市场调查方法

## ● 能力目标

通过完成本任务,你应该能够:①识记市场调查的主要方法;②会使用不同的市场调查方法。

## ● 核心能力

明确市场调查的方法:文案调查法、观察法、实验法和访问法。

## ● 任务分解

- 文案调查法。
- 观察法。
- 实验法。
- 访问法。

## ● 任务导入

### 某牙医仪器生产企业的市场

某企业发明了一种能够对假牙在口中的活动情况进行三维测量的仪器,但在将这种仪器批量生产并推向市场之前,尚不了解市场的潜在容量如何,因而拿不准应该在什么时间、以多大的规模进行生产和销售。为有利于企业管理层迅速作出决定,首先必须对市场潜力进行调研,这种市场潜在容量就是企业确定的信息需求。

但是,所确定的信息需求仅仅是一种非常抽象的方向性的概念,在实践中是无法操作的,因此有必要将其具体化。口腔测量仪器只为牙医诊所所用,因而市场潜在容量实际上就是牙医诊所的吸纳潜力。于是信息需求可以具体化搜集,整理如下的信息内容。

(1) 本国牙医诊所的绝对数。
(2) 全国每 10 万人口拥有的牙医平均数。
(3) 目前开业的牙医数。

为了获取上述数据,可以首先搜集全国卫生部门在这方面的最新统计数据,然后再搜集全国牙医协会年度报告中的相关数据。在获取这些总的统计数据过程中,要注意找到:

(1) 各省市的这些相应数据,资料来源仍然是国家卫生部门的年度统计。
(2) 全国未来 20 年内新增牙医的数量,资料来源应是牙科医学发展动态方面的科研成果，如有关的学术会议论文，或是这方面研究专家或权威机构的学术著作中所作出的预测等。

(3) 全国牙医现有的年龄结构或年龄分组情况，其中特别重要的是现已使用微机进行工作的牙医诊所在牙医年龄组中所占的比例，因为即将生产和销售的测量仪器是利用微机进行工作的。资料来源一般是行业协会的调查和研究报告。

(4) 每位牙医平均诊治的居民数量，即诊治人口密度。这种数据可以从国家卫生部门的统计年鉴中查到，也可以从研究机构发表的全国医疗卫生状况普查结果中搜集。

(5) 全国牙医诊所在各省市的分布情况，以及牙科医学研究机构在各省市的分布情况。这种统计数据可以从国家、行业和学术机构的调查、统计和研究结果中进行搜集。

在获取上述五类数据之后，要将它们同企业自行展开的第一手信息调查结果进行比较，以确认其正确情况和准确性。企业自行展开的第一手信息调查活动，可以采取直接向所选定的牙医诊所发函附寄询问表的方法，对反馈回来的询问表进行汇总和统计，就可以得到较为准确的第一手资料。在综合这两种资料的基础上，再进行分析和研究，就可以确定企业新近开发的牙医仪器现有市场和潜在市场的状况，由此确定生产和销售计划。

(资料来源：http://www.hybc168.com.cn/article.asp?article_ID=256。)

### 分项任务

## 5.1 文案调查法

**任务提示** 本分项任务将引领你了解文案调查法。

**任务情景** 市场调研者能够找到许多已经搜集过的数据，这些数据已经被搜集、编制，甚至是分析过，关键在于知道去哪儿寻找。在这个信息时代，技术使得第二手资料的容量、结构和可获得的途径发生了飞速变化，任何一个数据库都可以搜集到数以千计的数据，如报纸、商业期刊、新闻发布会、行业简报等。随着全球经济的发展，能获得全球的信息变得越来越重要，而网络技术使之成为可能。

文案调查法是指通过搜集各种历史和现实的动态统计资料，从中摘取与市场调查课题有关的资料，在办公室内进行统计分析的调查方法。文案调查法又称为间接调查法、资料分析法或室内研究法。

文案调查的对象是各种历史和现实的统计资料，即二手资料(二手资料是指经过他人搜集、记录、整理所积累的各种数据和资料)。当所需的某一个市场的资料有限而且已有可靠的文献资料时，文案调查往往是比较有效的调查方法。但是，当需要更深入地了解某一个市场的情况时，实地调查仍是必不可少的。因此，文案调查往往是实地调查的基础和前道

## 任务 5 选择市场调查方法

工序。除非第二手资料已被充分利用，否则不要轻易地搞重复调查。

### 5.1.1 确定文案调查法的资料来源

了解文案调查资料的来源，是调研人员提高资料搜集效率的重要方法和途径。文案调查资料的种类多、数量大。在调研中，按照资料的来源不同，调查资料一般分为内部资料和外部资料。

内部资料主要是企业内部的市场销售信息系统经常搜集的资料；外部资料主要是企业外部的单位所持有的资料。内部资料是在企业的正常运转过程中搜集、整理并使用的，它对于分析、辨别存在的机会与问题，制定与评价相应的决策方案都是必不可少的。对于现代企业营销管理来讲，建立市场营销信息系统，将企业的内部资料全部放入信息系统的数据库中是非常必要的。这样做，便于查、删、修、改，实施动态管理。外部资料是存在于企业外部的各种各样信息源(如报纸、出版物等)上的资料。在线数据出现以前，图书馆一直是文案调查资料的唯一重要来源。如今，越来越多的企业借助于国际互联网，进入在线数据库来搜集第二手资料。

**1. 内部资料**

内部资料是指来源于企业内部的各种相关的信息资料。它通常包括企业以前的相关调研资料和企业档案，即企业内部的各种有关的记录、报表、账册、订货单和合同等。内部资料是开展市场调查研究首先应该考虑的来源。这是因为，内部资料具有可控制、搜集方便、成本低、可靠等优点。

1) 生产经营活动方面的资料

(1) 营销方面：包括企业各种营销决策以及营销的各种记录、文件、合同、广告等资料。

(2) 生产方面：包括生产作业完成情况、操作规程、产品检验、质量保证等资料。

(3) 设计技术方面：包括产品设计图纸、说明书、技术文件、实验数据等资料。

(4) 财务方面：包括各种账目、收入、支出、成本、利润、财务制度文件等。

(5) 设备方面：包括设备安装、测试、使用、维修的各种记录等。

(6) 物质供应方面：包括库存保管、进料出料记录和制度等。

除此以外，其他的内容还有计划统计、劳动工资、培训、公关等方面。

2) 市场环境方面的资料

在企业内部，可能已经有很多关于市场环境方面的资料，主要包括以下几个方面。

(1) 消费者方面：包括产品的购买者、产品的使用者、购买动机、购买量等方面的资料，这些都可以从企业的消费者分析报告或消费者档案中获得。

(2) 市场容量方面：包括市场大小、增长速度和趋势等。

(3) 竞争方面：包括同行业的直接竞争者以及替代产品制造企业的产品结构、服务的市场、企业的优劣势等。

(4) 营销渠道方面：包括销售成本、运输成本、中间商的情况等。

(5) 宏观环境方面：包括政治、经济、法律环境，以及行业技术、相关技术的发展等。企业的市场分析报告、消费者档案及以前的市场研究报告，也是企业获得市场环境方面资料的重要途径。

**2. 外部资料**

外部资料是指来自企业外部的各种相关信息资料，通常包括报纸、杂志、广告、报告、统计年鉴、会议资料、学术论文等。一般而言，外部的信息资料在市场调查项目中占主要部分。这是因为市场营销是一种开放式的活动，涉及的是大量企业外部的事物，而企业决策人员所需要的信息资料大多也是外部信息。但是，外部资料的搜集要比内部资料的搜集困难得多，且费时、费钱，较难控制。

外部资料根据其来源可以分为以下几大类。

1) 政府资料

中央和地方政府每年出版大量有用的资料，涉及面非常广。

(1) 普查资料：普查资料是由政府普查机构定期调查获得的。普查机构通过搜集、整理、编辑各种资料为大众和政府服务。在有些国家，普查机构是统计部门领导下的一个机构，定期进行有关人口、住房、农业、商业、制造业、交通等方面的普查。

(2) 公共机构的资料：公共机构主要是指科研院所、高等院校附属的科研机构、图书馆、档案馆等。调查人员应该了解各机构的性质，提供信息资料的范围、种类和规模，以提高资料搜集的目标性和效率。

在各国都建有公共图书馆，它是各种文献资料的集中收藏者，一般公开出版的书籍、杂志、报纸、光盘等都有收藏。例如，北京图书馆是我国规模最大的图书馆，藏有许多珍贵的文献资料。而档案馆也是重要的二手资料来源地，档案馆中保存有国家拥有的各种技术档案、社会档案，对调研者查询某些专门资料，具有其他资料来源不可替代的作用。档案馆资料的获得受制约的因素较多，费用较高，但资料的真实性和可信度高。

2) 新闻媒体资料

新闻媒体所发布的信息资料是企业重要的资料来源。这种信息资料的优点是信息量大、涉及范围广、速度快、成本低。主要新闻媒体有报纸、杂志、广播、电视和网络。

(1) 商务性和行业性的报纸、杂志：这是积累资料、充实信息库的重要来源，如《中国商报》《中华工商时报》《经济日报》《国际市场》等。特别是近几年，我国商务性杂志、报纸发展很快，为企业提供了充足的信息资料来源，如《销售与市场》《信息时报》等。

(2) 电视台、广播电台：电视台、广播电台作为现代重要的媒体，在企业经营活动中的作用日益重要。例如，中央二套的《经济信息》栏目会及时发布国内外最新经济信息资料，市场调查人员应加以搜集利用。

3) 工商企业名录

工商企业名录是市场调查人员寻找目标市场潜在客户、中间商和竞争者的重要资料来源。工商企业名录有两种类型：一类是按区域收录，另一类是按行业、产品系列或市场收录。一般情况下，涉及的区域越小或专业性越强，所收录的企业就越多，资料就越完整。下面是一些相关的企业名录。

- 主要的国外名录有：《欧洲采购商名录》《亚洲采购商名录》《美洲采购商名录》《欧洲商务指南》《亚太商务指南》等。
- 主要的国内工商企业名录有：《上海市企事业单位名录》《广东省企事业单位名录》《福建省企事业单位名录》《河北省企事业单位名录》等。
- 主要的行业及产品名录有：《电器行业名录》《汽车行业名录》《食品饮料行业名录》《建筑材料行业名录》《电子电信行业名录》《金融保险行业名录》等。

4) 行业组织资料

行业组织包括各种协会、商会和联合会等，扮演着政府与企业之间中介者的角色。行业组织定期或不定期地通过内部刊物发布各种资料，包括行业法规、市场信息、形势综述、统计资料汇编等，这些资料对调研者了解行业发展现状、发展动态和发展趋势有十分重要的参考价值。如需调查我国民营经济、民营企业的发展状况，中华全国工商业联合会主办的《中华工商时报》及其内部的统计资料、报告都能提供相关的资料。

市场调查人员可以通过行业资料搜集竞争对手的相关资料，以做到知己知彼，获取竞争的主动地位。

5) 数据资料供应者

数据资料供应者是指以盈利为目的，以提供商务信息为内容的商业咨询服务公司。在我国，提供数据资料的供应商可分为三种：①政府机关事业单位设立的独立核算的信息调研机构；②商贸公司的信息部；③独立的民营咨询机构，如奥美国际广告有限责任公司、北京国民经济研究所等。

数据供应商的服务项目如下。

- 单项信息查询，即按客户要求一次提供某一条信息资料。
- 综合信息供给，即定期向客户提供某一范围内的全部信息。

6) 金融机构供给的信息资料

随着现代经济的发展，金融机构逐渐成为市场经济的中心，企业和金融机构之间的关系将日益密切，市场调查人员了解搜集金融方面的有关信息资料，有助于帮助企业进行科学决策。各金融机构，如世界银行、世界货币基金组织、亚洲开发银行等，都定期或不定期地发布研究报告。对于金融机构发布的研究报告等资料,企业应进行重点的搜集和分析研究,以发现新的投资机会。

### 5.1.2 文案调查法的操作流程

文案调查所搜集的二手资料的内容很多,这么多的信息经常使调研者感到无从下手,因此有必要遵循一个正规的查找步骤。尽管每个调研课题都有它特殊的一面,而且需要有它自己的解决办法,但是,有一些基本的程序是调研人员必须共同遵循的。

**1. 辨别所需的信息**

任何资料搜集过程的第一步都是辨别能达到研究目的的信息类型。在信息爆炸的时代,案头放着的资料可能很多,但关键的问题是,调研人员能根据他的特殊需要对现成资料进行辨别,筛选那些符合特殊要求的资料。辨别资料的标准大致如下。

(1) 内容:资料是否全面可靠和精确地包含课题的要求。
(2) 水平:资料的专门程度够不够格。
(3) 重点:资料是否针对与课题最有关的各个方面。
(4) 准确:资料是否可信,与第一手资料的接近程度如何。
(5) 方便:资料能否既迅速又省钱地获得。

**2. 寻找信息源**

一旦辨别出所需信息,具体的查找工作就要开始了。开始查找时要假设在某个信息源(如政府资料)里已经存在很多所需的信息。尽管研究者不可能发现所有与研究主题有关的资料,但应当能有效地使用各种检索工具,如索引、指南、摘要等,以减少寻找时间,并且扩大信息量,提高信息价值。

**3. 搜集二手资料**

在辨明了信息源之后,研究者就要开始搜集所需资料。在记录这些资料时,一定要记录下这些资料的详细来源(如作者、文献名、刊号或出版时间、页码等),以便研究者或其他人在以后要检查资料的正确性时也能准确地查到其来源。

搜集二手资料的方法如下。

1) 查找

查找是获取二手资料的基本方法。从操作的次序来看,首先要注意在企业内部查找。一般来说,从自身的信息资料库中查找最为快速、方便。此外,还应从企业内部各有关部门查找。只要信息基础工作做得比较好,从企业内部查找可以获得大量反映企业本身状况的时间序列信息,还可以获得有关客户、市场等方面的资料。在内部查找的基础上,还需到企业外部查找,主要是到一些公共机构,如图书馆、资料室、信息中心等进行查找。为提高查找的效率，应注意熟悉检索系统和资料目录，在可能的情况下，要尽量争取这些机构工作人员的帮助。

2) 索讨

索讨就是向占有信息资料的单位或个人无代价地索要。由于索讨是不计代价的，这种方法的效果在很大程度上取决于对方的态度。因此，向那些已有某种联系的单位和个人索讨或由熟人介绍向那些尚未有联系的单位和个人索讨，常能收到较好的效果。有些企业，出于宣传自己的需要也乐意向社会提供有关的信息资料，向它们索讨也会有较好的效果。而采用复印的手段，经常是索讨成功的有效办法之一。

3) 购买

购买是指付出一定的代价，从有关单位获取资料。随着信息的商品化，许多专业信息公司储存的信息实行的是有价转让，大多数信息出版物也是有价的，因此购买将成为搜集资料的重要办法。当然，企业订阅有关的信息杂志、报纸等从本质上说也属于购买一类，只不过这种方式是经常性的。

4) 交换

交换是指与一些信息机构或单位之间进行对等的信息交流。当然，这种交换不同于商品买卖之间的以物易物，而是一种信息共享的协作关系，交换的双方都有向对方无代价提供资料的义务和获得对方无代价提供资料的权力。

5) 接收

接收是指接纳外界主动免费提供的信息资料。随着现代营销观念的确立，越来越多的企业和单位，为宣传自身及其产品和服务，扩大知名度，树立社会形象，主动向社会传递各种信息，包括广告、产品说明书、宣传材料等。作为信息资料的接收者，要注意接收和积累这些信息。虽然其中有的一时显不出其价值，且又有经常性的特点，但坚持长期搜集，往往能发现其中有价值的资料。

**4. 资料筛选**

调研者应将搜集起来的凌乱资料进行分类整理，必要时要制成图表来分析比较、检验资料的真伪。当同一数据资料可能有两个以上的出处时，更要作比较和筛选。整理资料后，调研人员应根据调查课题的需要，剔除与课题无关的资料及不完整的资料，并分析不完整资料对调研结果预测、决策的影响程度。

**5. 提出调查报告**

调查报告是所有调查工作过程和调查成果赖以表述的工具。文案调查报告类似于其他形式的调查报告，但撰写文案调查报告时应注意以下三点。

(1) 简单明了。将资料编成统计图表，方便阅读者了解分析结果并能看出与研究假设的关系。

(2) 吸引力强。用新闻标题的方式书写引人注意的题目，以提高阅读人的注意力和兴趣。

(3) 结论明确。如果没有明确的结论和建议事项，则该调查报告就失去了意义和价值。

### 5.1.3 明确文案调查法的优缺点

#### 1. 文案调查法的优点

(1) 文案调查不受时空的限制。通过对文献资料的搜集和分析，不仅可以获得有价值的历史资料，而且还可以搜集到比直接调查更广泛的、多方面的信息资料。

(2) 搜集容易，成本低。与实地调查比较而言，文案调查实施起来更方便、自由，只要找到文献资料就可查阅，成本较低。

(3) 文案调查搜集到的情报资料可靠性较强和准确性较大。文案调查所用的二手资料一般都是以文字、图表等形式表现的，因此不受调查人员和调查对象主观因素的干扰，反映的信息内容较真实、客观，特别是政府机关信息中心发布的资料。

#### 2. 文案调查法的缺点

(1) 文案调查所用的二手资料大多是历史资料，随着时间的推移和市场环境的变化，这些资料难免会过时或发生变化。由于二手资料并非是为手头的调研项目而采集的，因此它能否适用于本项目，或者说它在多大程度上能适用于本项目，必须引起调研者的重视，特别是在引用和诠释二手资料时更要引起注意。资料的适应性较差，主要表现为衡量资料的单位、资料的分组和资料的搜集时间存在差异。

(2) 文案调查由于受各种客观条件的限制，很难掌握所需要的全部文献资料，会有文献资料不足的缺憾。

(3) 文案调查要求更多的专业知识、实践经验和技巧，需要具有一定文化水平的人才能胜任。这是一项艰辛的工作，需要有耐性、创造性和持久性。

总之，文案调查是市场调查过程中短期获得初步信息的一种重要调查方法。

## 5.2 观 察 法

任务提示 本分项任务将引领你了解调查方法二——观察法。

任务情景 市场调研者能够通过多种渠道找到所需要的数据，有些数据已存在于你我的身边，关键在于知道怎样去寻找。在这个信息时代，我们运用一些方法可以较快、较好地找到企业运营所需要的信息。

观察法是指调查者到现场利用感官或借用仪器来收集被调查者行为表现及有关市场信

息资料的一种方法。

观察法包括对人的行为的观察和对客观事物的观察。对人的行为的观察，可以通过语言、声调、表情、动作等作出判断。对事物的观察，可以通过观察各种有关的记录(如文字记录、图片、音像等)，实物(如商品、设备、建筑物等)和产品的生产经营过程，了解调查对象及其单位的情况。

## 5.2.1 观察法的应用范围

观察法在市场调研工作中的应用广泛，下面仅列举常用的几种。

### 1. 对市场商品需求情况的观察分析

通过在商品的销售现场、展销会、试销会等直接观察消费者喜爱的品种、牌号、花色、款式、包装、价格等，并进行记录和分析，可以掌握大量的、真实的第一手资料。

### 2. 对被调查者行为的观察分析

当设计新的营业场所时，应研究采用何种吸引消费者的方式或环境才是最佳的。可由调查人员观察并记录同行业营业场所内的有关情况，或借用行为观察仪器，利用照相机、摄像机等记录消费者进入现场后的目光、行走、表情以及购买等行为，使资料详尽、精确。

### 3. 对零售企业经营状况的观察分析

通过对各种类型的零售企业的观察和对比，了解整个零售市场的经营状况。通过零售企业的商品陈列、橱窗布置、接待消费者的频率、服务态度、消费者流量及外部装潢等的观察和比较，获取比较真实、全面的资料。

## 5.2.2 观察法的操作对象

### 1. 对人的行为进行观察

人是市场调研客体中的重点之一。人的行为是通过人的一系列活动表现出来的。通过对人的各种活动，如表情、言语、声调、动作等的观察，就能了解被观察者的行为表现，通过科学的分析研究，进而掌握被观察者的内心活动及偏爱，达到认识调查单位的目的。

对人的行为的观察可以分为两种：一种是对消费者的行为进行观察。这是对人的行为进行观察的主要内容，其中包括对消费者购买行为和消费行为的观察，前者更为常见。调研人员可以深入购物现场，观察消费者的整个购买过程，这样效果较好。另一种是对经营者的行为进行观察。观察经营者的经营行为是市场调研的又一重点。应用观察法，通过对经营者的某些经营行为进行直接或间接的观察，能得到许多有用的信息。

### 2. 对客观事物进行观察

对客观事物进行观察的内容很广泛，通常可以分为对客观实物的观察和对客观实事的观察。

所谓对客观实物的观察，是指对各种与调研问题相关的客观存在的实物进行观察，如对相关的商品、设备、建筑物、营业场所、商品陈列、商品包装、广告制作等进行观察，可以直接获得相关的资料。它是对静态事物的观察。所谓对客观实事的观察，是指对各种与调研问题相关的客观活动、客观过程、客观结果等事情进行观察，如对企业的经营活动、供求变化等的观察。它是对事物的动态的观察。

观察法既有市场调研人员亲身亲历的观察，又有借助特定的仪器把被调查者在一定时间内的行为记录下来，再从记录中查找所需要的市场信息的观察，第二种观察方法主要是通过录音机、录像机、照相机及其他监听、监视设备来进行的。

## 5.2.3 观察法的操作流程

### 1. 观察法的准备工作

1) 明确观察目的

观察目的是根据调查任务和观察对象的特点确定的。明确观察目的，就是要明确通过观察解决什么问题。然后确定观察的范围、对象、重点，具体计划观察的步骤。

2) 制订观察计划，特别要明确观察对象与目标

一般来说，观察计划包括观察目的、观察对象、观察重点与范围、通过观察需要获得的资料、观察的途径、观察的时间、观察的次数和位置、选择观察的方法、列出观察的注意事项、观察人员的组织分工、观察资料的记录和整理、观察的应变措施等内容。

观察对象和目标可以是物(如产品、竞争广告、市场关系等)，也可以是人(如消费者、行人)。观察对象与目标是根据调查目的确定的。例如，为了调查商场营业员的服务情况，观察对象就为商场的营业员，观察的内容包括该商场对营业员工作时间内各个方面的工作标准和要求，诸如仪容、仪表、言行举止、对消费者的态度等方面。

3) 设计观察记录表

为了将观察结果快速准确地记录下来，并便于随身携带，可将观察内容事先制成便于汇总的小卡片。制作卡片时，应先列出所有观察项目，经筛选后保留重要项目，再将项目根据可能出现的各种情况进行合理的编排。

例如，表5-1所示为某商场为观察购买者的行为而制作的消费者流量及购物调查卡片。使用时，在商场的进出口处，由几名调查员配合进行记录，调查卡片每小时使用一张或每半小时使用一张，该时间内出入的消费者及其购买情况可被详细地记录下来。

表 5-1　消费者流量及购物调查卡片

被观察单位_____　　观察时间_____年__月__日___时至__时
观察地点_____　　观察员_____

| 观察项目 | 入　向 | 出　向 |
| --- | --- | --- |
| 人数 | | |
| 购物数量 | | |

4) 选择观察地点

观察地点的选择既要便于观察，又要注意隐蔽性。

5) 准备观察仪器

市场调查中的观察不仅限于通过人的视觉观察，而且还包括人的五种感觉器官的所有感觉的观察。运用不同器官进行观察，所需配备的观察仪器也是不同的，具体见表 5-2。

表 5-2　感觉和观察工具

| 感　觉 | 人的器官 | 在市场调查中的作用 | 辅助手段 |
| --- | --- | --- | --- |
| 视觉 | 眼睛 | 行为观察(广告牌效果检验) | 望远镜、显微镜、照相机、电影、电视 |
| 听觉 | 耳朵 | 谈话观察(消费者的言谈) | 助听器、录音机、噪声、测量仪 |
| 触觉 | 手指、手掌 | 表面检验(纹路、结构、皮肤) | 触式测试仪、盲视仪、金相仪 |
| 味觉 | 舌、口腔 | 品味 | 化学分析仪、味料专用分析仪 |
| 嗅觉 | 鼻 | 食品、香料检验 | 香料分析仪 |

2. 进入观察现场

进入观察现场应取得有关人员的同意，或出示证件说明，或通过熟人介绍，或通过内线，或取得观察对象中关键人物的支持。一旦进入观察现场，观察者要尽快取得被观察者的信任。

3. 进行观察和记录

进入观察现场后进行观察，调查人员或观察仪器要尽量置于被调查者不易发现的地方，以保持被调查者平常自然的状态。

在观察的过程中应认真做好记录，观察记录有两种方式，即当场记录和事后追记。在实践中，为减少观察误差，调查人员应该在观察过程中集中精力，当场记录，以免凭记忆记录而出现错误。

### 5.2.4　明确观察法的优缺点

1. 观察法的优点

(1) 用途广、技术要求不高，一般的调查人员都可采用。

(2) 成本低、见效快。

(3) 客观性强。因为被调查者没有意识到自己正在接受调查，一切行为均处于自然状态，所以结论的准确率较高。同样，如果调查人员采用仪器进行观察，可排除调查人员主观因素的影响，所获得的资料更为真实可靠。

### 2. 观察法的缺点

(1) 观察法只能观察表面现象，或者说只能限于被调查者的外部行为的观察，而观察不到被调查者内在的因素，如行为背后的动机、态度等。

(2) 有些行为记录在调查时会受到限制或拒绝。例如，在某些家庭安装调查仪器做电视节目收视率和收听率记录，可能会遇到困难或被拒绝。

## 5.3 实 验 法

**任务提示** 本分项任务将引领你了解调查方法三——实验法。

**任务情景** 某种商品畅销，可能是价格原因，也可能是包装改变或是促销手段的改变，究竟哪种因素的影响最大，可以用实验法来帮助判断。那么，怎样设计实验才能尽快找到这个变量呢？

实验法是把调查对象置于一定条件下，进行小规模实验，通过观察分析，了解其发展趋势的一种调查方法。

实验法的应用范围很广，凡是某种产品或商品在改变它的质量、包装、设计、价格、广告宣传、陈列方法等因素时，都可以使用实验法进行调查。例如，在其他因素不变的情况下，要测定某一商品的价格变化对销售量的影响，可先进行小范围的实验，通过价格调整看消费者的反应和销售量的变化，然后根据实验结果判定价格调整的可行性。

### 5.3.1 实验法的基本要素

实验法既是一种实践过程，也是一种熟悉过程，它将实践与熟悉统一为调查研究的过程，市场实验调查的基本要素有以下几个。

(1) 实验者：即市场实验调查有目的、有意识的活动主体。

(2) 实验对象：即通过实验调查所要了解、熟悉的市场现象。

(3) 实验环境：即实验对象所处的市场环境。

(4) 实验活动：即改变市场现象所处市场环境的实践活动。

(5) 实验检测：即在实验过程中对实验对象所作的检验和测定。

## 5.3.2 实验法的操作流程

实验法是市场实验者有目的、有意识地改变或控制一个或几个市场影响因素的实践活动，通过观察市场现象在这些因素影响下的变动情况，以认识市场现象的本质和发展变化规律。其操作流程如下。

**1. 根据市场调查课题，提出研究假设**

为了尽快找到影响商品销售的主要变量，首先应根据不同的市场调查课题，提出研究假设。

**2. 进行实验设计、确定实验方法**

1） 单一实验组设计

单一实验组设计就是只选择若干实验对象作为实验组，通过实验活动前后实验对象变化结果的对比作出实验结论。这是一种最简便的实验调查。单一实验组设计通常有以下三种方法。

(1) 实验室实验法。它是在室内进行实验性调查的方法，在调查广告效果和选择广告媒体时经常使用。例如，某工厂为了了解使用什么样的广告信息最吸引人时，就可以找一些人多的地方，每人发一本杂志，让他们从头到尾翻一翻，然后请他们回答杂志里的哪几个广告最有吸引力，以便为其工厂设计广告时，提供一些有用的信息。

(2) 销售区域实验法。它是把少量产品先拿到几个有代表性的地区或市场去试销，看一看在这些地方的销售情况如何，并从中得到一些实际资料，然后再分析若把这种产品拿到全国去推销，可能有多大的市场占有率，需要多少时间、多少费用，值不值得在全国推销等。

(3) 前后连续对比实验法。它是在同一企业中，在不同的给定条件下，对前后不同时期的实验对象加以对比观察，借以判定实验结果的一种方法。例如，某工厂为了改进某产品的包装，选定在若干商店组织一次新包装产品的试验性销售。对实验商店在改变包装前一定时期内的该产品销售量作出统计，测定前后不同时期销售量的增减变动幅度大小，并分析非实验因素对销售有无显著影响，以及经济效益如何，据此就可以作出该产品推广新包装是否合适的决策。这种实验法简便易行，可用于企业采取改变花色、规格、包装以及调整价格等措施是否有利于扩大销售，增加利润的实验。运用这种方法，必须注意排除时间不同而可能发生的其他非实验因素的影响。

应用这种单一实验组前后对比的实验方法，虽然比较简单易行，但在实践中往往显得不够完美。因为市场现象作为实验对象，可能会受到诸多因素的影响，而并不会仅受实验自变量一个因素的影响。单一实验组前后对比实验，只有在实验者能有效排除非实验变量的影响，或者有充分把握认为非实验变量的影响很小，可以忽略不计的情况下，实验效果才能够充分成立。

2) 实验组与控制组对比设计

为了解决单一实验组的不足，可采取实验组与控制组对比实验。这种方法是选择若干实验对象作为实验组，同时选择若干与实验对象相同或相似的调查对象作为控制组，并使实验组与控制组处于相同的实验环境之中；实验者只对实验组给予实验活动，而对控制组不给予实验活动；根据实验组与控制组的对比，得出实验结论。这种设计主要有以下两种方法。

(1) 控制组与实验组对比实验。

控制组与实验组对比实验是在同一时间，两组不同给定条件的企业之间的对比试验。一组为实验组(企业)，按一定的实验条件进行试验；另一组为控制组，即非实验单位(企业)，按一般情况组织经济活动，用来同实验组进行对比，以测定实验的结果。这是一种横向的对比实验，可以消除不同时间的其他非实验因素的影响。例如，某公司选择四个商店进行包装试验，办法是将邻近区域的商店分为两组：甲组是 A、B 商店，为控制组，试销无包装商品；乙组是 C、D 商店，为实验组，试销有包装商品。甲组在第一个月销售商品 2420 千克，乙组在第一个月销售商品 3800 千克。从实验结果来看，甲组销售无包装商品比乙组销售有包装商品多销售 1380 千克。如果两组处在客观环境和主观经营能力大体相同的条件下，两者销售量的差别就可以比较正确地反映出实验的效果。不过实验组与控制组这两个单位，事实上总不免有一定差别，它们的主观条件难以完全相同，所以在评价效果时，还应考虑由于条件差别所产生的影响。

实验组与控制组对比实验是在实验组与控制组具有可比性，即两组及所处环境相似的条件下进行的，因此实验效果的检测具有较高的准确性。但它是对实验组和控制组都采取实验后检测，这种检测实际上仍无法反映实验前后非实验变量对实验对象的影响。为了弥补这一缺点，可将上述两种实验设计综合考虑。

(2) 控制组与实验组前后对比实验。

控制组与实验组前后对比实验是将控制组和实验组前后不同时期内的某个经济变量进行对比的试验。例如，某公司在所属的四个商店进行某种商品的包装改革试验，控制组用原包装，实验组在实验期间用新包装，试验前后对比时期各为三个月，试验前后的销售量如表 5-3 所示。

表 5-3　某商品实验前后销售量对比表　　　　　　　　　　　　　　　　　单位：千克

| 组　别 | 实验前三个月销售量 | 实验后三个月销售量 | 实验前后变量(±) |
| --- | --- | --- | --- |
| 实验组(A、B) | 20 000 | 30 000 | 10 000 |
| 控制组(C、D) | 19 500 | 26 000 | 6500 |

该公司的实验结果表明，改进包装后可扩大该商品的销售，实验结果为增加销售量 3500 千克，即 10 000-6500=3500 千克。如果减去实验前三个月实验组比控制组的销售量大 500 千克的差额，尚增加 3000 千克。

实验组与控制组前后对比实验既不同于单一实验组前后对比实验仅就实验组进行对比，也不同于实验组与控制组对比实验仅就实验后检测进行对比，而是对实验组和控制组都进行实验前后对比，再将实验组与控制组进行对比。这实际上是一种双重对比的实验法，它吸收了前两种方法的优点，也弥补了前两种方法的不足。

这三种方法都具有自己的特点，但有时也存在不足。单一实验组前后对比实验，方法简单易行，但其使用必须有前提，即能够排除非实验变量的影响，或非实验变量的影响很小可忽略不计。实验组与控制组对比实验，因为有了控制组，所以使实验组的测定有了控制标准，也是一种比较简便的方法；但当实验对象在不同时间上受非实验因素的影响较大时，这种方法是无法反映的。实验组与控制组前后对比实验，不但能够反映实验组与控制组的区别，而且能够区分实验变量与非实验变量的影响；但这种方法的应用比较复杂，它必须对实验组和控制组分别作出实验前后的检测，才能计算实验效果。在实际应用中，实验者要根据市场实际情况适当选择设计。

3. 确定实验时间和实验对象

在进行实验设计、确定实验方法后，即可根据实验方法来确定实验时间与实验对象。

4. 进行实验

根据以上选择的实验方法、实验时间与实验对象进行实验，在此流程中注意对实验人员做好培训工作。

5. 整理、分析资料，做实验检测，得出实验结论

对实验取得的资料进行整理和分析，并做一定的检测，得出实验结论。

### 5.3.3 明确实验法的优缺点

实验法的优点是：①可以有控制地分析、观察某些市场变量之间是否存在因果关系，以及自变量的变动对因变量的影响程度；②实验法取得的情况和数据比较可靠，可以排除主观估计的偏差，在定量分析上具有重要作用。

实验法的缺点是：①市场上的可变因素难以掌握，因而在一定程度上会影响对实验效果的评价；②实验法只限于对目前市场变量之间关系的观察分析，无法研究过去的情况及对未来意见的了解；③实验法所需时间长、费用高，所选择的试验市场不一定具有典型性。

## 5.4 访 问 法

**任务提示** 本分项任务将引领你了解调查方法四——访问法。

**任务情景** 企业所得的信息也可以通过不同的访问方法来获得，如对消费者的个别访问、座谈会或借助于工具，如电话、网络等。通过本任务的学习，我们可以更好地使用这一方法。

访问调查法就是调查人员采用访谈询问的方式向被调查者了解市场情况的一种方法，它是市场调查中最常用的、最基本的调查方法。

访问包括在有正式问卷情况下进行的访问以及在没有问卷情况下进行的访问两种。有正式问卷的访问，调查者通常要设计一份结构严谨的问卷，在访问过程中严格按照问卷预设的问题按顺序提问，这样可以方便今后资料的处理。没有问卷的访问，在访问过程中没有标准的询问问题的格式，调查者仅按照一些预定的调查目标自己发挥，提出问题进行询问；被调查者回答这些问题时，同样有充分的自由。

根据访问调查过程中调查者与被调查者接触的方式，访问调查法可分为面谈访问法、电话调查法、邮寄调查法和网络调查法。

### 5.4.1 面谈访问法

**1. 面谈访问法的类型**

面谈访问法就是调查者直接访问被调查者，进行面对面的交谈，取得所需市场调查资料的一种方法。面谈访问法一般包括以下两种类型。

(1) 个别访问面谈法。此方法灵活方便，彼此可以沟通思想，便于调查者说明调查的目的和要求，消除被调查者可能产生的思想顾虑，鼓励他们积极回答问题和发表意见。在抽样调查中，采用个别面谈法调查，还可以大大提高调查表的回收率，以保证样本的代表性。

(2) 座谈会访问法。此方法也就是开会访问法，是调查者通过召开会议等形式，向被调查者了解实际情况的访问方法。它最适用于集思广益的讨论式调查，能够使调查的问题反映得更全面、深入。

**2. 个别访问面谈法的操作流程**

1) 如何进行访问

作为一个市场调查员，如何做好访问直接关系到调查的成败。

(1) 如何入户。"好的开端是成功的一半"，第一次同用户接触非常重要，它关系到能否完成任务。

接触客户的途径包括：由受访者的熟人或朋友介绍、持介绍信或证明取得居委会的支持和帮助、自我介绍。

(2) 入室交谈。门口不是谈话的场所，为此进门前的介绍通常应简短，只要能让你进入室内就足够了。在门口，调查人员不要直接要求准许访问，应暗示受访者合作。

此外，调查人员应在受访者不太忙时去访问，以便接触受访者后便可立即进行访问。若受访者建议你重访，应务必安排更方便的时候重访。

(3) 确定访问者。经过入室的初步交谈后，接下来要确定想要访问的对象。在大多数抽样调查中，需要访问的对象有：家庭中的特定成员(如家庭主妇)、家庭中属于特定类型的成员(如拥有私家车者)、家庭中的成年成员。

(4) 安排和组织访问的技巧。

① 预约会。初次接触受访者时，他可能无暇接受访问，这时不要试图说服其勉强接受，而应约一个更合适的时间回访，届时受访者会从容而专心地接受访问。一旦约定了回访时间，就应保证按时赴约。另外，应尽可能耐心地对待失约的受访者。当然约会日期安排也要与你的日程安排相一致。

如果拒绝受访者的建议时间，可能会使受访者认为你对访问不太感兴趣。当受访者知道你是专程回访时，通常是乐意协助配合的。

② 访问场合。访问时，没有第三者在场最理想。但是，受访者的家里常常有许多人，这时，若没有适合的房间专门用于访问，调查人员可选择比较安静、方便的角落进行访问，以确保受访者专心回答问题。

(5) 营造和睦气氛的技巧。

① 了解受访者，注意满足受访者的心理需要。访谈前，最好对受访者有一个基本的了解，了解其优点、特长。尽量通过语言、声音、语调、表情和动作，传达对受访者友好、尊重的感情，当受访者心理满足时，就会感到与你交谈是愉快的，从而会愿意配合你的工作。

② 与受访者建立认同感。访问前，先与受访者谈一些双方都熟悉的话题，如某场体育比赛等。有共同语言之后，可以使访谈在一种平等的倾心交谈的气氛中进行，这样受访者会向你吐露心声。

③ 利用人们对才华的敬仰心理。有才华的人往往容易受到人们的敬仰和欢迎。因此，在访问时，调查人员可利用适当的机会表现自己的才华，从而取得受访者的好感。但是，应注意千万别表现过头，否则会适得其反。

④ 营造轻松快乐的气氛。访谈过程中，可以很自然地给受访者的小孩一些小玩具或小礼物，与受访者的小孩一起玩一会儿，这样做容易使受访者对你产生好感，从而乐意合作。

⑤ 真诚关心受访者。有时，当调查人员进行访问时，受访者可能正被一些烦恼和不如意的事所困扰。这时调查人员如果对受访者表示关心，会赢得受访者的好感，并能拉近彼此间的距离。

⑥ 发现受访者的优点。一般人都喜欢别人发现自己的优点。当你诚恳地对受访者的优点表示赞扬时，他会对你产生兴趣和好感。这是与受访者建立和睦关系的有效途径，但是，一定要运用自然，态度诚恳，不要勉强为之。

2) 如何发问

(1) 一般发问应注意的事项：①节奏。应记住，受访者大多是第一次听到问卷中的问题，他可能以前从未考虑过这样的问题，因此调查者要缓慢而清楚地提出问题，给受访者考虑该如何回答的时间。②把握主题。礼貌地打断受访者不相关的话题，以便把握主题。③问题的措辞。要始终使用问卷上的语句，不能改变问卷上的措辞，也不要多加解释，但允许缓慢地重复问题。④提问的方式。用明确的中立方式提出全部问题，在访问中要表现出对受访者的回答感兴趣。

要用坦率的方式提出每一个问题，不要表现出难堪，这样才可能使受访者坦率地回答，也不会使受访者难堪，同时对受访者所说的内容要聚精会神地倾听。

(2) 发问封闭式问题应注意的事项：在不作提示的情况下，应尽可能取得一个或更多的答案。如果受访者说"不知道"，调查人员可在预先编号的问题范围内重复有关提问，对回答模糊的问题，可采用追问的方式。

(3) 发问开放式问题应注意的事项。开放式问题可以用来搜集更深入的答案，但下面三点可能会阻碍访问工作的顺利进行：①受访者可能难以用语言表达自己的想法。②调查人员由于过分礼貌或害羞，可能会有意识地阻止受访者表达自己的真实想法。③受访者可能不愿发表看上去不合逻辑或不合乎自己设想的观点。

3) 记录答案

(1) 封闭性问题答案的记录。

记录受访者回答的内容时，调查人员只要圈出受访者回答内容的相应编号即可。单项选择每次圈出一个号码；多项选择圈上相应的两个或两个以上号码。

当受访者的答案在所列编号中找不到时，则圈出"其他类"号码，同时必须在问卷规定的空白处写上受访者的答案。

(2) 开放性问题答案的记录。

开放性问题的答案没有预选编号，记录时要注意以下四点：①一字不差地在规定的空白处写出受访者回答的内容。②绝不要概括或缩短受访者回答的内容。③记录受访者回答的内容时不用符号或写"同上"。④书写清楚。

4) 结束访问

(1) 让受访者有良好的感觉。调查人员要感谢受访者抽出时间给予合作，并使受访者感觉出自己对这项调查作出了贡献。

(2) 尽快离开访问现场。访问结束后，调查人员要尽快离开访问现场。有时，遇到的受访者十分健谈，恋恋不舍，可能难以离开，这时可找一些理由为自己脱身。

(3) 离开访问现场前要仔细核查问卷。

检查内容包括以下四个方面：①已完成的问卷是否填写完整和一致。②问题的答案是否有前后不一致的地方。③问题的答案处有无空白，确保正确地圈出答案。④是否有需要受访者澄清的含糊答案。

访问结束后的注意事项如下：①离开前，给受访者一个事先准备好的礼物。②离开前，给受访者一个最后提问的机会。③必须表示感谢。④离开现场时，要表现得彬彬有礼，为受访者关好房门，向受访者及家人说"再见"，对送出门的受访者说"请留步，多谢"等。

**3. 座谈会调查法**

座谈会调查法又称集体访谈法。这是一种请参加座谈的人就调查的主题进行研究讨论、发表意见，以获取资料的方法。

座谈会调查法根据座谈的对象分为专家座谈会调查法和群众座谈会调查法。应用较多的是专家座谈会调查法。

专家座谈会调查就是邀请有关方面的专家，通过会议的形式，对某个产品及其发展前景作出评价，并在专家们分析判断的基础上，作出调查或预测的结论。专家是指在某个研究领域或某个问题上有专门知识和特长的人员。

1) 座谈会调查法的形式

(1) 头脑风暴法。会议主持人只介绍会议的调查课题，鼓励与会者畅所欲言，相互之间允许展开辩论。这种方法在充分自由的气氛中，可以让大家敞开思想、各抒己见，各种想法相互启发，仿佛思想上掀起一场风暴。这种方法在国外应用广泛。

(2) 征求意见法。会前先由主管部门(或牵头单位)发出调查课题，附上背景资料；会议召开时，由经过充分准备的主管部门(或牵头单位)拿出调查的主报告，请参加会议的专家分析评判，经过认真的讨论后得出调查结论。

(3) 讨论汇总法。这种方法与征求意见法的区别在于：在开会时，它并没有一份准备充分的主报告，而是由参加者带来各自的调查报告，经分析讨论后，再汇总大家的意见，提出会议的总报告。

2) 座谈会调查法的程序

座谈会调查法的基本程序是：先确定调查题目，然后依据调查题目选定座谈会的人员，并确定召开座谈会的时间和地点，最后召开座谈会，会后整理会议记录并提出调查结果。

小资料

**主持人的标准**

(1) 思维敏捷、接受能力强的人。
(2) 一个"友好"的领导者。
(3) 有一定知识但不是专家。
(4) 好的记忆力。
(5) 好的倾听者。
(6) 务实者而非浮夸者。
(7) 应变能力强。
(8) 善解人意。
(9) 一个全局的思考者。
(10) 一个善于耍笔杆子的人。

3) 座谈会调查法的要求

(1) 人员结构。精通专业的专家；有经验的实际工作者。

(2) 人数(规模适中)。5~6人(对问题探讨深入，表达能力强的专家)；8~12人(对问题探讨较深入，表达能力一般的专家)；12~20人(对问题探讨不深入，表达能力较差的专家)。人太少，缺乏代表性，不能全面深入讨论；人太多，不易组织，处理结果复杂。

(3) 会议主持人。应使调查会议始终处于轻松融洽的气氛中。

(4) 会议时间。一般以2小时为宜。确保与会者广开思路。

(5) 会场布置。座谈会一般安排在会议室进行，会议室的一面墙壁上装有一个单向镜，通过单向镜，观察分析人员能清楚地看到参加座谈会者的自然状态；麦克风放在不显眼的地方(通常放在天花板上)，为提高录音效果，地板上应铺地毯，墙壁四周安装隔音设备；使用圆桌——按照动力学原理，圆形可消除不合理的对立和上下关系；在单向镜后是观察室，观察室中有椅子和桌子，用于记笔记，观察室中也可装上摄像设备。

一些调研公司在居室而不是在会议室中进行小组座谈，在居室座谈可以使参加者像在家里一样，不拘礼节，更为放松。另外，也可以不用单向镜，而由电视设备直接播送到较远的观察室中。

群众座谈会调查法的形式基本与专家座谈会调查法相同。

4) 座谈会调查法的优缺点

(1) 座谈会调查法的优点。①调查成本低，基本上是一次会议解决；②调查结果容易确定。由于与会人员集中讨论一个问题，各抒己见，因此可较快地确定出调查结果。

(2) 座谈会调查法的缺点。①调查意见易受权威人士所左右，形成事实上的"少数人说了算"。例如，有的与会人员是调查主题的专家，且资历较深，在座谈会上常被当作"意见领袖"来对待，导致主题研讨不充分，影响调查效果。②与会人员选择不合理，代表性较低，同样会影响调查结果。

### 5.4.2 电话调查法

电话调查法是由调查员通过电话与被调查者交谈,以获取资料的一种方法。

**1. 电话调查法的应用步骤**

经过培训的调查员,以电话簿为基础,进行随机抽样,选中号码即可拨打电话,拨通后,则按照准备好的问卷和培训的要求,开始访问被访对象;然后对调查对象按照问卷逐题逐字地提问,并及时迅速地将被调查者回答的内容记录下来。

**2. 电话调查法的注意事项**

(1) 电话调查需事先设计好问卷,调查问题要明确,问题不宜太多。

(2) 提问要简明清楚,避免通话时间过长。询问时多采用两项选择法,又称是非法,回答问题时从两项答案中选择其一,答案只有是或否两种。例如:您是否购买过健身器械?您外出旅游时,喜欢用高档相机还是摄像机?

(3) 打电话时要讲究风度和技巧。

**打电话应有的风度**

(1) 少讲"我",免得人家说你自大。
(2) 多说"您",表示对别人的尊重。
(3) 他同意,我说"谢谢"。
(4) 他不同意,我说"对不起"。
(5) 我问他,先用"请"。
(6) 他指示,我先说"好的"。
(7) 答应时,要干脆。
(8) 拒绝时请委婉。
(9) 把握语调。
(10) 说话有表情。
(11) 需要临时找资料时,先给对方致歉,说你需要离开一下的理由和所需时间,并且在约定的时间内尽快地赶回,并向对方说"对不起,让您久等了"。
(12) 也可让对方先挂上电话,约好时间,再重拨过去,这样可节约一定的费用。

**3. 电话调查法的优缺点**

1) 电话调查法的优点

(1) 可迅速获取当时的情报,对于一些急需的资料电话访问法最及时,如调查广告效果等。

(2) 电话访问易被人接受,有些家庭不愿意陌生人进入,电话访问可免除心理上的恐慌，能畅所欲言。

(3) 省时、省力、费用较少。

2) 电话调查法的缺点

(1) 不宜深入探讨。

(2) 受固话使用率低的影响。

### 5.4.3 邮寄调查法

邮寄调查法是由调查人员将设计好的问卷，通过邮寄的方式送达被调查者手中，请他们填好答案后寄回，以获取信息资料的一种方法。有些征订单、征询意见表及评比选票等，也可以认为是调查表的性质，因而也被看作邮寄调查形式。

**1. 邮寄调查法的操作流程**

邮寄调查因调查题目的大小、难易程度及要求不同，可有两种基本程序：一种是直接调查，即将设计好的问卷直接寄给被调查者，进行正式调查，再将问卷按规定时间收回，并对问卷进行整理分析；另一种是先试验再正式调查，即为了验证问卷是否存在问题，可先在小范围内进行试验调查，经验证可行后再进行正式调查。

邮寄调查法的具体流程如下。

(1) 根据研究的目的确定调查的总体，搜集调查对象的名单和通信地址，抽样确定调查对象。

(2) 向调查对象寄出调查邮件。调查邮件包括以下几项：①贴足邮资且写清调查对象地址的信封。②致调查对象的信(说明组织调查的单位、调查目的，恳请合作，问卷填写要求、调查单位的印章或负责人的签字等，目的是取得调查对象的信任以配合调查)。③调查问卷。④贴足邮资且写清调查机构地址的回邮信封。⑤谢礼或有关谢礼的许诺(一个礼品、少量现金或许诺收到回邮问卷后将寄出谢礼等)。

(3) 对回收的问卷及时登记编码，包括问卷的编号、问卷寄回的日期、寄回的地区，并按回收的日期及时统计回收的数量。

**2. 邮寄调查法的优缺点**

1) 邮寄调查法的优点

①邮寄调查的应用区域广泛，只要邮政所达之地，都可以作为调查对象；②调查费用也较少，只需问卷印刷费和邮寄费；③就被调查者而言，不受时间、场合限制，有充裕的时间去回答问题，如果有必要还可以查阅有关资料，以便准确回答有关问题。

2) 邮寄调查法的缺点

①邮寄调查的回收率不是很高；②由于调查人不在场，被调查者往往忽视问题的实质，甚至可能会误解问卷原意。

**3. 邮寄调查法应注意的问题**

使收信人乐于合作的有效方法如下。

(1) 信封的称呼要与被调查者的称呼相同。

(2) 当需要回答的问题男女有别时要分别设计。

(3) 为提高邮寄回收率,在发出的信件中要附有贴好邮票的信封。

(4) 有的可预先声明在规定的时间内回信将给予少量的报酬和纪念品。

(5) 不能将邮件寄出后不管不问,可发一张明信片去催促,也可以打电话通知一下,请对方及时给予答复。

> **小资料**
>
> 据一份调查资料显示,英国每个家庭平均每年收到这类调查邮件 62 封,法国 93 封,德国 123 封,荷兰 171 封。为尽量扩大调查面,各家公司绞尽脑汁搜集用户的姓名和地址。如果一位客户光临某公司,该公司会利用各种手段,如索取名片、闲聊等把有关资料搞到手,然后输入电脑。他刚走,一封介绍产品或征求意见的信函便发出去了。

### 5.4.4 网络调查法

网络调查法是指在因特网上针对特定营销环境进行简单调查设计、搜集资料和初步分析的活动。因特网作为高效的信息沟通渠道,具有开放性、自由性、平等性、广泛性、直接性的特征,可大大提高企业搜集信息的效率和效用。

**1. 网络调查法的操作流程**

1) 选择搜索引擎

搜索引擎能阅读、分析并且存储从该搜索网站数据库中的网页上获得的信息。这些信息可以借助于一系列的关键词和其他参数识别,如调研开始和结束的日期。通过以下途径可以搜索到信息。

(1) 只需输入市场调研对象的名称,搜索引擎就会搜寻国际互联网上的有关信息。

(2) 通过搜索引擎界面上出现的菜单结构一直浏览下去,就会发现有关公司的情况和以前不知晓的产品介绍。例如,可以进入商业站点浏览,接着进入产品站点,进入软件站点,还能进入营销心理学家站点了解消费者的消费心理状况。

2) 确定调研对象

一般来说,网络调研的对象分为以下三类。

(1) 公司产品的消费者。他们可以通过网上购物的方式来访问公司站点。

(2) 公司的竞争者。调研人员可以进入因特网上竞争者的站点来查询面向公司的所有信息。

(3) 公司合作者和行业内的中立者。这些公司可能会提供一些极有价值的信息和评估分析报告。

3) 查询相关调研对象

在确定了调研对象后,调查人员通过电子邮件向因特网上的公司主页、新闻组和邮件清单发出相关查询。因特网上的公司主页是非常重要的。调查人员利用搜索引擎对公司站点进行访问,公司产品的消费者和潜在消费者都可以成为调研对象。

4) 分析人口统计信息

调查人员主要对访问本公司站点的人数进行统计,从而分析出消费者的分布范围和潜在消费市场的出现地点。

5) 确定运用的信息服务

在因特网上,调查人员可以不定时地查看本公司的电子邮件信箱,向各个私人和公开站点发出查询请求。这样就能及时准确地把握市场动态,制定出相应的营销策略。

6) 分析市场变化

调查人员在因特网上获取了大量的信息后,必须对这些信息进行整理和分析。在面对数量巨大的信息和数据时,调查人员可以利用计算机来快速地进行分析,这种分析结果通常是真实可信的。在分析信息后,市场调查人员要写一份图文并茂的市场分析报告,直观地反映市场动态,以便公司决策者针对公司的情况及时地调整营销策略。

**2. 网络调查法的特点**

(1) 及时性和共享性。网上调查是开放的,任何网民都可以进行投票和查看结果,而且在投票信息经过统计分析软件初步自动处理后,可以马上查看阶段性的调查结果。

(2) 便捷性和低费用。实施网上调查时,只需要一台能上网的计算机即可,通过站点发布电子调查问卷,由网民自愿填写,然后通过统计分析软件进行信息整理和分析。另外,网上调查在信息采集过程中不需要派出调查人员,不受距离限制,不需要印刷调查问卷,节省了大量的人力和物力耗费。

(3) 交互性和充分性。在网上调查时,调查对象可以及时就问卷的相关问题提出自己的看法和建议,这样可减少因问卷设计不合理而导致的调查结论偏差。

(4) 可靠性和客观性。网上填写问卷是自愿的,不像传统调查是强迫性的,由于填写者一般对调查内容有一定兴趣,回答问题时会相对认真一些。通过此种调查法得到的问卷信息是可靠的,并有助于保证调查结论的客观性。

## 课程小结

根据市场调查的活动顺序，本任务主要是了解市场调查的方法，包括文案调查法、观察法、实验法和访问法。

文案调查法是指通过搜集各种历史和现实的动态统计资料，从中摘取与市场调查课题有关的资料，在办公室内进行统计分析的调查方法。文案调查法的资料来源有内部资料和外部资料。文案调查法的操作流程为：辨别所需的信息；寻找信息源；搜集二手资料；资料筛选；提出调查报告。

观察法是指调查者到现场利用感官或借用仪器来搜集被调查者行为表现及有关市场信息资料的一种方法。观察法的应用广泛，包括对市场商品需求情况的观察分析；对被调查者行为的观察分析；对零售企业经营状况的观察分析。

实验法是把调查对象置于一定条件下，进行小规模实验，通过观察分析，了解其发展趋势的一种调查方法。它包括单一实验组设计和控制组与实验组对比设计两种形式。

访问法包括面谈访问法、电话调查法、邮寄调查法和网络调查法。

## 课堂讨论

美国的雪佛龙公司聘请美国亚利桑那大学人类学系的威廉·雷兹教授对垃圾进行研究。威廉·雷兹教授和他的助手在每次垃圾搜集日的垃圾堆中挑选数袋，然后把垃圾的内容依照其原产品的名称、重量、数量、包装形式等予以分类。如此反复地进行了近一年的搜集垃圾的研究分析。雷兹教授说："垃圾袋绝不会说谎和弄虚作假，什么样的人就丢什么样的垃圾。查看人们所丢弃的垃圾，是一种更有效的行销研究方法。"他通过对土珊市的垃圾研究，获得了有关当地食品消费情况的信息，作出了如下结论：①劳动者阶层所喝的进口啤酒比收入高的阶层多，并知道所喝啤酒中各个品牌的比率；②中等阶层人士比其他阶层消费的食物更多，因为双职工白天都要上班而太匆忙了，以致没有时间处理剩余的食物，依照垃圾的分类重量计算，所浪费的食物中，有 15%是还可以吃的好食品；③通过垃圾内容的分析，了解到人们消耗各种食物的情况，得知减肥清凉饮料与压榨的橘子汁属高阶层人士的良好消费品。

试讨论：

(1) 该公司采用的是哪种类型的观察法？

(2) 该公司根据这些资料将采取哪些决策行动？

## 课 后 自 测

### 一、选择题

1. 使用各种历史和现实的统计资料,即二手资料的调查方法是( )。
   A. 文案调查法　　　B. 观察法　　　C. 实验法　　　D. 访问法

2. 下列方法中,灵活方便,彼此可以沟通思想,便于调查者说明调查的目的和要求,消除被调查者可能产生的思想顾虑,鼓励他们积极回答问题和发表意见的是( )。
   A. 个别访问面谈法　　　　　　　B. 座谈会调查法
   C. 观察法　　　　　　　　　　　D. 实验法

3. 凡是某种产品或商品在改变它的质量、包装、设计、价格、广告宣传、陈列方法等因素时,都可以使用( )进行调查。
   A. 文案调查法　　　B. 观察法　　　C. 实验法　　　D. 访问法

4. 下列调查方法中,调查者设计的问题不易太多,不易深入探讨的是( )。
   A. 文案调查法　　　B. 观察法　　　C. 实验法　　　D. 电话调查法

### 二、判断题

1. 文案调查法的调查对象是各种历史和现实的统计资料,即二手资料。　　( )
2. 观察法只包括对人的行为的观察。　　( )
3. 在充分自由的气氛中,大家敞开思想、各抒己见,各种想法相互启发,仿佛思想上掀起一场风暴,这叫个别访问法。　　( )
4. 实验法是把调查对象置于一定条件下,进行小规模实验,通过观察分析,了解其发展趋势的一种调查方法。　　( )

### 三、简答题

1. 市场调查一般包括哪些具体方法?
2. 文案调查法的步骤是什么?
3. 专家座谈会调查法的形式有哪些?
4. 个别访问面谈法应用的步骤有哪些?

## 案 例 分 析

### 通过神秘顾客检测提升零售终端竞争力

神秘顾客检测是指检测人员经过专业的筛选和培训以普通顾客的身份,通过对服务过程的亲身体验，从而对服务过程中的硬件、软件、人员等方面的表现作出评价的过程，也称为神秘访问或暗访。它适合于连锁性质的服务机构及零售终端的服务水平评估。神秘顾客检测起源于20世纪70年代的欧美发达国家，其在连锁餐饮、IT、银行、电信、连锁等行业广泛运用。国际上许多著名企业如麦当劳、BP、诺基亚、惠普、花旗银行、通用汽车、沃尔玛等公司均采用神秘顾客检测的方法监督和改进服务质量。

20世纪90年代，著名跨国公司及专业市场调研机构把神秘顾客检测带到了中国，中国本土一些优秀企业如中国移动、招商银行、联想、一汽等公司采用神秘顾客检测来改善服务品质，并取得了非常好的效果。目前，追求卓越的更多国内优秀企业也正在运用神秘顾客检测提升服务水平。神秘顾客检测服务正如雨后春笋般地发展起来，越来越多的服务型企业，如银行、汽车4S店、通信服务厅、连锁加油站、连锁咖啡厅、连锁餐厅、连锁酒店、连锁零售店、连锁药店、企业的零售终端(如连锁专卖店、化妆品专柜、家电专区)等都开始采用这种方法来评估并改进服务质量水平。

随着中国市场经济的快速发展，企业之间的竞争越来越激烈，企业之间产品技术方面的差距将会大大缩小。企业要想在市场上战胜对手就必须在服务方面下大功夫，这就是被企业越来越关注的"服务营销"。随着企业对服务水平的重视，更多的企业采用神秘顾客检测的方式来完善自己的服务水平。目前，神秘顾客检测作为研究顾客满意度最常用的研究方法在专业调研机构中被广泛运用。国内著名神秘顾客检测机构新力市场研究集团认为，随着国内神秘顾客检测项目的不断增多，客户也在不断地提出日益多元化的需求，以及随着网络社会的深入发展，中国的神秘顾客检测行业将在基础理论、研究技术、人员招募及培训、项目操作及管理等各方面迎来新挑战和新发展机会。

目前，市场竞争激烈，顾客可选择机会多，顾客对服务质量的要求越来越高，也越来越敏感，在产品差异不大的情况下，服务质量就成为了市场竞争的核心内容。零售终端是企业和顾客最直接和紧密的联络节点。因此，零售终端的服务质量水平及各方面表现，将直接影响顾客满意度及忠诚度。如何通过神秘顾客检测提升零售终端的竞争力呢？神秘顾客首先是一个普通的消费者，同时也是一个经过培训合格并带着具体考察任务前往消费体验的消费者，由于被检查或被评估的对象无法识别消费者的身份，因此称为神秘顾客检测。从心理和行为学角度来看，人在无意识时的表现是最真实的，因为被检查对象无法得知神秘顾客的检查身份，所以检查结果更为真实和客观。新力市场研究集团资深专家认为，通过神秘顾客检测可以帮助管理者及时了解各零售终端的实际情况(如现场POP使用情况、终端形象及出样情况、产品卖点准确传递情况、促销活动执行情况、指导零售价格的落实情况等)，向管理者提供对零售终端绩效考核的依据，了解零售终端工作人员的压力保持情况，帮助管理者发现零售终端的工作问题，进而发现管理漏洞，测定终端服务人员是否得到适当的培训，发现优秀的员工，确定需要增强员工培训的区域，发现潜在的不利于发展的问题，识别零售终端的优势和需要改进的潜在领域，同时也可以通过神秘顾客检测了解竞争对手的服务情况。

新力市场研究集团资深专家认为，通过神秘顾客检测方式对零售终端进行暗访考核，一个成功的项目必须满足以下三个基本要求。

(1) 公正性。委托专业市场调研机构以中立第三方的专业立场，通过神秘顾客对零售终端的顾客服务质量进行暗访测评，公正地找出服务过程中的细节问题。如果由企业内部人员执行检查可能存在一定的功利性倾向，而且检查工作保密性差，可能出现有些部门"报喜不报忧"的情况，也可能被检单位事先做了充足的准备，检测人员不能检测出真实的情况，从而难以真正了解客户的亲身感受，不能准确地发现问题。

(2) 客观性。由于检测考核的结果与被检单位的绩效挂钩，这就决定了神秘顾客检测必须建立在客观事实的基础上。要求神秘顾客必须如实反映现场的情况，不能在检测结果中加入自己的主观判断及推测，存在的问题必须以现场的照片或视频作为佐证。

(3) 实用性。神秘顾客检测不仅是简单的考核工作，而且要求对服务质量的提升和改进有直接的帮助，所以神秘顾客检测项目在实用性方面比其他的调研项目有更高的要求。神秘顾客检测机构作为企业的外脑，应该能够帮助企业诊断现阶段的服务质量水平，分析服务短板，为服务质量提升提供改进方向和具体的措施。

神秘顾客检测方法具有组织安排的系统性、实施的严密性、考核指标的客观性和咨询分析的科学性等特点。随着市场各行业的激烈竞争、顾客选择的多元化，提升零售终端服务质量水平成为各企业重视的竞争要素，这种先进的管理经验和技术也将运用到更多的行业和企业，由此将引发一场"以客户服务为导向"的"服务营销"革命。

(资料来源：全球品牌网，http://www.globrand.com/2011/521761.shtml.)

问题：(1) 本案例使用何种调查方法？

(2) 请结合案例说明此种调查方法的优缺点。

# 模 拟 实 训

### 具体实训之一

一、实训项目：入户访问。

二、实训目标：通过本阶段的实训，发现学生在访问开始阶段遇到的问题和访问技巧的不足。要求本小组学生指出毛病(不扣分)，其他学生纠正(给出演者扣分)，调动学生学习的积极性。

三、实训内容：总的任务是如何入户。

具体任务如下：

1. 接触客户的途径。

2. 敲门的技巧。

3. 如何自我介绍。

4. 怎样入室。

5. 怎样约定访问时间。

6. 怎样确定访问者。

7. 怎样确定访问场合。

四、实训组织：

1. 随机抽签确定两个小组(分别作为被访问者和访问者)。

2. 学生自拟情节，自编自演。

3. 两个小组分别扮演被访问者和访问者(被访问者拒访)。

五、实训考核：完成扮演后学生评价、打分，指导教师总结。

**具体实训之二**

一、实训项目：个别访问面谈法。

二、实训目标：通过本次实训，锻炼学生的临场应变能力，积累经验，训练学生的语言技巧，为今后工作奠定基础。

三、实训内容：主要内容是入室交谈及访问前的沟通(营造和睦气氛的技巧)。

具体内容如下。

1. 礼仪行为训练，包括握手、递名片。

2. 了解受访者，满足受访者的心理需求。

3. 建立认同感。

4. 利用人们对才华的敬仰。

5. 营造轻松快乐的气氛。

6. 真诚关心受访者。

7. 发现受访者的优点和特长。

8. 访问中应注意的事项。

四、实训组织：

1. 教师首先交代上述内容。

2. 学生自拟情景，自编自演。

3. 确定两个实训小组(身份分别是访问者和受访者)。

五、实训考核：当堂训练，完成扮演后学生评价、打分，指导教师总结。

**具体实训之三**

一、实训项目：座谈会调查法。

二、实训目标：通过实训，使学生了解座谈会的形式、程序，以及主持人的要求、会议内容，掌握其方法，为今后工作奠定基础。

三、实训内容：

1. 头脑风暴法。

2. 征求意见法。

四、实训组织：

1. 以两个小组分别主持不同的形式，互相配合，扮演角色，形成情景拟真的氛围。

2. 会场布置要求圆桌设计，有主持人座位、记录人座位。

3. 人数以 10 人左右为宜，时间控制在 50 分钟以内。

4. 主持人调控会场：首先介绍来宾及召开本次座谈会的意义，然后邀请来宾发言、讨论议题。

五、实训考核：当堂训练，完成扮演后学生评价、打分，指导教师总结。

# 综 合 实 训

一、实训项目：选择市场调查方法。

二、实训目标：使学生掌握市场信息资料的直接调查方法、间接调查方法和网上调查方法，并针对不同的调查项目选择合适的调查方法，获取所需的市场信息资料，具备信息收集的能力。

三、实训内容：

1. 实地考察并访谈，完成调研项目关于企业、市场情况的资料搜集工作。

2. 查阅互联网信息及统计年鉴等，搜集调研项目背景资料及历史数据。

3. 采取街头拦截等便利调查方法、面谈法发放问卷搜集资料。

4. 在互联网上发布调查问卷，利用网上调查法搜集资料。

四、实训组织：学生分组，每组独立完成，小组成员进行分工合作。

五、实训考核：根据每组学生对自己组的实施情况以 PPT 方式向全班汇报，分组讨论、交流各自的得失。

# 任务6　决定抽样计划

### 能力目标

通过完成本任务，你应该能够：①学会抽样调查的方法；②编制抽样框。

### 核心能力

掌握抽样调查的方法。

### 任务分解

- 界定调查总体。
- 编制抽样框。
- 选择抽样方法。
- 用样本统计值推断总体参数。

### 任务导入

某电信运营商为了更好地为用户服务，改进服务质量，决定对其用户进行一次随机抽样调查。该运营商的用户约为10万户，用等距抽样方法从中选取5%约5000户进行调查。该运营商首先通过计算机将用户的电话号码按顺序排列起来，然后利用随机数表选出一个两位数(比如25)，再由计算机打出所有被选中的用户号码(这时被选中的号码位于第5位、第25位、第45位、第65位……)，最后将选中的号码分给一些话务员，由他们根据规定的内容分别对这些用户进行电话访问。

(资料来源：范云峰. 营销调研策划[M]. 北京：机械工业出版社，2004.)

### 分项任务

## 6.1　界定调查总体

**任务提示**　本分项任务将引领你了解总体及其相关的概念。

**任务情景**　总体是由调查目的确定的，为了认识总体的状况与特征，发现总体中存在的规律性，必须界定总体。同时，界定总体也是达到良好抽样效果的前提条件。

### 6.1.1 界定总体

确定调查总体，即明确调查的全部对象及其范围。例如，要调查北京市有多少家庭拥有汽车，拥有汽车的家庭与没有汽车的家庭有什么区别，那么调查总体就是北京市的所有家庭。

需要注意的是，某些在理论上可以明确定义的研究对象的集合体，在实际抽样中却很难抽取，甚至完全不可能做到让每一个符合这一理论定义的对象都有被抽中的机会。比如，调查一个网站的单击率和人气情况，如果以该网站注册电子邮箱使用人数的情况进行调查，从理论上来说，只要在该网站注册邮箱的客户都可以是研究的总体，但实际上，有可能是同一个人在同一个网站注册几个账户，这就难以调查；一部分人注册过以后很少用，甚至根本就没有用过该账户，同样也被排除在抽样的总体之外。因此，在确定调查总体时除了要明确对象以外，还要确定是否具有可操作性。如果不清楚明确地界定总体的范围与界限，即使采用严格的抽样方法，也可能抽出对总体严重缺乏代表性的样本来。

### 6.1.2 明确样本

样本是从总体中抽取的一部分个体的集合。抽样的目的是根据样本提供的信息推断总体的特征。比如，从一批灯泡中随机抽取 100 个，这 100 个灯泡就构成了一个样本，然后根据这 100 个灯泡的平均使用寿命去推断这一批灯泡的平均使用寿命。

### 6.1.3 确定样本容量

明确了调查总体和样本之后，就需要确定样本容量。样本容量又称样本大小或样本规模，是指一个样本中所包含的个体数量的多少。

样本规模的决定，也是每项抽样调查在抽样过程中必须解决的问题之一。因为样本规模的大小不仅会影响所抽样本对总体的代表性，同时还会直接影响调查所需要的人力、物力和时间。

那么，在实际调查中如何确定样本规模的大小呢？这要从四个方面来考虑：①对调查精确度的要求。样本数目与调查精确度成正比，调查样本数量多，有利于提高调查结果的准确性，减少误差；样本数量少，带来的误差较大，调查结果的准确性就较差。②调查总体的规模大小。调查总体的规模与样本容量成正比，在市场调查活动中，如果调查范围较大，母体数量较多时，为了使样本更能反映总体情况，就需要调查较多的个体；反之，则可以抽取较少的个体。③调查总体内部的异质程度。当总体中个体差异较小时，可以适当减少样本数量；当总体中个体差异较大时，应充分考虑样本的代表性，适当增加样本数量。④调查者所拥有的人力、物力和时间。抽样调查选取的样本容量较少时，可以使工作量相对减少，相对节省调查费用和时间。

## 6.2 编制抽样框

**任务提示** 本分项任务将引领你进行抽样框的编制。

**任务情景** 界定总体后,调查者下一步的任务就是形成抽样框。抽样框在抽样调查中处于基础地位,是抽样调查必不可少的部分,对于推断总体具有相当大的影响。

抽样框是指用以代表总体,并从中抽选样本的一个框架。收集总体中全部单位名单并将总体中的全部单位无一遗漏地编码形成抽样框。抽样框一般可以采用现成的名单,如户口、企业名录、企事业单位职工的名册等,在没有现成名单的情况下,可以由调查人员自己编制。应该注意的是,在利用现有的名单作为抽样框时,要先对该名录进行检查,避免有重复、遗漏的情况发生。在完整的抽样框中,每个调查对象应该出现一次,而且只能出现一次,以提高样本对总体的代表性。

例如,要从 10 000 名职工中抽出 200 名职工组成一个样本进行调查,则要搜集 10 000 名职工的名册,并按一定的顺序将全部名册上的名单统一编号,形成一份完整的、既无重复又无遗漏的总体成员名单,即抽样框,从而为下一步抽取样本打下基础。

注意:当抽样分几个阶段、在几个不同的抽样层次上进行时,则要分别建立起几个不同的抽样框。例如,为了调查某市中学生的课余时间安排情况,需要从全市 300 所中学中抽取 15 所中学,再从每所抽中的中学中抽取 5 个班级,最后从每个抽中的班级中抽取 5 名学生。那么,就要分别搜集并排列全市 300 所中学的名单、每所抽中的中学中所有班级的名单,以及每个抽中的班级中所有学生的名单,形成三个不同层次的抽样框。

抽样框的不完整会导致抽样误差的产生。在抽样框误差导致调查失败的案例中,比较著名的是 1936 年美国总统选举的预测。

**案例阅读**

> **总统选举预测的失败**
>
> 1936 年,美国进行总统大选的民意测验。总统选举投票前,《文摘》杂志寄出了 1000 万张询问投票倾向的明信片,然后依据收回的 200 万份调查结果,极其自信地预测共和党候选人兰登将以领先 15%的得票率战胜民主党候选人罗斯福而当选总统。然而,选举结果使预测者们大失所望:获胜者不是兰登,而是罗斯福,并且其得票率反超过兰登 20%!《文摘》杂志的声誉一败涂地,不久也因此而关了门。
>
> 是什么原因导致《文摘》杂志的预测失败了呢?除了抽样方法以及邮寄方式上的原因外,对抽取样本的总体缺乏清楚的认识和明确的界定也是极为重要的原因。因为《文摘》杂志当时抽样所依据的并不是美国全体已登记的选民名单,而是依据电话号码簿和汽车登记簿来编制抽样框,再从这些号码中进行抽取。这样一来,那些没有家庭电话和私人汽车

的选民就被排斥在其抽样的总体之外了。而在当时，由于从 1933 年开始美国受经济大萧条的影响，大量人口滑落到下等阶层，因而很多人出来投票。结果，这些未被抽到民意测验中的较穷的选民压倒多数地投了罗斯福的票，使《文摘》杂志的预测遭到惨败。

当时是以电话簿和汽车登记簿为抽样框的，如果放到现在，这样抽样调查经过修正以后其结果不会出现很大的偏差。关键是当时的美国正处在经济萧条时期，很多人既没有汽车也没有电话，从而使样本缺乏代表性。因此，尽管样本量达到了 200 万，得出的结论是阿尔夫·兰登将胜过富兰克林·罗斯福，但与后来的事实却大相径庭。

(资料来源：范云峰. 营销调研策划[M]. 北京：机械工业出版社，2004.)

## 6.3 选择抽样方法

**任务提示** 本分项任务将引领你完成抽样方法的选择。

**任务情景** 根据抽选样本的方法，抽样调查分为随机抽样和非随机抽样两类。两者既有区别又有联系，是实现抽样调查不可缺少的有机组成部分。

### 6.3.1 随机抽样

随机抽样是指按照随机原则，从总体中抽取一定数目的单位作为样本进行观察，并从数量上对总体的某些特征作出估计和推断，对推断中可能出现的误差，可以从概率意义上加以控制。随机抽样使总体中的每个单位都有同等机会被抽中，不受主观因素影响。为了达到概率抽样目的，可采用以下抽样方法。

**1. 简单随机抽样**

简单随机抽样是指在总体单位中不进行任何有目的的选择，而是按随机原则、纯粹偶然的方法抽取样本。其具体方法如下。

1) 抽签法

抽签法是先将调查总体中的每个单位编上号码，即 1、2、3、4…，然后将号码写在卡片上，搅拌均匀，任意从中抽选，抽到一个号码，就对上一个单位，直到抽足预先规定的样本数目为止。如果调查总体范围大、数量多，这一工作量会很大。

2) 随机数表法

随机数表法是将 0～9 的 10 个自然数，按编码位数的要求(如二位一组、三位一组、五位甚至十位一组)，利用特制的摇码器(或电子计算机)，自动地逐个摇出(或电子计算机生成)一定数目的号码，编成表，以备启用。不管从随机数表的何处出发，无论是向上、向下、向左、向右，还是在对角线入口，都不能发现任何规则、有序的数列。也就是说，这个表内的任何号码的出现都有同等可能性。抽取样本时，利用这个表可以大大简化抽样的烦琐程序。

为了便于说明问题，从随机数表中摘录一部分，如下所示。

28 46 53 35 74 92 13 45
20 67 42 15 20 57 80 90
04 36 28 19 26 64 37 15
55 01 26 64 98 56 71 49
72 58 43 57 89 64 27 54

例如，某居民区有 620 户居民，拟抽取 15 户调查其家庭收入状况，可将居民根据其门牌号码编号为 001~620，抽取时可从随机数表中任何一行、任何一列、任何一个数开始，并将随机数表数字中的三位数组成一组。当从随机数表的第二排、第三列的数组起，自上而下自左而右抽取时，则顺序取得的样本号为：421、281、266、435、574、520、(926)、498、(789)、(921)、578、(643)、567、(642)、345、090、(715)、149、(754)、284、284、206、043(括号中的数字大于 620，应不予以考虑)。

简单随机抽样法在调查对象不明，或总体内单位间差异较小时采用效果更好。如果市场调查总体范围广，内部各个体之间差异大，一般不直接采用此法，而是与其他方法结合进行抽样。

**2. 分层抽样**

分层抽样方法不是直接从总体中抽取样本，而是先将总体所有单位按某些重要标志进行分类(层)，然后在各类(层)中采用简单随机抽样方法抽取样本。

注意：分层抽样在分层时，要将同一性质的总体单位分在同一层，而层与层之间的总体单位的差异较大。例如，调查某市居民收入情况，可先按职业分层，分为工人、农民、干部、知识分子、私营和个体经营者、合资职工等，然后在各层中运用简单随机抽样的方法抽取预定数目的样本。其常用方法有分层比例抽样和最低成本抽样。

1) 分层比例抽样

分层比例抽样是指分层后，从各层中按简单随机原则抽取样本的数目，样本的数目依各层占总体单位总数的比例而定。其计算公式如下。

$$n_i = \frac{N_i}{N} n$$

式中：$n_i$——第 $i$ 层抽取的样本数；

$N_i$——第 $i$ 层包含的总体单位数；

$n$——抽取的样本数；

$N$——总体中包含的总体单位数。

**例 6.1** 某地调查商业企业销售情况。该地区有商店 20 000 个,按企业规模分层,有大型商店 1500 个,中型商店 8500 个,小型商店 10 000 个,计划抽取样本 200 个。采用分层比例抽样法,则各层应抽取的样本数目如下。

大型百货商店层应选样本数:$n_{大} = \dfrac{1500}{20\,000} \times 200 = 15(个)$

中型百货商店层应选样本数:$n_{中} = \dfrac{8500}{20\,000} \times 200 = 85(个)$

小型百货商店层应选样本数:$n_{小} = \dfrac{10\,000}{20\,000} \times 200 = 100(个)$

确定了各层样本数后,即可以按单纯随机原则从各层中抽取预定数目的样本,进行销售情况调查,最后推算出各层情况,再推断总体情况。

2) 最低成本抽样

最低成本抽样是指根据费用确定各层应抽取的样本数,在不影响代表性的前提下,如果某层调查费用高则少抽取一些总体单位数,从调查费用低的层中多抽取一些总体单位。分层比例抽样的着眼点是调查结果的统计效果;而最低成本抽样则是在考虑统计效果的前提下,根据费用支出来确定各层应抽取的样本数。

3. 系统抽样

系统抽样又称等距抽样,是指按照某种顺序给总体中的所有个体编号,然后随机抽取第一个编号,并按相同的间隔或距离抽选其他样本单位。

根据总体单位总数和样本单位总数,计算出抽样距离,$k$=抽样距离=$N/n$,开始抽取的第一个号:从 $1,2,\cdots,k$ 中随机抽取 $i$。然后按抽样距离抽取其他样本单位:$i+k, i+2k, \cdots, i+(n-1)k$。

**例 6.2** 某地区有零售店 110 户,采用等距离抽样方法抽取 11 户进行调查,如何抽取?

第一步,将总体调查对象(110 户零售店)进行编号,即从 1 号至 110 号。

第二步,确定抽样间隔。已知调查总体 $N=110$,样本数 $n=11$,故抽样间隔 $k=110/11=10$。

第三步,随机确定第一个抽中的号码。用 10 张卡片从 1 号至 10 号编号,然后从中随机抽取 1 张作为起抽号数。如果抽出的是 2 号,则 2 号为起抽号数。

第四步,确定被抽取单位。从第一个号开始,按照间隔 $k$ 选择样本。2,2+10,2+2×10,2+3×10,…,2+10×10,即 2,12,22,32,…,102。

4. 整群抽样

整群抽样是指先把调查总体划分为若干个群体,然后用简单随机抽样方法从中抽取某些群体,对抽中群体中的所有单位进行全面调查。

整群抽样的步骤如下。

(1) 将总体分为若干群。
(2) 按随机抽样抽取中选群体。
(3) 对中选群体的各总体单位进行普查。

**例 6.3** 调查某市中小学生的消费支出情况，拟抽出 10 000 个样本。假定某市有 1000 所中小学校，每校大约有 500 名学生。

首先把学生按学校分成 1000 个群，然后按随机原则从 1000 所学校中抽出 20 所，最后把这 20 所学校的学生约 10 000 人作为调查样本，对其消费支出进行调查。

### 6.3.2 非随机抽样

总体中的每个总体单位不具有被平等抽取的机会，而是根据研究者的主观标准来抽选样本的方法，称为非随机抽样法。其具体方法如下。

#### 1. 任意抽样法

任意抽样法是指由调查人员根据其工作便利而任意选取样本的方法。例如，在街头向遇到的过路行人作访问调查，在柜台销售商品过程中向购买者作面谈调查等。

任意抽样法假定总体中的每个总体单位都是相同的，随意选取一个样本都可以取得代表总体特征的结果。当总体中各总体单位差异较小时，宜采用任意抽样法，而差异较大时不能采用。

总体而言，任意抽样法的优点是：花费小(包括经费和时间)，抽样样本容易接近，并且容易合作，取得所需资料。其最大缺点是：当总体单位差异较大时，误差较大。

#### 2. 判断抽样法

判断抽样法是由市场调查人员根据经验判断而选定样本的一种方法。典型调查就是运用判断抽样方法抽取样本。典型调查是指在对被调查对象进行全面分析的基础上，有意识地选取若干有典型意义或有代表性的单位进行调查。

例如，调查企业管理水平，可以按经验判断选取管理水平较高、管理水平一般、管理水平较差的不同类型企业作为调查样本，以调查结果为依据，综合评价企业管理工作中的经验和问题。

判断抽样的主要优点在于：可以充分发挥研究人员的主观能动作用，特别是当研究者对研究的总体情况比较熟悉、研究者的分析判断能力较强、研究方法与技术十分熟练、研究的经验比较丰富时，采用这种方法十分方便。但是，由于它属于非随机抽样，因此，其所得样本的代表性往往难以判断。

### 3. 配额抽样法

配额抽样法是调查员根据总体的结构特征来分配定额,以取得一个与总体结构特征大体相似的样本。其具体做法是:首先将总体中的所有单位按一定的标志分为若干类(组),然后在每个类(组)中,用判断抽样方法选取样本单位。

配额抽样与分层抽样的区别如下。

两者有相似之处,先按一定标志分层(类),但是在各层次中抽取样本单位的方法不同,即分别按随机和经验判断抽取。配额抽样属于分层判断抽样法,实行配额抽样法的理论假定是特征相同的调查对象,如同一年龄段、同一收入水平的居民,市场需求和反应大致相似,差异不明显,因而没必要再按随机原则抽取样本。

配额抽样与判断抽样的区别如下。

(1) 抽取样本的方式不同。配额抽样是分别从总体的各层中抽取样本,而判断抽样则是从总体中直接抽取样本。

(2) 抽样要求不同。配额抽样注重量的分配,而判断抽样则注重质的分配。

(3) 抽样方法不同。配额抽样方法复杂,而判断抽样方法简单、易行。

按照配额的要求不同,配额抽样可以分为独立控制配额抽样和交叉控制配额抽样两种。

1) 独立控制配额抽样

独立控制配额抽样是根据调查总体的不同特性,对具有某个特性的调查样本分别规定单独分配数额,而不规定必须同时具有两种或两种以上特性的样本数额。

**例 6.4** 某市进行空调器消费需求调查,确定样本量 200 名,选择消费者收入、年龄、性别三个标准分类。采用独立控制配额抽样,其各个标准样本配额比例及配额数如表 6-1~表 6-3 所示。

表 6-1 独立控制配额抽样分配表之一

| 月 收 入 | 人 数 |
| --- | --- |
| 1500 元以下 | 20 |
| 1500~3000 元 | 50 |
| 3000~4500 元 | 70 |
| 4500 元以上 | 60 |
| 合计 | 200 |

表 6-2　独立控制配额抽样分配表之二

| 年　龄 | 人　数 |
|---|---|
| 30 岁以下 | 40 |
| 30～40 岁 | 60 |
| 40～50 岁 | 70 |
| 50 岁以上 | 30 |
| 合计 | 200 |

表 6-3　独立控制配额抽样分配表之三

| 性　别 | 人　数 |
|---|---|
| 男 | 100 |
| 女 | 100 |
| 合计 | 200 |

从表 6-1～表 6-3 中可以看出，对收入、年龄、性别三个分类标准分别规定了样本数额，而没有规定三者之间的关系。因此，调查人员在具体抽样时，抽选不同收入段的消费者，并不需要顾及年龄和性别标准。同样，在抽选不同年龄或性别的消费者时，也不必顾及其他两个分类标准。这种方法的优点是简单、易行，调查员的选择余地较大；缺点是调查员可能图一时方便，由于经验不足而使样本过于偏向某一组别，如过多抽选低收入的女性消费者，从而影响样本的代表性。

2) 交叉控制配额抽样

交叉控制配额抽样是对调查对象各个特性的样本数额进行交叉分配。在例 6.4 中，如果采用交叉控制配额抽样，就必须对收入、年龄、性别这三项特性同时规定样本分配数，如表 6-4 所示。

表 6-4　交叉控制配额抽样分配表

| | 1500 元以下 | | 1500～3000 元 | | 3000～4500 元 | | 4500 元以上 | | 合　计 |
|---|---|---|---|---|---|---|---|---|---|
| | 男 | 女 | 男 | 女 | 男 | 女 | 男 | 女 | |
| 30 岁以下 | 2 | 2 | 5 | 5 | 7 | 7 | 6 | 6 | 40 |
| 30～40 岁 | 3 | 3 | 20 | 6 | 10 | 16 | 1 | 1 | 60 |
| 40～50 岁 | 10 | 1 | 3 | 4 | 12 | 7 | 3 | 30 | 70 |
| 50 岁以上 | 5 | 2 | 2 | 5 | 8 | 3 | 3 | 2 | 30 |
| 合计 | 20 | 8 | 30 | 20 | 37 | 33 | 13 | 39 | 200 |

从表 6-4 中可以看出，交叉控制配额抽样对每一个控制特性所需分配的样本数都作了具体规定，调查员必须按规定在样本中抽取调查单位。由于各个特性同时都得到了控制，从

而克服了独立控制配额抽样的缺点,提高了样本的代表性。

总之,选择正确的抽样方法,有利于使抽取的样本能真正代表样本的总体,减少误差。当存在以下情况时选择非随机抽样。

(1) 受客观条件限制(如了解的市场总体情况不完备),总体中各单位过于分散,无法采用随机抽样。

(2) 时效性限制。调查时间紧,要求快速取得结果。

(3) 调查对象不稳定,变化较快(突发事件和偶然现象),需要迅速得到调查结果。

(4) 调查人员有丰富的调查经验,且总体中各单位差异较小。

在市场调查中,随机抽样方法应作为首选,但在随机抽样中,选择各种方法时,应考虑哪些因素呢?

(1) 对抽样误差大小的要求。简单随机抽样中,抽样误差大小主要受总体方差的影响。当总体方差较小,即各总体单位差异较小时,简单随机抽样误差较小。在抽样总数一定的情况下,分层、等距、分群抽样误差要小于简单随机抽样误差。

(2) 调查总体本身的特点。在调查中若缺乏市场总体全面的资料,只能用简单随机抽样。

(3) 人力、物力、财力、时间等各种调查条件。如果选中的样本较分散,各地区都有,会增加调查时间和费用,这时就可以采用分群抽样,使样本取得相对集中,以节省人力、物力、财力和时间。

## 6.4 用样本统计值推断总体参数

**任务提示** 本分项任务将引领你完成由样本认识总体。

**任务情景** 如果要对国际市场进行测定,可能会涉及亿万个以上的个体,而国内市场由数百万个个体构成,就连地方市场也是由几十万家庭构成的。显然,通过每个个体信息去认识总体是不可能的,也是不现实的,这时就需要通过抽取部分个体(样本)来认识总体。

### 6.4.1 搜集样本资料,计算样本统计值

对具体的样本单位进行调查,搜集到各样本的标志值后,对这些标志值进行整理分析,最后计算样本统计值。

一家保险公司搜集到由 36 个投保人组成的随机样本,得到每个投保人的年龄(周岁)数据,如表 6-5 所示。

表6-5  36个投保人的年龄数据

| 23 | 35 | 39 | 27 | 36 | 44 |
| --- | --- | --- | --- | --- | --- |
| 36 | 42 | 46 | 43 | 31 | 33 |
| 42 | 53 | 45 | 54 | 47 | 24 |
| 34 | 28 | 39 | 36 | 44 | 40 |
| 39 | 49 | 38 | 34 | 48 | 50 |
| 34 | 39 | 45 | 48 | 45 | 32 |

根据样本计算的样本均值和标准差如下。

$$\bar{x} = \frac{\sum_{i=1}^{n} x_i}{n} = \frac{1422}{36} = 39.5$$

$$s = \sqrt{\frac{\sum_{i=1}^{n}(x_i - x)^2}{n-1}} = \sqrt{\frac{2115}{36-1}} = 7.77$$

### 6.4.2 用样本统计值推断总体的参数值

调查的最终目的是对总体进行认识，通过样本的特征了解总体特征。在用样本统计值推断总体参数值时，要根据概率论的有关理论，对推断的可靠程度加以控制。

根据表6-5中的数据，试建立投保人年龄90%的置信区间。

已知 $n=36$，$1-\alpha = 90\%$，$Z_{\alpha/2} = 1.645$，则根据样本数据计算得：总体均值在90%置信水平下的置信区间为

$$\bar{x} \pm Z_{\alpha/2} \frac{s}{\sqrt{n}} = 39.5 \pm 1.645 \times \frac{7.77}{\sqrt{36}} = 39.5 \pm 2.13 = (41.63, 37.37)$$

## 课 程 小 结

抽样调查是一种非全面的调查，它是从全部调查研究对象中抽选一部分单位进行调查，并据以对全部调查研究对象作出估计和推断的一种调查方法。

抽样调查可以分为随机抽样和非随机抽样两大类。随机抽样主要包括简单随机抽样、分层抽样、系统抽样和整群抽样四种方法。非随机抽样包括任意抽样法、判断抽样法、配额抽样法三种类型。

样本容量的大小主要取决于：对调查精确度的要求；调查总体的规模大小；调查总体内部的异质程度；调查者所拥有的人力、物力和时间。

抽样框是指用以代表总体,并从中抽选样本的一个框架。应将总体中的全部单位无一遗漏地编码形成抽样框。在完整的抽样框中,每个调查对象应该出现一次,而且只能出现一次,以提高样本对总体的代表性。

## 课 堂 讨 论

1. 一名教师想从本校1600名学生当中抽取一个样本,他决定面试下周一早上进入教室的前100名学生。

2. 一名教师想从本校1600名学生当中抽取一个样本,现在他手里有一份名单,上面列出了这1600名学生的身份证号码。教师先随机从名单的前16名学生当中抽取一个身份证号码,然后每隔16名学生抽取一个身份证号码,直至获得所需要的样本。

以上属于何种抽样方法?

## 课 后 自 测

### 一、单项选择题

1. 从含有 $N$ 个元素的总体中抽取 $n$ 个元素作为样本,使得总体中的每一个元素都有相同的机会(概率)被抽中,这样的抽样方式称为( )。

　　A. 简单随机抽样　　B. 分层抽样　　C. 系统抽样　　D. 整群抽样

2. 为了调查某校学生的购书费用支出,从全校抽取四个班级的学生进行调查,这种调查方法是( )。

　　A. 简单随机抽样　　B. 分层抽样　　C. 系统抽样　　D. 整群抽样

3. 为了调查某校学生的购书费用支出,将全校学生的名单按拼音顺序排列后,每隔50名学生抽取一名进行调查,这种调查方式是( )。

　　A. 简单随机抽样　　B. 分层抽样　　C. 系统抽样　　D. 整群抽样

4. 在一项调查中,调查单位和填报单位( )。

　　A. 无区别,是一致的　　　　　　B. 有区别,是不一致的
　　C. 无区别,是人为确定的　　　　D. 有区别,但有时是一致的

5. 对家用电器的平均寿命进行调查,应该采用( )。

　　A. 普查　　　B. 重点调查　　C. 典型调查　　D. 抽样调查

### 二、判断题

1. 重点调查是在调查对象中选择一部分样本进行的一种全面调查。　　　　( )

2. 全面调查仅限于有限总体。　　　　　　　　　　　　　　　　　　　　( )

3. 非随机抽样的样本的结果可以用于推断总体。（  ）
4. 抽样框的不完整会导致抽样误差的产生。（  ）

### 三、简答题

1. 抽样调查与重点调查、典型调查有哪些主要区别？
2. 进行产品质量调查和市场占有率调查时，采用什么调查方法最合适？简要说明理由。
3. 简述普查和抽样调查的特点。

# 案 例 分 析

为了解普通居民对某种新产品的接受程度，需要在一个城市中抽选1000户居民开展市场调查，在每户居民中，选择一名家庭成员作为受访者。

1. 总体抽样设计

由于一个城市中居民的户数可能多达数百万，除了一些大型的市场研究机构和国家统计部门之外，大多数企业都不具有这样庞大的居民户名单。这种情况决定了抽样设计只能采取多阶段抽选的方式。根据调查要求，抽样分为两个阶段进行：第一阶段是从全市的居委会名单中抽选出50个样本居委会，第二阶段是从每个被选中的居委会中抽选出20户居民。

2. 对居委会的抽选

从统计或者民政部门，我们可以获得一个城市的居委会名单。将居委会编上序号后，用计算机产生随机数的方法，可以简单地抽选出所需要的50个居委会。

3. 在居委会中的抽样

在选定了居委会之后，对居民户的抽选将使用居委会地图来进行操作。此时，需要派出一些抽样员到各居委会绘制居民户的分布图，抽样员需要了解居委会的实际位置、实际覆盖范围，并计算每一幢楼中实际的居住户数。然后，抽样员根据样本量的要求，采用等距或者其他方法，抽选出其中的若干户，作为最终访问的样本。

4. 确定受访者

访问员根据抽样员选定的样本户进行入户访问。以谁为实际的被调查者，是抽样设计中的最后一个问题。如果调查内容涉及的是受访户的家庭情况，则对受访者的选择可以根据成员在家庭生活中的地位来确定。例如，可以选择使用计算机最多的人、收入最高的人、实际负责购买决策的人等。

如果调查内容涉及的是个人行为，则家庭中的每一个成年人都可以作为被调查者，此时就需要进行第二轮抽样。因为如果任凭访问员人为确定受访者，最终受访者就可能会偏向某一类人,如家庭中比较好接触的老人、妇女等。

在家庭中进行第二轮抽样的方法是由美国著名抽样调查专家 Leslie Kish 发明的,一般称为 KISH 表方法。访问员入户后,首先记录该户中所有符合调查条件的家庭成员的人数,并按年龄大小进行排序和编号。随后,访问员根据受访户的编号和家庭人口数的交叉点,在表中找到一个数,并以这个数所对应的家庭成员作为受访者。

(资料来源:赛迪网,2002 年 9 月 11 日)

问题:
(1) 本案例是如何进行抽样设计的?
(2) 结合本案例谈一谈样本选取对调查结果的影响。

## 模 拟 实 训

一、实训项目:在校大学生的手机消费情况。

二、实训目标:

1. 认识各种抽样方法的特点和适用情形。
2. 掌握各种抽样方法的基本程序。
3. 学会评价样本的代表性。

三、实训内容:运用本任务所学的抽样方法抽取样本,写出各种抽样方法的具体步骤。

四、实训组织:分小组进行,由学生自愿组成小组,每组 6~8 人。

五、实训考核:教师根据每组选择的抽样方法是否得当、步骤是否清楚进行评分。

# 任务 7　设计调查问卷

### 能力目标

通过完成本任务，你应该能够：①识记调查问卷的设计要领；②制作调查问卷。

### 核心能力

制作调查问卷。

### 任务分解

- 明确市场调查问卷的结构。
- 确定问卷设计的格式。
- 制作问卷。

### 任务导入

在很多情况下，调查问卷是关键的信息搜集工具。一份优秀的调查问卷，应既能包含客户所需信息，又能保证调查结果不出现过分偏差。设计问卷需首先明确调查问卷的结构，其次确定问卷设计的格式，最后制作问卷。本章提供了大量问卷设计需要的案例，既能帮助您了解调查问卷的制作流程，也能提升您的设计技巧。

(资料来源：阿尔文·C.伯恩斯，罗纳德·F.布什. 市场调研[M]. 北京：中国人民大学出版社，2002.)

### 分项任务

## 7.1　明确市场调查问卷的结构

**任务提示**　本分项任务将引领你了解市场调查问卷的结构。

**任务情景**　市场调查的成功与否，调查问卷的设计至关重要，而明确市场调查问卷的结构则是最基本的工作。下面就让我们一起了解一下市场调查问卷的结构。

问卷，又称调查表，是一种以书面形式了解被调查对象的反应和看法，从而获取所需资料和信息的载体。

问卷设计是根据调研目标和所需资料内容，按照一定格式将调查问题有序排列，形成调查表的活动过程。

一份完整的调查问卷通常包括前言、调查问卷的主题内容和附录三大部分。

## 7.1.1 前言

前言是对调查的目的、意义及有关事项的说明，其作用是：一要引起被调查者的兴趣和重视，使他们愿意回答问卷；二是打消公众的顾虑，使他们敢答，争取他们的支持与合作。

前言的具体内容包括调查的目的和意义、编号、调查者的自我介绍、问卷的填写说明、回复问卷的时间和方法等。为了给被调查者以良好的"第一印象"，前言的语气要谦虚、诚恳，文字要简捷、准确，有可读性。例如，一份"2008年度手机用户偏好调查表"中的前言如下。

您好！这是一份有关"手机用户偏好调查"的调查问卷，旨在更好地了解手机消费者的使用偏好，您的意见对我们的数据搜集有重大帮助，非常感谢您花费宝贵时间填写问卷。为答谢您的回答，我们会抽取完整问卷的作答者赠予精美杂志。请您认真作答，并留下您的联系方式，以便我们尽快将杂志寄往您处。

例如，一份3G上网本消费者需求调查的问候语如下。

3G热潮全面来袭，要在这股浪潮中崭露头角，势必深度掌握消费者需求状况。电脑报紧跟市场动向，关注消费者需求，以中国3G上网本为调查实体，引导消费者全面"触电"3G上网本需求。正迈入3G时代的你，是否正跃跃欲试走向浪潮前沿？如果你对3G上网本有独到的想法，如果你有更多的需求，请参与到我们的调查中来，活动已开始一周，现在还等什么呢？参与调查，更有好礼相送！活动时间：7月21日—8月11日。奖品情况：一等奖，蓝魔MP3(带视频功能)；二等奖，多彩M500光电鼠标；三等奖，金士顿高速SD存储卡。

有的问卷在前言中设计了问卷的填写说明。问卷的填写说明是为了帮助被调查者准确顺利地回答问题而设计的，其内容包括填写调查表应注意的事项、填写方法、交回问卷的时间要求等。填写说明可以集中放在问卷的前面，也可以像考试题一样分散到各有关问题的前面。下面以"润丝剂使用调查"问卷为例，来说明填表说明。

(1) 本调查分"使用前问卷"与"使用后问卷"，"使用前问卷"请务必在使用前填写，"使用后问卷"请在使用后再填写。问题中遇有"□"，请您在认为最合适的地方打钩，遇有"——"，请写出您的意见。

(2) 试用品是用铝箔包装，一共5包，每次请用一包。请务必用3次以上。

(3) 调查问卷请于一月一日以前填完交回。

## 7.1.2 调查问卷的主题内容

调查问卷的主题内容是调查者所要搜集的主要信息，是问卷的主要部分。它主要是以提问的形式呈现给被调查者。问卷设计是否合理，调查目的能否实现，关键就在于这部分内容的设计水平和质量。主题内容的问题设计需要围绕调查目的确定，具体的设计方法和技术请参考 7.2 节。

## 7.1.3 附录

附录包括被调查者的基本情况、作业证明记录及一些图表说明等。

### 1. 被调查者的基本情况

被调查者的基本情况是附录内容的一部分，这项内容要根据被调查者的类别设计(此项目也可以放在问卷的前言中)。被调查者一般可分为两大类，即个人和单位。当被调查者是个人时，基本情况包括以下特征分类资料：性别、年龄、家庭人口、职业、文化程度、收入、家庭住址和电话号码等；如果被调查者是单位，基本情况则包括行业类别、职工人数、经营的商品种类、资产总额、营业额、通信地址、电话号码等。基本情况中所列出的项目是为了方便对调查资料进行分类和分析，因此，具体要列出哪些项目，应根据调查目的和资料分析的要求确定。

具体示例如下。

(1) 性别：男(　)　　　　　女(　)
(2) 年龄：30 岁以下(　)　　　　30～45(　)
　　　　　46～55(　)　　　　　56 岁以上(　)
(3) 职业：(　)
(4) 家庭人数：单身(　)　　　2～3 人(　)　　　4 人以上(　)
(5) 您的月收入：1500～2000 元(　)　　　2001～3500 元(　)
　　　　　　　　3501～4500 元(　)　　　4501～6000 元(　)
　　　　　　　　6001～7500 元(　)　　　7501 元以上(　)

### 2. 作业证明记录

作业证明记录用以登记调查访问工作的执行和完成情况，内容包括调查时间、调查地点、调查者姓名等。这项内容虽然简单，但对于检查调查计划的执行情况、复查或修正某些调查内容，以及证明整个调查的真实性和可靠性具有重要意义，故也要认真设计。

例：调研者_____　　　时间_____
　　地点_____　　　　日期_____

## 7.2 确定问卷设计的格式

**任务提示** 本分项任务将引领你了解市场调查中主体问卷设计的格式。

**任务情景** 在市场调查活动中，获取足够的信息资料是实现调查目的的基础。在搜集资料时，往往要通过问卷方式进行。特别是在获取第一手资料时，问卷调查是最基本的方法。因此，问卷设计在整个调查活动中具有重要地位，而问卷的设计水平则是提高市场调研质量的关键因素。设计完美的问卷能够帮助调查者全面准确地搜集资料；而问题设计不当、结构不完整的问卷则往往造成所需资料的遗漏和偏差，降低了资料的可信度，甚至有些偏离调研主题；设计粗糙的问卷会造成调研的失败。所以，问卷设计是否完善、是否切合实际，将直接影响到市场调查的效果。许多调查人员在做市场调查时都十分重视问卷的设计工作。

### 7.2.1 问卷设计的格式

设计问卷时，应根据具体情况采用不同的设计格式。格式的确定，是按问题如何提出及列举什么样的答案供被调查者选择来确定的。一般而言，按照问题是否提供答案，问卷设计的格式可分为开放式和封闭式两种类型。

**1. 开放式提问格式**

开放式提问是指在设计调查问题时，不设计答案，而是让被调查者自由回答。例如，"您对网上购物有什么看法？""您为什么要购买三星牌的手机？"

开放式问题的提问方法比较灵活。既可以用一般的问题形式提出问题，也可以用图片、漫画等形式提出问题，一方面，这有利于调动被调查者的回答兴趣，得到他们的合作。另一方面，由于这种方式没有限制答案，被调查者可以根据自己的想法回答问题，因而能够得到较为深入的观点和看法，有时还能获得意外的信息资料。因此，开放式提问适合于答案复杂、数量较多或者各种可能答案还不清楚的问题，在动机调查中的应用最广泛，尤其适用于探索性调查。

1) 开放式提问的常用方法

常用的开放式提问方法有以下几种。

(1) 自由式问答法。自由式问答法是指设计问题时，不设计供被调查者选择的答案，而是由被调查者自由表达意见，对其回答不作任何限制。

例如，您认为××牌的果汁味道如何？_____

(2) 语句完成法。语句完成法是把一个问题设计成不完整的语句，由被调查者完成该句子的方法。调查者应审查这些句子，确认其中存在着的想法和观点。例如，假设饮料公司有兴趣将它的市场扩至13~19岁的青少年，一个调研者可以召集一些高中生并让他们完成下列句子。

喝热茶的人是＿＿＿＿＿＿＿＿＿＿＿＿＿＿＿＿＿＿＿＿＿＿＿＿＿＿＿。

茶在＿＿＿＿＿＿＿＿＿＿＿＿＿＿＿＿＿＿＿＿＿＿＿＿＿＿＿＿时是一种好饮料。

泡制热茶是＿＿＿＿＿＿＿＿＿＿＿＿＿＿＿＿＿＿＿＿＿＿＿＿＿＿。

我的朋友们认为茶是＿＿＿＿＿＿＿＿＿＿＿＿＿＿＿＿＿＿＿＿。

调研者将研究被访问者的答案，并尝试从中归纳出中心观点。例如，从第一句中归纳出的观点可能是"健康"，则可能表明茶会被注重健康的人士所接受。若第二句的观点是"热"，则表明茶是一种在天气寒冷时被易于接受的饮料。若第三句反映出的是"方便"，则意味着学生们更倾向于使用袋泡茶。若最后一句话所反映的是"令人满意的"，则暗示着对高中生来说，没有外界压力迫使他们避免饮茶。在获知这些信息后，××茶可能会推断出存在着向13~19岁青少年提供热饮茶的市场。

(3) 文字联想法。文字联想法是指向被调查者展示一组文字，每展示一个字词，就要求立刻回答看到该文字后想到了什么，由此推断其内心想法。

例如，某公司想用文字联想法来决定一个新产品的名字，名字的范围已被缩小到如下四个选项：黄晶晶、热带水果、橙光或鲜橙多。然后他们邀请大学生来为这些产品名称做一个文字联想测试，每一个产品名字所联系的词语如表7-1所示。

表7-1 商标与联系的词语表

| 可能的商标名 | 所联系的单词 |
| --- | --- |
| 黄晶晶 | 黄色、温暖、亮 |
| 热带水果 | 果汁、甜、岛 |
| 橙光 | 亮、起泡、凉爽 |
| 鲜橙多 | 橘黄、美味、新鲜 |

哪一种品牌名可被联系到一种新鲜饮料？看来"黄晶晶"和"橙光"都不可能，而"热带水果"更像一种早餐饮用的果汁。只有"鲜橙多"可能是合格的。

文字联想法常用来比较、评价和测试商标名、品牌形象、产品、服务或广告等。但使用这一方法时，要注意记录被调查者回答问题的时间。因为回答得越快，说明被调查者对这个字词印象越深，越能反映被调查者的态度；回答得越慢，则说明被调查者的答案不肯定，答案的可靠性越差。

(4) 故事完成法。故事完成法是设计一个未完成的故事，然后由被调查者来完成的方法。

例如，我和朋友去逛商店，遇到许多人抢购某一种商品，我和朋友便产生了也要购买的冲动……

(5) 主题幻觉测验法。主题幻觉测验法是通过向被调查者出示一组漫画或图片，请被调查者根据自己的理解虚构一则故事。调查者可分析这些小故事的内容，确定由这张漫画或图片产生的感觉、反应或观点。这种方法经常被用来测评一些将被用在小册子、广告或产品包装上的图片。

2) 开放式提问的优缺点

(1) 开放式提问的优点。这种提问方法比较灵活，由于没有限制答案，被调查者可以根据自己的想法回答问题，因而能够得到较为深入的观点和看法，有时还能获得意外的信息资料。

(2) 开放式提问的缺点。这种提问方法的缺点主要表现在以下三个方面：①整理分析困难。由于各个被调查者的回答内容可能有差异，答案的标准化程度低，因而增加了统计分析的工作量和难度。②可能产生调查误差。在调查过程中，由于没有统一答案，调查人员在记录被调查者的回答时，常常会发生遗漏、误解等差错；有时调查人员只记录了谈话的摘要，在整理时可能会带入个人主观意见，从而造成调查误差。③调查结果可能并不代表所有被调查者的看法。在回答开放式问题时，文化水平高、表达能力强的被调查者回答问题详尽，提供的资料比较多；而表达能力差的被调查者则可能没有充分反映自己的观点，这就有可能造成代表性误差。

**2. 封闭式提问格式**

封闭式提问是指在设计调查问题的同时，还设计了各种可能的答案，让被调查者从中选定自己认为合适的答案。

根据提问项目或内容不同，封闭式提问的种类主要有以下几种。

1) 两项选择题

两项选择题又称是非题，它的答案只有两项(一般为两个相反的答案)，要求被调查者选择其中一项来回答。

例如，您自己有手提电脑吗？

□有　　　□没有

这种提问便于填表回答，而且易于统计。但两项选择题的两个答案性质不同，只能知道被调查者的一种态度或一种状况，不能弄清形成这种态度或状况的原因，因而这种提问需要有其他形式的询问作为补充，以使提问更深入。

2) 多项选择题

多项选择题与两项选择题的结构基本相同，只是答案多于两种。被调查者依据问题的要求或限制条件可以选择一种答案,也可以选择多种答案。

例如,您选择××牌手机的原因是什么?

A. 外形时尚　　B. 颜色漂亮　　C. 品牌　　D. 质量好

E. 维修方便　　F. 价格便宜　　G. 功能多　　H. 其他

由于所设答案不一定能表达出填表人的所有看法,所以,在问题最后一般都设有"其他"这个项目。

多项选择法提供的答案包括了各种可能的情况,使被调查者有较大的选择余地,因此可缓和二项强制性回答的缺点,同时也利于调查者说明解释。另外,资料的整理统计相对比较简单。但是,多项建议答案也可能影响被调查者的正确选择。例如,答案的排列顺序就可能影响被调查者的选择,一般来说,排在前面的答案被选中的机会较大。另外,当答案中没有列出被调查者的真正选择时,被调查者一般倾向于选择现成答案,即使设计有"其他"项,也可能常常被忽略。

在应用多项选择法时应注意以下事项。

(1) 必须对多个答案事先编号,以方便资料的统计整理。

(2) 答案应包括所有可能的情况,但不能重复。

(3) 被选择的答案不宜过多,一般不应超过 10 个。

3) 顺位法

顺位法又称顺序量表,是指调查人员为一个问题准备若干答案,让被调查者根据自己的偏好程度定出先后顺序。

例如,请将下列洗发水品牌依您的喜好排列(最喜欢者给 5 分,最不喜欢者给 1 分)。

A. 沙宣□　　B. 力士□　　C. 潘婷□　　D. 海飞丝□　　E. 舒蕾□

不过以上代表各类的分数不能用来做算术运算,即 A 商品是 4 分,C 商品 2 分,但绝不能表明消费者喜欢 A 商品的程度是 C 商品的两倍,而只能表示喜欢 A 商品超过喜欢 C 商品,或者是喜欢 A 商品而不喜欢 B 商品。即在顺序量表中可以看出高低次序,但无法确定各类之间的差距大小。

4) 李科特量表

李科特量表是由伦斯·李科特根据正规量表方法发展起来的。它的设计方法为:给出一句话,让被调查者在"非常同意、同意、中立、有点不同意、很不同意"这五个等级上作出与其想法一致的选择。

李科特量表既能用于邮寄调查,也能用于电话访问。表 7-2 所示是用此方法进行电话访问。

表 7-2 李科特电话访问量表

调查者：我读几个句子给你们听。在我读时，请想想这些句子您是否同意。听清楚了吗？(如果没有，重复)

调查者(读每个句子，在每次回答后问)：您是极端同意(不同意)，还是有点同意(不同意)。回答画圈。

| 句 子 | 反应(循环) | | | | |
| --- | --- | --- | --- | --- | --- |
| | 非常同意 | 同意 | 中立 | 有点不同意 | 很不同意 |
| 1. 李维 501 牛仔裤款式很好 | 1 | 2 | 3 | 4 | 5 |
| 2. 李维 501 牛仔裤价格合理 | 1 | 2 | 3 | 4 | 5 |
| 3. 你的下一条牛仔裤会是李维 501 | 1 | 2 | 3 | 4 | 5 |
| 4. 李维 501 牛仔裤是身份的象征 | 1 | 2 | 3 | 4 | 5 |
| 5. 李维 501 系列使你感觉很好 | 1 | 2 | 3 | 4 | 5 |

5) 语义差异量表

语义差异量表是用两极修饰词来评价某一事物，在两极修饰词之间共有七个等级，分别表示被调查者的态度程度。这种方法通常被调查人员用来评价某个商店、公司或品牌的形象。被调查者的回答越接近端点，说明他对被度量对象的反应越强烈。

表 7-3 列举了对某一餐馆 A 进行的调查。

表 7-3 餐馆 A 印象调查表

```
在下面每组词中，画出最能够反映您对××餐馆的印象的线条。
价格高    ———————————————    价格低
位置方便  ———————————————    位置不方便
适合我    ———————————————    不适合我
环境不舒适 ———————————————   舒适的环境
菜样不丰富 ———————————————   菜样丰富
服务很快  ———————————————    服务很慢
饭菜质量不高 —————————————   饭菜质量高
有特色的地方 —————————————   无特色
```

调查者也用同样的调查表对另一餐馆 B 进行了调查。每一个被调查者在一行中选择一个与自己态度相同的数字，然后把某一行所有被调查者选择的数字相加，再除以被调查者的人数，所得的平均数就是被调查者对这一评价的总体态度。每一个线可以用一个数字来表示，通常从左边开始用 1、2、3 等表示，用计算机统计出每对反义词的平均值，把这些平均值用图线表示出来。例如，调查结果如表 7-4 所示。

表 7-4　××餐馆调查分析表

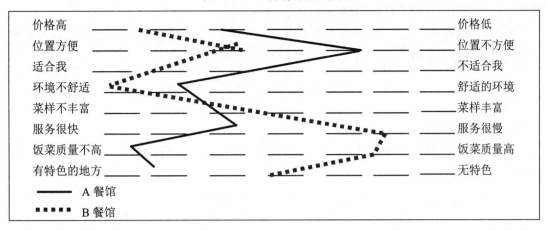

通过表 7-3 和表 7-4 我们可以看出，被调查者通过选择两极化词之间的线条来表达他们对不同餐馆的印象。

设计语义差异量表时，要避免晕圈效应。假设某一被调查者对 A 餐馆的印象非常好，如果把所有褒义词放在左边，贬义词放在右边，他可能只选左边的答案，但是，A 餐馆很可能在某些方面并不一定比 B 餐馆好。所以，在设计语义差别量表时，要将这些褒义词与贬义词分散布置，减少晕圈效应，以使调研结果更客观。

6）数值分配量表

数值分配量表，是指按调查对象的特征，由被调查者在固定数值范围内(10～100)对所测事物依次分配数值，从而作出不同评价。例如，对某种商品的三种品牌在消费者心中的信誉高低进行调查，要求消费者按喜爱程度对三种品牌一一打分，每个评分项目总分为 100分。例如，消费者的打分结果如表 7-5 所示。

表 7-5　消费者对三种品牌的评价打分表

| 被调查者 \ 品牌 | A | B | C | 合计 |
| --- | --- | --- | --- | --- |
| 1 | 70 | 20 | 10 | 100 |
| 2 | 50 | 30 | 20 | 100 |
| 3 | 30 | 40 | 30 | 100 |
| 总计 | 150 | 90 | 60 | |

从各品牌的总得分可以看出，A 品牌得分最高，说明 A 品牌是最被消费者喜爱的品牌。

通过这种方法，可以判别消费者对不同商品的喜爱、偏好程度，此信息资料可作为企业制定竞争策略、开拓市场、提高市场占有率的依据。若数值分配量表的项目较多，如对比的商品牌号多，可以以得分最低的牌号为基础，其他牌号的商品分别同基准商品对比，这样就形成了由低到高的一系列量值表。数值分配量表所表现的量表值，大多能够反映出被调查者对调查对象的态度的差别程度。

运用数值分配量表时，被调查者易出现数值分配不当或错误的情况。一旦发现评价者分配数值的错误，如总分超过或不是 100，可按下列公式调整。

$$调整分 = \frac{某事物的实际分}{所有事物的总分} \times 100\%$$

7) 其他量表形式

在市场调查实践中，每个调查公司或人员都依赖于不断的实践来发现其他实用的形式。常见的有以下几种。

(1) 图形等级方式：运用线和图形来表示回答的强度。

例如：

不重要　　　　　　　　　　　　　　　　　　　　　　　非常重要

(2) 项目等级量表：运用数字及有标示的连续量来表示回答的强度。

例如：

　　　□1　　□2　　□3　　□4　　□5
　　　差　　一般　　好　　很好　　极好

(3) 常用量表：运用数字，通常是-5 到+5 来表示回答的强度。

例如：

快速结账服务 -5　-4　-3　-2　-1　+1　+2　+3　+4　+5

(4) 百分比量表：运用百分比来表示回答的强度。

例如：

不可能购买(%)　　　　　　　　　　　　　　　　　　　可能购买(%)

0　10　20　30　40　50　60　70　80　90　100

很不满意(%)　　　　　　　　　　　很满意(%)

0　　　25　　　50　　　75　　　100

### 7.2.2　问卷设计应注意的问题

调查问卷是保证市场调查活动顺利进行和资料准确可靠的重要工具。但在市场调查中，常常存在由于问卷设计不当而造成调查结果失效或结论有异的情况。例如，同样的问题使用不同次序排列，调查结果就不一样；问题的措辞不同，获取的资料就有明显差异；问题的形式不同，答案则有区别等。因此，在设计问卷时，应做到：问题清楚明了，通俗易懂，易于回答,同时能体现调查目标,便于答案的汇总、统计和分析。

设计问卷时应注意以下问题。

### 1. 问卷的结构要合理

问卷的前言和附录部分要尽可能短些,以突出正文部分。

### 2. 问题应能得到被调查者的关心与合作

在设计问卷时,要充分考虑被调查者的背景,避免提出与对方无关或对方不感兴趣的问题。例如,如果问一个10岁的小男孩当他长大了会买哪种汽车是毫无意义的,10岁的孩子不能准确地预测这种购买行为。相反,如果您问他喜欢什么(动画片或玩具),就会收到很好的效果。

### 3. 问题措辞要简单、通俗

简单通俗的字词易于被不同文化背景、不同阶层的消费者理解和接受,也可以避免因理解错误而产生的回答偏差。因此,在问题设计中要尽量少用专业性字词和字母缩写等。例如,"您认为本商店的POP广告如何?"一般消费者不一定知道POP广告的意思,因而也就无从回答。

### 4. 措辞要准确、单一

措辞准确是指不要使用含混不清的字词,如"一般""可能""很多""差不多"等词的含义常常是模糊的,因此在问题中要避免出现。例如,"您旅行时常住哪种宾馆?"的问题是模糊的,因为它没有说清旅行的类型是商务旅行还是度假旅行,也没有说清何时使用宾馆;也没有说清宾馆是指途中的宾馆还是目的地的宾馆。确切的问题应该是:"当您度假时,在旅行目的地您通常住哪种宾馆?"

又如,"您通常几点上班?"这是一个不明确的问题,到底是指您何时离家还是在办公地点何时正式开始工作?问题应改为:"通常情况下,您几点离家去上班?"

要尽量避免双主题问题。例如,"您认为乘公共汽车或开私家车上班,哪一个更方便和经济?"这个问题就包含了方便和经济两个主题。因为一般来说,开私家车上班方便但不经济,乘公共汽车经济却不方便。这种问题常使被调查者不知如何回答才好。

### 5. 避免诱导性提问

问卷设计的问题应保持中立,不能暗示或有倾向性,不要诱导被调查者按调查者的意图回答问题,否则会造成调查资料的失真。

例如:××牌啤酒制作精细,泡沫丰富,味道醇正,您是否喜欢?

这样的问题容易诱导被调查者得出肯定性结论或使被调查者产生反感,简单得出结论,这样就不能反映消费者对商品的真实态度和真正的购买意愿。所以产生的结论缺乏客观性，结果可信度低。

### 6. 提问要有艺术性，避免引起反感

看下面两组问句。

A. 您至今未买电脑的原因是什么？

    (1) 买不起 (2) 没有用 (3) 不懂 (4) 软件少

B. 您至今未买电脑的原因是什么？

    (1) 价格高 (2) 用途较少 (3) 性能不了解 (4) 其他

显然 B 组问句更有艺术性，能使被调查者愉快地合作，而 A 组问句较易引起填卷人反感，不愿合作或导致调查结果不准确。

### 7. 问卷不要提不易回答的问题

这里可能有两种情况。一种是涉及填卷人的心理、习惯和个人生活隐私而不愿回答的问题，即使将其列入问卷也不易得到真实结果。遇有这类问题，如果实在回避不了，可列出档次区间或用间接的方法提问。例如调查个人收入，如果直接询问，不易得到准确结果，而划分出不同的档次区间供其选择，效果就比较好。另一种是时间久、回忆不起来或回忆不准确的问题。

### 8. 问题设计排列要科学

首先，问题的排列要有合理的顺序，一般先要提出概括性的问题，然后由近及远，逐步启发，由简到繁，逐步深入，防止一下子提出复杂的问题，使被调查者感到厌烦。

其次，要注意先行问题对后续问题产生的影响。如果在某一问卷中有下列两个先后排列的问题："您家的空调是否省电？"和"您认为空调的什么性能最重要？"那么，大多数被调查者对第二个问题的回答是"省电"，即第一题在无形中对被调查者产生了影响。可将两题的顺序倒换。

### 9. 使用统一的参考架构

参考架构是受访者回答问题时可资参考的标准、观点或其他相关因素。问题的措辞可决定受访者回答问题的参考架构。下面是某保险公司所拟的几个措辞略有不同的问题。

(1) 本公司的理赔工作是否令人满意？

(2) 您是否认为本公司的理赔工作令人满意？

(3) 本公司的理赔工作是否令您满意？

受访者回答上述问题时，需要运用不同的参考架构：对问题 A，需要根据大家的标准，综合大家的意见回答；对问题 B，不仅应根据个人的标准和意见，还要参照其他人的标准和

意见回答；对问题 C，只需按个人的标准和意见回答。通过准确的措辞，向受访者提供与调查者的意图相一致的答案参考架构，这是问题的设计所必须达到的基本要求之一。

**10. 问卷不宜过长**

回答问卷的时间一般控制在 15～20 分钟为宜，时间过长会引起被调查者的反感。

**11. 有利于数据处理**

调查问卷应按计算机的处理要求来设计，最好能直接被计算机读入，以节约时间和提高统计的准确性。

## 7.3 制 作 问 卷

**任务提示** 本分项任务将引领你了解问卷的制作流程。

**任务情景** 问卷设计是调查研究准备阶段的重要工作之一，同时又是一项创造性的活动，要提高其设计水平，使其既科学合理，又实际可行，就必须按照一个符合逻辑的程序进行。一般来说，设计调查问卷必须遵照下述程序进行。

### 7.3.1 明确调查主题和资料范围

企业在提出调查研究项目时，一般只有一个大致的指向，具体目标内容并不十分清楚，因此，首先要进一步明确调查主题及其资料范围。为此，要深入了解企业调查的目的，认真准确地界定 5W1H 的内容，即 who(谁需要资料)、what(需要什么资料)、where(在哪儿调查)、when(需要什么时间的资料以及什么时间调查)、why(为什么要调查)、how(如何获取这些资料)。通过对 5W1H 的界定，确定资料的内容、来源、范围和搜集资料的方法。

### 7.3.2 分析样本特征，确定问卷类型

不同的调查对象具有不同的特点，需要采用不同的方法进行调查。为了使调查问卷的设计符合调查对象的特点，就必须对样本特征进行分析，明确调查对象是企业还是个人，是生产商还是经销商，是现实消费者还是潜在消费者等，并了解各类调查对象所处的社会阶层、社会环境、行为规范和观念习俗等社会特征，了解他们的需求动机和潜在欲望等心理特征，以及他们的理解能力、文化程度和知识水平等学识特征等，然后针对其特征确定问卷类型。

### 7.3.3 拟定问题，设计问卷

确定了问卷类型后，就可以根据被调查对象的特征拟定问题，设计问题。首先要运用

问句形式将调查目标分为若干题目，同时考虑需要用什么方法来提问，并尽量详尽地列出问题，以免漏掉有关项目。其次对问题进行检查、筛选，看看有无遗漏的问题，以便进行删、补、增、换。最后按照问题的排列要求和规则，对问题进行排序，设计出完整的问卷。

### 7.3.4 获得客户的认同

这一步是必不可少的，调研人员应向客户提交调查问卷，并请他审核问卷是否针对了恰当的问题。有一些调研公司要求客户在调查问卷上签名以示认可。要求客户认可提交的调查问卷有几个很好的理由。首先，作为调研者仍需要客户对调研目标作一个检查。客户也许并不关注问卷设计中的所有技术细节，但他对调研的目的很关心。其次，客户认可这一程序促使客户了解调研的进程。最后，在未来得出调研结果时，若客户管理层抱怨问题设计不全面或不正确时，调研者将明确责任。

### 7.3.5 对问卷进行预测试

要将设计好的问卷进行预测试，以便找出问卷的不足，及时进行修改。

通常，预测试会选择 5~10 个被访问者，而调研者可以从中发现一些普遍性的问题。例如，如果只有一个被访问者对同一问题提出疑问，调研者可以不对其进行关注。但如果有三个被访问者对同一问题提出疑问，调研者就应对该问题重新考虑。在重新考虑时，调研者应站在被访问者的立场上问自己："这个问题的意思表达得是否清楚？""这样的结构是否可以理解？""短语表达是否清晰？""是否有带有倾向性的引导性词语？"等。

### 7.3.6 印制问卷

预测试后，对出现问题的地方要进行修改。修改后，进行定稿、印刷。印刷时，首先要注意选择质量合适的纸张。如果问卷的纸张或印刷质量低劣，可能会使受访者认为这项调查无足轻重，因而无须费时去答复；如果纸质优良，印刷精美，受访者就会认为这项调查意义重大，引起他的重视和主动合作。

其次，要确定该问卷应该有多少张，即有多少调查对象。可以根据研究对象的多少、回复率、有效率的高低确定。

回复率是指问卷返回的比率；有效率是指问卷回答的质量是否符合要求，是否符合标准，真实可信。一般的调查问卷总要多印一些，有一定加放数。那么印多少呢？按常规，调查对象多、回复率低、有效率低就多加印些，对象少、回复率高、有效率高就少加印些。准确数字可以用以下公式计算。

$$调查对象 = \frac{研究对象}{回复率 \times 有效率}$$

假定总人数为 10 000 人，抽样研究 200 人，回复率为 50%，有效率为 80%，问卷应印多少？

$$调查对象 = \frac{200}{50\% \times 80\%} = 500(份)$$

计算结果应印 500 份。

## 课 程 小 结

根据市场调查的活动顺序，本任务主要介绍了调查问卷的设计与制作。本任务首先介绍了市场调查问卷的结构，其次介绍了问卷设计的格式及注意事项，最后说明怎样制作问卷。通过本任务的学习，学生可以了解并掌握市场调查问卷设计的流程及技巧，为整个完成市场调查奠定一个良好的基础。

## 课 堂 讨 论

1. 讨论开放式问题和封闭式问题的优、缺点。
2. 问卷中问题的排序应注意什么？

## 课 后 自 测

一、选择题

1. 问卷的前言不包括(　　)。
    A. 调查目的　　　　　　　　　　B. 编号
    C. 调查者的自我介绍　　　　　　D. 作业证明记录
2. 下列各项中属于开放式提问格式的是(　　)。
    A. 两项选择题　　　　　　　　　B. 多项选择题
    C. 自由式问答法　　　　　　　　D. 李科特量表
3. 下列各项中属于封闭式提问格式的是(　　)。
    A. 两项选择题　　　　　　　　　B. 语句完成法
    C. 自由式问答法　　　　　　　　D. 文字联想法
4. 下列问卷中语句合理的是(　　)。
    A. 您通常几点上课
    B. 您的手机是什么品牌
    C. ××品牌的旅游鞋轻便舒适，您是否喜欢

D. 您认为公交车与私家车哪一个更方便与经济

## 二、判断题

1. 很多人都喜欢这个品牌的洗发水,您也喜欢吗? （ ）
2. ××牌的运动鞋既舒适又便宜,您喜欢吗? （ ）
3. 您在去年喝过多少瓶啤酒? （ ）
4. 您家里的收入是多少? （ ）
5. 您用过××品牌的牙膏吗?它的质量您喜欢吗? （ ）
6. 您通常在哪里购买日用品? （ ）
7. 您是否觉得我国目前房地产的价格过高? （ ）

## 三、简答题

1. 问卷的基本结构包括哪些?
2. 开放式提问有哪些方法?
3. 简述制作问卷的流程。

# 案 例 分 析

## ××网站用户调查

欢迎您参加××网站用户调查!我们正在进行一次关于××网站用户网络使用习惯和网民背景的研究,您的意见对于我们非常重要!我们希望通过这样的研究,增进和您之间的了解,从而为您提供更好的互联网服务。

请您放心,对于您的个人数据和资料,我们将严格保密,绝不透露给任何第三方或用作任何商业用途。

我们还为幸运用户准备了精美礼品(包括CASIO运动表1块、128兆U盘6只及Yahoo!精美记事本30个),以感谢您的参与和对我们一如既往的支持!

请问您首次使用互联网是在哪一年? (单选)
[ ]2008年以前 [ ]2008 [ ]2009 [ ]2010 [ ]2011 [ ]2012
[ ]2013 [ ]2014 [ ]2015 [ ]2016 [ ]2017

请问您平均每周有几天会上网? (单选)
[ ]1天及以下 [ ]2~3天 [ ]4~5天 [ ]6~7天

您平均每天上网多长时间?
[ ]1小时以下 [ ]1~2小时(不含2小时)

[ ]2~3小时(不含3小时)　　[ ]3~4小时(不含4小时)

[ ]4~5小时(不含5小时)　　[ ]5~6小时(不含6小时)

[ ]6~7小时(不含7小时)　　[ ]7~8小时(不含8小时)

[ ]8~9小时(不含9小时)　　[ ]9~10小时(不含10小时)

[ ]10小时以上

您最主要的上网地点是：

[ ]家里　　　　　　　　　　[ ]工作单位/公司　　　　[ ]学校

[ ]网吧、网校、网络咖啡厅　[ ]公众图书馆　　　　　　[ ]移动上网，地点不固定

[ ]其他(请注明)

在过去3个月里，您使用过以下哪些互联网服务？(多选)

[ ]E-mail电子邮箱　　　　　[ ]即时通信网上聊天软件　[ ]搜索引擎

[ ]浏览新闻、各类频道　　　[ ]在线影音娱乐　　　　　[ ]网络游戏

[ ]BBS论坛/校友录　　　　　[ ]网上购物　　　　　　　[ ]网上拍卖/竞投

[ ]短信服务　　　　　　　　[ ]网上教育　　　　　　　[ ]网上银行

[ ]金融及证券服务　　　　　[ ]找工作、招聘信息　　　[ ]下载软件

[ ]其他(请注明)

请问您在最近1年内，是否在网上购买以下类型的商品？(多选)

[ ]书籍/音像制品　　　　　　[ ]化妆品/美容用品　　　　[ ]电脑/电子/数码/通信产品

[ ]小礼品/时尚饰品　　　　　[ ]服装/鞋帽　　　　　　　[ ]家电

[ ]食品/饮料　　　　　　　　[ ]家居用品　　　　　　　　[ ]其他(请注明)＿＿＿＿＿

[ ]从没有进行过网上购物

请问您在最近1年内，是否在网上拍卖/竞投以下类型的商品？(多选)

[ ]书籍/音像制品　　　　　　[ ]化妆品/美容用品　　　　[ ]电脑/电子/数码/通信产品

[ ]小礼品/时尚饰品　　　　　[ ]服装/鞋帽　　　　　　　[ ]家电

[ ]食品/饮料　　　　　　　　[ ]家居用品　　　　　　　　[ ]其他(请注明)＿＿＿＿＿

[ ]从没有进行过网上拍卖/竞投

请问您上网经常登录哪些类别的网站？(多选)

[ ]全国性门户网站(如雅虎、新浪等)

[ ]地方性门户网站(如上海热线、广州视窗等)

[ ]专业搜索网站(如Yisou、Google等)　　　[ ]专业IT/电子/通信网站

[ ]专业影视娱乐网站　　　　　　　　　　　[ ]专业游戏网站

[ ]专业购物网站　　　　　　　　　　　　　[ ]专业拍卖/竞投网站

[ ]专业招聘网站　　　　　　　　　　　　　[ ]专业金融/证券网站

[ ]专业旅游网站　　　　　　　　[ ]专业教育网站
[ ]专业护肤美容网站　　　　　　[ ]专业房地产网站(如焦点网、搜房网等)
[ ]专业手机无线产品网站　　　　[ ]专业音乐下载网站
[ ]其他(请注明)_____

请问您在最近3个月内最经常浏览的是哪一个门户网站？(多选)
[ ]Yahoo!中国　　[ ]新浪　　　[ ]搜狐　　　[ ]网易　　　[ ]TOM
[ ]中华网　　　　[ ]21CN　　　[ ]QQ.COM　　[ ]其他(请注明)_____

请问您在最近3个月内浏览过以下哪些门户网站？(多选)
[ ]Yahoo!中国　　[ ]新浪　　　[ ]搜狐　　　[ ]网易　　　[ ]TOM
[ ]中华网　　　　[ ]21CN　　　[ ]QQ.COM

您平均每次在表7-6所示的门户网站上浏览所停留的时间(不包括在线收/发、读/写电子邮件的时间)(每行单行)。

表7-6　门户网站与停留时间

|  | 15分钟以下 | 15~30分钟 | 31~60分钟 | 1~2小时 | 2~3小时 | 3小时以上 | 不一定 |
| --- | --- | --- | --- | --- | --- | --- | --- |
| Yahoo!中国 | ○ | ○ | ○ | ○ | ○ | ○ | ○ |
| 新浪 | ○ | ○ | ○ | ○ | ○ | ○ | ○ |
| 搜狐 | ○ | ○ | ○ | ○ | ○ | ○ | ○ |
| 网易 | ○ | ○ | ○ | ○ | ○ | ○ | ○ |
| TOM | ○ | ○ | ○ | ○ | ○ | ○ | ○ |
| 中华网 | ○ | ○ | ○ | ○ | ○ | ○ | ○ |
| 21CN | ○ | ○ | ○ | ○ | ○ | ○ | ○ |
| QQ.COM | ○ | ○ | ○ | ○ | ○ | ○ | ○ |

请问您登录雅虎中国网站时的习惯是：(单选)
[ ]先登录首页，再到其他频道或网页
[ ]直接登录邮箱
[ ]直接登录其他某个频道

请问您经常浏览和使用雅虎中国网站的哪些频道？
[ ]娱乐　　　[ ]星光快线　　[ ]星座　　[ ]音乐　　[ ]笑话　　[ ]游戏
[ ]电影　　　[ ]新闻　　　　[ ]汽车　　[ ]体育　　[ ]房产　　[ ]科技
[ ]旅游　　　[ ]留学　　　　[ ]两性　　[ ]财经　　[ ]电邮　　[ ]彩信
[ ]短信　　　[ ]雅虎通　　　[ ]论坛　　[ ]贺卡　　[ ]相册　　[ ]公文包

## 任务7 设计调查问卷

[ ]记事本

和其他门户网站相比,您认为雅虎中国网站的广告:(单选)

[ ]雅虎中国网站广告相对比较干净　　[ ]雅虎中国网站广告和其他门户网站差不多
[ ]雅虎中国网站广告相对更杂乱

请问您来自哪个地区?(单选)

[ ]河北　　[ ]山东　　[ ]河南　　[ ]湖南

请问您的性别是:(单选)

[ ]男　　[ ]女

请问您的周岁年龄为:(单选)

[ ]10以下　　[ ]11~15岁　　[ ]16~20岁　　[ ]21~25岁　　[ ]26~30岁
[ ]31~35岁　　[ ]36~40岁　　[ ]41~45岁　　[ ]46~50岁　　[ ]51~55岁
[ ]56~60岁　　[ ]60岁以上

请问您的最高学历为:(单选)

[ ]高中及中专　　[ ]专科　　[ ]本科　　[ ]硕士　　[ ]博士

请问您的职业为:(单选)

[ ]全职学生　　[ ]教师　　[ ]政府人员　　[ ]管理人员/企业主
[ ]销售/市场　　[ ]行政/人力资源/财务　　[ ]自由职业者
[ ]无业/退休　　[ ]专业人员　　[ ]其他(请注明)_____

请问您的职务是:(单选)

[ ]政府高级官员　　[ ]政府一般公务员
[ ]高级管理人员(总经理/副总经理/总监)
[ ]部门经理/主管　　[ ]一般职员
[ ]其他(请注明)

请问您的行业是:(单选)

[ ]政府机关/组织团体　　[ ]教育/科学　　[ ]研制造业/生产加工　　[ ]商业/贸易
[ ]服务业　　[ ]医疗/医药　　[ ]金融/银行/保险/证券　　[ ]房地产
[ ]IT/计算机　　[ ]电信　　[ ]互联网
[ ]传媒/电视/广播　　[ ]公关/广告　　[ ]咨询/调研
[ ]其他(请注明)

请问您的婚姻状况为:(单选)

[ ]未婚　　[ ]已婚(没有子女)　　[ ]已婚(有子女)

请问您的家庭人口总数,这里的家庭人口数是指每周5天以上生活在一起的家庭成员,但不包括保姆。

[ ]2人　　[ ]3人　　[ ]4人　　[ ]5人　　[ ]6人以上

请问您的个人平均月收入，这里的收入包括工资/奖金/津贴等全部收入在内。

[ ]400~600元　　[ ]601~1000元　　[ ]1001~1450元　　[ ]1451~2000元
[ ]2001~3000元　　[ ]3001~4000元　　[ ]4001~6000元　　[ ]6001~10 000元
[ ]10 001~30 000元　　[ ]30 000元以上

请问您的家庭平均月收入，这里的收入包括工资/奖金/津贴等全部收入在内。

[ ]2000元以下　　　　[ ]2000~3000元　　　　[ ]3001~4000元
[ ]4001~6000元　　　　[ ]6001~8000元　　　　[ ]8001~10 000元
[ ]10 001~20 000元　　[ ]20 001~30 000元　　　[ ]30 001~50 000元
[ ]50 000元以上

在您的日常家庭支出中，以下各项平均每月支出金额分别为多少？

餐费/食品＿＿＿＿＿＿　　　　房屋(房租/房屋贷款/物业管理费)＿＿＿＿＿＿
交通(公共交通/车贷/养车费等)＿＿＿＿＿＿　　通信(手机/固定电话/互联网)＿＿＿＿＿＿
服装/鞋帽＿＿＿＿＿＿　　化妆品＿＿＿＿＿＿　　教育＿＿＿＿＿＿
休闲娱乐＿＿＿＿＿＿　　家政/保姆＿＿＿＿＿＿　　日常消耗品＿＿＿＿＿＿
医疗/保健/健身＿＿＿＿＿＿　　其他(请注明)＿＿＿＿＿＿

请问您家房产的总价。如果您家有多处房产，请选择总价最高的一个回答。这里的拥有不包括租赁。(单选)

[ ]10万元以下　　　[ ]10万~20万元　　　[ ]21万~30万元
[ ]31万~40万元　　[ ]41万~60万元　　　[ ]61万~100万元
[ ]100万元以上

请问您家每月房屋贷款的还款额为：(单选)

[ ]没有　　　[ ]500元以下　　　[ ]500~999元　　　[ ]1000~1500元
[ ]1501~2000元　　　[ ]2001~3000元　　　[ ]3000元以上

请问您家私家车的总价。如果您家有多辆私家车，请选择总价最高的一辆回答。这里的拥有不包括租赁。(单选)

[ ]目前没有私家车，近期也不打算购买　　　[ ]10万元以下　　　[ ]10~15万元
[ ]15万~20万元　　　[ ]20万~30万元　　　[ ]30万~40万元
[ ]40万~60万元　　　[ ]60万元以上

请问您家每月汽车贷款的还款额为：(单选)

[ ]没有　　　[ ]500元以下　　　[ ]500~999元　　　[ ]1000~1500元
[ ]1501~2000元　　　[ ]2001~3000元　　　[ ]3000元以上

请问您目前拥有以下哪些设备设施？(这里的拥有不包括租赁) (单选)

## 任务7　设计调查问卷

请问您在未来一年之内,准备购买或再次购买以下哪些设备设施?(每列多选)

|  | 已经拥有 | 准备购买/或再次购买 |
|---|---|---|
| 笔记本电脑<br>(不包括台式电脑) | ○ | ○ |
| 数码摄像机 | ○ | ○ |
| 数码照相机 | ○ | ○ |
| 信用卡/贷记卡<br>(可透支的银行卡,不包括借记卡) | ○ | ○ |

请问您平时在购买下列哪些商品前,会上网查询相关产品信息或网友评论?(多选)

[　]书籍/音像制品　　[　]化妆品/美容用品　　[　]电脑/电子/数码/通信产品

[　]小礼品/时尚饰品　[　]服装/鞋帽　　　　　[　]食品/饮料

[　]家电　　　　　　[　]家居用品　　　　　　[　]其他(请注明)

[　]购买任何商品前,都不会事先上网查资料

对生活的态度:(每列单选)

|  | 完全同意 | 比较同意 | 中立 | 比较不同意 | 完全不同意 |
|---|---|---|---|---|---|
| 我的生活中规中矩,没有新意 | ○ | ○ | ○ | ○ | ○ |
| 我对生活充满激情和梦想 | ○ | ○ | ○ | ○ | ○ |
| 我觉得生活压力非常大 | ○ | ○ | ○ | ○ | ○ |
| 我对目前的生活状况很满意 | ○ | ○ | ○ | ○ | ○ |
| 我觉得自己在这个城市中的社会地位处于底层 | ○ | ○ | ○ | ○ | ○ |

对工作的态度:(每列单选)

|  | 完全同意 | 比较同意 | 中立 | 比较不同意 | 完全不同意 |
|---|---|---|---|---|---|
| 工作让我很疲惫,我渴望更多的休闲时间 | ○ | ○ | ○ | ○ | ○ |
| 我目前的工作很枯燥、机械 | ○ | ○ | ○ | ○ | ○ |
| 我喜欢挑战性的工作,喜欢承受压力 | ○ | ○ | ○ | ○ | ○ |
| 我喜欢工作带给我的成就感 | ○ | ○ | ○ | ○ | ○ |
| 我的事业很成功 | ○ | ○ | ○ | ○ | ○ |

个性与偏好：(每列单选)

| | 完全同意 | 比较同意 | 中立 | 比较不同意 | 完全不同意 |
|---|---|---|---|---|---|
| 我是个活泼外向的人 | ○ | ○ | ○ | ○ | ○ |
| 我喜欢追求时尚 | ○ | ○ | ○ | ○ | ○ |
| 我喜欢与其他人保持密切的联系 | ○ | ○ | ○ | ○ | ○ |
| 体现个性就是要什么都特殊 | ○ | ○ | ○ | ○ | ○ |
| 一听说是新的东西，就迫不及待地去尝试 | ○ | ○ | ○ | ○ | ○ |

消费理念：(每列单选)

| | 完全同意 | 比较同意 | 中立 | 比较不同意 | 完全不同意 |
|---|---|---|---|---|---|
| 购物时，我一定要"货比三家" | ○ | ○ | ○ | ○ | ○ |
| 我愿意买促销/打折的商品 | ○ | ○ | ○ | ○ | ○ |
| 我愿意付更多的钱，买更好的东西 | ○ | ○ | ○ | ○ | ○ |
| 我购物受心情的驱使 | ○ | ○ | ○ | ○ | ○ |
| 我会注意控制每个月的消费支出 | ○ | ○ | ○ | ○ | ○ |

对广告的态度：(每列单选)

| | 完全同意 | 比较同意 | 中立 | 比较不同意 | 完全不同意 |
|---|---|---|---|---|---|
| 没做过广告的产品我不会去买 | ○ | ○ | ○ | ○ | ○ |
| 广告是否频繁代表公司的实力和产品的优劣 | ○ | ○ | ○ | ○ | ○ |
| 我愿意尝试购买广告中有吸引力的新产品 | ○ | ○ | ○ | ○ | ○ |
| 我喜欢看广告，广告可以传递很多实用信息 | ○ | ○ | ○ | ○ | ○ |
| 我对广告很反感，广告都是商家骗人的 | ○ | ○ | ○ | ○ | ○ |

请填写您的联系信息，以方便中奖通知。

您的姓名：

您的 E-mail Address(为保证能够准确通知到您，请尽量填写您的 Yahoo!邮箱)：

您的电话(请在电话号码前加上区号)：

(资料来源：www.yahoo.com.cn)

以上是我们最常见的问卷，仔细阅读后回答以下问题。

(1) 问卷中问题的排序有无不当之处？

(2) 问卷中一些问题的措辞有无不当的地方，怎样改正？

# 模 拟 实 训

一、实训项目：设计一份市场调查问卷。

二、实训目标：通过设计一份市场调查问卷，让学生通过具体操作了解市场调查问卷的设计方法。

三、实训内容：学生分组选择一个自己熟悉的商品或活动设计一份问卷。

四、实训组织：学生分组进行，组内不同的学生进行不同的分工。

五、实训考核：要求每组同学把自己设计的问卷做成PPT进行演示，全班讨论、交流。

# 任务8 组织实施市场调查

## 能力目标

通过完成本任务，你应该能够：①组织调查队伍；②选聘调查员；③培训调查员；④监督与管理调查员。

## 核心能力

- 选聘调查员。
- 监督与管理调查员。

## 任务分解

- 组织调查实施队伍。
- 选聘调查员。
- 培训调查员。
- 监督与管理调查员。

## 任务导入

从2004年开始，我区居民生活情况调查样本数由120户增至220户，扩大了近一倍，数据的代表性有了明显提高。与此同时，按照市统计局城调队的要求，我局又新增了6位临时调查员。目前，共有8位临时调查员配合进行此项工作。

由于调查员经验不足，水平参差不齐，难免出现编码差错、理解错误等问题。为了保证调查数据质量，我局从去年11月份开始试运行，建立了调查员例会制度。在每月收取账本之后，由区城调队组织召开全体调查员会议，通报我区上月居民收支情况，研究解决调查员在调查过程中遇到的难题，了解调查员在编码和商品归类方面的问题，以及居民记账情况和反应并进行账本编码互查。

这样做，首先是提高了调查员的业务水平，能让调查员在较短的时间内熟悉调查业务，交流工作经验，在互查中加深对自己编码差错的认识和对调查方案的理解；其次，也统一了管理，便于对调查员的工作进行考核，年底评出优秀调查员；最后，缩短了对账本审核的时间，提高了数据汇总工作的效率和数据质量。

此项例会制度试行两个月来，效果非常好，调查员的工作水平和编码质量有了很大提高。

(资料来源：北京市西城区统计局网站，http://www.xc.bjstats.gov.cn/. 2006年8月)

## 任务 8　组织实施市场调查

> 分项任务

## 8.1　组织调查实施队伍

**任务提示**　本分项任务将引领你了解市场调查实施队伍的组织。

**任务情景**　调查实施是正式的调查方案具体执行的过程。这个阶段的特点是费用大、耗时长、对最终结果影响很大。在这一阶段，市场调查工作的组织者一定要自始至终严格要求，科学把握整个实施过程，杜绝任何有意或无意的虚假情报。

### 8.1.1　实施主管的职责

实施主管是正式的调查方案具体执行过程中的最高领导者，对调查实施效果影响最大。其职责范围涵盖整个调查实施过程，具体包括以下内容。

**1. 组建市场调查实施工作领导决策机构**

市场调查实施具体工作有很多，例如实施计划制订、财务安排、各类人员配备、实地调查与督导、信息搜集与整理等，这些工作如何安排，细节如何布置都需要先成立一个高效而精干的领导决策机构。

**2. 组织制订市场调查实施工作计划**

市场调查实施具体工作如何安排，细节如何布置，实施中遇到特殊情况如何解决，只有制订一个科学、周密的计划，才能保证调查工作的顺利实施，提高工作的经济性和时效性。

**3. 全程监控市场调查实施工作**

在具体市场调查实施工作时，会遇到各种情况，可能给实施工作与最终效果带来不同程度的影响，这时需要实施主管组织人员立即分析情况，迅速反应并提出相应的解决方案，以保证调查实施工作顺利进行。

**4. 配合进行调查人员的培训**

在市场调查中，调查人员本身的素质、条件、责任心等都在很大程度上制约着市场调查作业的质量，影响着市场调查结果的准确性和客观性。调查之前先组织对市场调查人员进行培训，也是实施主管的一项重要工作。

### 8.1.2 实施督导的职责

实施督导对市场调查实施工作经济性、准确性及时效性等的把握上起着至关重要的作用，其工作职责范围基本上也涵盖了整个市场调查实施工作历程。具体包括以下几个方面的工作。

**1. 协助实施主管完成市场调查实施工作的各项计划、准备、协调工作**

从自身业务特长出发，考虑在各个阶段可能出现的较大影响因素，提前做好计划、准备。

**2. 根据工作要求，招募和培训访问员**

调查人员本身的素质、条件、责任心等都在很大程度上制约着市场调查作业的质量，市场调查实施工作执行前期，根据工作要求，招募和培训访问员是非常必要的，这是实施督导的一项主要职责。

**3. 管理和协调访问员工作，保质保量完成项目任务**

在市场调查实施工作执行中期，实施督导的主要职责就是努力使市场调查实施工作任务保质保量完成，反映到实际工作上就是加强对调查人员的监督管理，杜绝有意无意的虚假数据，对于调查人员的实际困难，指导帮助解决，必要时向上反馈。

**4. 对项目预决算的合理控制**

市场调查与预测工作的绝大部分经费都用在市场调查实施工作这一阶段上，要想提高市场调查与预测工作的经济性，就必须提高调查实施阶段的资金使用效率，提高资金使用的科学性，减少任何不必要的浪费，尤其是调查人员的故意行为。这也需要实施督导来完成。

## 8.2 选聘调查员

**任务提示** 本分项任务将引领你了解调查员的素质要求。

**任务情景** 在市场调查中，调查人员本身的素质、条件、责任心等都在很大程度上制约着市场调查作业的质量，影响着市场调查结果的准确性和客观性，同时也是显示一个市场调研公司实力的重要方面。因此，加强市场调查人员的组织管理，是市场调查公司的一项重要工作。

市场调查实施工作要通过调查员来完成，所以先要选聘调查员。这项工作主要由实施督导来负责。选聘调查员需要做如下工作：①根据数据搜集方式编写工作说明书；②确定调查员应该具备的素质或特点；③选择具备这些素质或特点的人作为调查员。

一般而言，调查员需要具备以下几个方面的素质。

### 8.2.1 具备良好的思想品德素质

思想品德素质是决定调查人员成长方向的关键性因素，也是决定市场调查效果的一个重要因素。一个好的调查人员，应该能够做到以下几点：熟悉国家现行的有关方针、政策、法规，具有强烈的社会责任感和事业心；具有较高的职业道德修养；热爱市场调查工作，具有敬业精神；谦虚谨慎、平易近人。调查人员最主要的工作是与人打交道。那些谦逊平和、时刻为对方着想的调查人员，容易得到被调查对象的配合，从而能够获得真实的信息。

### 8.2.2 具有较高的业务素质

业务素质的高低是衡量能否成为市场调查员的首要条件。市场调查工作不仅需要一定的理论基础，还需要具备较强的实际经验。主要包括以下两方面。

(1) 具有市场调查的一些基础知识。调查中访问员的作用和他们对整个市场调查工作质量的影响；访问员在访问中要保持中立；了解调查计划的有关信息；访谈过程中的技巧；询问问题的正确程序；记录答案的方法。

(2) 具有较强的业务能力。理解问卷的意思，能够没有停顿地传达问卷中的提问项目和回答项目；在调查过程中能够将要询问的问题表达清楚；具有敏锐的观察能力，能判断受访者回答的真实性；能够准确、快速地将受访者的回答原原本本地记录下来；独立外出能力；随机应变能力。

### 8.2.3 拥有良好的身体素质

调查员的身体素质包括两个方面：体力和性格。市场调查是一项非常艰苦的工作，特别是入户访谈和拦截调查，对调查人员的体力要求较高；同时，市场调查人员的性格最好属于外向型，会交际、擅谈吐、会倾听，善于提出、分析和解决问题，谨慎而又机敏。

总之，在实际调查过程中，调查工作是通过一支良好的调查队伍来实现的。调查人员的思想道德素质是必需的，是前提条件；而调查人员的业务素质和身体素质则可以随着调查的方法不同而有所不同。

## 8.3 培训调查员

[任务提示] 本分项任务将引领你了解调查员的培训内容与要求。

[任务情景] 市场调查人员在招聘来之后，还不能胜任具体的工作，所以要先对他们进

行培训，使访问员对市场调查有一个大致的了解，增加他们的责任心，提高访问技巧和处理问题的能力。通过培训，培养访问员的工作技能，降低拒访率，使访问工作更加有效率。

培训最好是在培训中心以面对面的方式进行。如果调查员在地理分布上很分散，也可以通过邮件的方式进行。对调查员的培训主要包括以下内容。

### 8.3.1 培训如何接触被调查者

调查实施的第一步是与调查对象的接触，它决定着调查能否顺利进行。在接触时，调查员应该向被调查者明确说明他们的参与是非常重要的，但是尽量不要特意征求其允许再提问，避免使用"我能占用您一点时间吗？"或"您能回答几个问题吗？"之类的话。

另外，调查员还应掌握处理拒绝的一些技巧。例如，如果被调查者说"我现在不方便"，调查员就应该问："那您什么时候有空，我可以再来？"

### 8.3.2 培训如何提问

如果是事先设计好的问卷，调查员只要指导被调查者填写问卷就可以了，提问的环节不重要。

但是，如果问题需要调查员提出来，并由调查员记录答案，那么提问时的措辞、顺序和态度就很重要，这些方面的微小变化都可能导致被调查者对问题有不同的理解，从而给出不同的回答。为了避免这种情况的发生，就需要对调查员进行如何提问的培训，以减少误导现象的发生。

当问题需要调查员提出来时，调查员还需要根据情况适时追问。追问的目的，是鼓励被调查者进一步说明、澄清或解释他们的答案。另外，追问还有助于调查员帮助被调查者将注意力集中到访谈的特定内容上，以免跑题，浪费时间。

### 8.3.3 培训如何记录

记录被调查者的回答，要求记录准确、填写清楚、整洁，以免编码时出差错。记录的时候注意以下问题可以提高数据的质量：在访谈过程中记录答案；使用被调查者的语言记录；不要自己概括或解释被调查者的回答；记录所有与提问目的有关的内容；记录所有的追问和评论；在允许的情况下，使用录音设备。

### 8.3.4 培训如何结束访谈

在没有得到所有信息之前，不要轻易结束访谈。在结束访谈时，让被调查者推荐其他专家或业内人士(针对该调查目标解决不了的问题)。调查员需要感谢被调查者的配合，要给被调查者留下一个好印象。另外，调查员对于被调查者在正式问题回答完毕以后对调查本身作出的评论,最好也记录在案。

**案例阅读**

美国调研组织理事会的访谈指南

调查员要遵循以下步骤,以便获得良好的访谈效果。

(1) 如果调查对象询问,告诉他们你的名字和调研公司的电话。

(2) 按照问卷清楚地提出问题,及时向管理人员反映存在的不足。

(3) 按照问卷中的顺序提问,遵守跳越规则。

(4) 以中立立场向调查对象解释调查问题。

(5) 不要在调查时间的长度上误导调查对象。

(6) 未经允许不要泄露客户(调查的委托人)的身份。

(7) 记录每次终止的调查以及终止原因。

(8) 在访谈中保持中立,不对调查对象的观点表示赞同或不赞同。

(9) 说话清楚,语速稍慢,以便调查对象完全理解问题。

(10) 逐字记录每个回答,不要修改调查对象的措辞。

(11) 避免与调查对象进行不必要的交谈。

(12) 对于开放式问题进行追问和澄清,并在追问和澄清时保持中立。

(13) 记录字迹清楚易读。

(14) 问卷上交前进行全面检查。

(15) 当中途终止调查时,采用中性的话语结束,比如"谢谢"。

(16) 对所有的调查数据、结果和发现保密。

(17) 不要篡改任何问题的任何答案。

(18) 在调查结束时,对调查对象的参与表示感谢。

(资料来源:美国调研组织理事会,2008年10月)

## 8.4 监督与管理调查员

**任务提示** 本分项任务将引领你了解市场调查实施过程中的质量控制工作。

**任务情景** 市场调查人员所搜集的被访者的问卷是研究者重要的信息来源,调查机构一般对问卷的真实来源很关注。在实际中,由于各种原因,调查人员的问卷来源不一定真实可靠,因此就必须对调查人员进行适当的监控,以保证调查问卷的质量,提高市场调查工作的时效性和经济性。

### 8.4.1 调查人员所引起的质量问题

调查人员所引起的质量问题主要表现在以下几个方面。

(1) 调查员自己填写了很多问卷，没有按要求去调查被访问者。
(2) 调查员访问的对象并不是研究者指定的人选，而是其他的人。
(3) 调查员按自己的想法自行修改问卷的内容。
(4) 调查员没有按要求发放礼品。
(5) 有些问题漏记或没有记录。
(6) 有的问题答案选择太多，不符合规定的要求。
(7) 调查员嫌麻烦，放弃有些地址不好找或第一次调查未遇的受访对象。
(8) 家庭成员的抽样没有按抽样要求进行。

### 8.4.2 监督调查员

监督调查员是为了确保他们严格按照培训中的指示进行调查，监督内容包括质量控制、抽样控制、作弊行为控制等，监督方式包括现场监督、问卷审查、电话回访、实地复访等。

#### 1. 监督内容

1) 质量控制

质量控制就是检查调查员进行调查实施工作的过程是否按照计划执行。发现问题后，实施督导应该及时与调查员沟通，需要时还要进行额外的培训。

为了更好地了解调查员的困难，实施督导应亲自进行一些访谈工作，仔细检查回收的问卷，看是否有未答现象，字迹是否清晰等；详细了解和记录调查员的工作时间和费用，以及调查实施中的困难。

2) 抽样控制

抽样控制的目的是为了保证调查员严格按照抽样计划进行调查。调查员有时会自作主张，避免与那些他们认为不合适或难以接触的抽样单位打交道。当抽到的样本本人不在家时，调查员很可能访问下一个抽样单位作为替代，而不是回访。另外，调查员有时会扩大定额抽样的范围，以完成抽样配额的数量要求。

为了避免出现这些问题，实施督导要每天记录调查员访谈的数量、未找到调查对象的数量、被拒的数量以及每个调查员完成的访问数量等。

3) 作弊行为控制

调查中的作弊行为，主要涉及篡改或杜撰部分甚至整个问卷中的答案。在调查实施过程中，迫于某种压力，调查员可能会篡改部分答案使之合格或者伪造答案。

实施督导主要通过适当的培训、督导和对调查现场工作的核查,来尽可能减少作弊行为。

2. 监督方式

实施督导一般利用下列四种手段来判断调查人员访问的真实性,然后再根据每个调查人员的任务完成质量,从经济上给予相应的奖励或处罚。

1) 现场监督

现场监督是指在调查人员进行现场调查时,有督导跟随,以便随时进行监督并对不符合规定的行为进行指正。这种方法对于电话访谈、拦截访问、整群抽样调查比较适合。

2) 问卷审查

问卷审查通常是对调查人员搜集来的问卷进行检查,看问卷是否有质量问题,如是否有遗漏;答案之间是否前后矛盾;笔迹是否一样等。

3) 电话回访

根据调查人员提供的电话号码,由督导或专职访问员进行电话复访。

4) 实地复访

如果电话回访找不到有关的被访问者,根据调查人员提供的真实地址,由督导或专职访问员进行实地复访。这种方法比电话回访真实可靠,但需要花很多的时间和精力。

在电话回访和实地复访过程中,通常要根据以下几个方面来判断调查人员访问的真实性:一是电话能否打通或地址能否找到;二是家中是否有人接受访问;三是受调查的问题是否跟该调查相吻合;四是调查时间是否跟问卷记录时间相同;五是受访者所描述的访问员形象是否与该访问员相符合;六是访问过程是否按规定的程序和要求执行。

### 8.4.3 评估调查员

及时对调查员进行评估,一方面有助于调查员了解自己的工作状况,找到差距,进行改进;另一方面有助于研究机构寻找并建立素质更高的调查队伍。评估的标准包括成本、时间、回答率、访谈质量和数据质量。

1. 成本

用每次调查的平均成本(工资和费用)来对调查员工作进行横向或纵向的比较。当其他条件相同时,每次调查的平均成本越低越好。不过,如果比较是在不同城市的调查员之间进行,那么就需要考虑不同城市在调查成本上的差异。

2. 时间

用完成相同调查任务所用的时间来对调查员的工作进行横向或纵向的比较。当其他条件相同时，完成一项调查任务所用的时间越少越好。调查时间一般分为实际调查时间、旅行时间和准备时间。

### 3. 回答率

组织者应注意观察回答率，以便在回答率过低时及时采取措施。如果某个调查员的拒访率过高，组织者可以检查他在接触被调查者时所使用的介绍词，并进行指导。当调查工作全部结束以后，通过比较不同调查员的拒答率来判断其工作的好坏。

### 4. 访谈质量

对调查员的访谈质量进行评估，组织者需要直接观察访谈过程。访谈质量的评估标准包括：介绍是否恰当、提问是否准确、追问能力和沟通技巧如何，以及结束访谈时的表现是否合适等。

### 5. 数据质量

数据质量相关指标包括：记录的数据是否清晰易读；是否严格按照问卷说明(包括跳读规则)进行调查；是否详细记录开放性问题的答案；开放性问题的答案是否有意义且完整，能够进行编码；未答项目的多少。

## 课 程 小 结

调查实施是正式的调查方案具体执行的过程。这个阶段的特点是费用大、耗时长、对最终结果影响也很大。在这一阶段，市场调查工作的组织者一定要自始至终严格要求，科学把握整个实施过程，杜绝任何有意或无意的虚假情报。调查实施工作的主要领导者是实施主管和实施督导。

实施主管是正式的调查方案具体执行过程中的最高领导者，对调查实施效果影响最大。其职责范围涵盖整个调查实施过程，具体包括：①组建市场调查实施工作领导决策机构；②组织制订市场调查实施工作计划；③全程监控市场调查实施工作；④配合进行调查人员的培训。

实施督导对市场调查实施工作经济性、准确性及时效性等的把握上起着至关重要的作用，其工作职责范围基本上也涵盖了整个市场调查实施工作历程。具体包括：①协助实施主管完成市场调查实施工作的各项计划、准备、协调工作；②根据工作要求，招募和培训访问员；③管理和协调访问员工作，保质保量完成项目任务；④对项目预决算的合理控制。

市场调查实施工作要通过调查员来完成，所以要先选聘调查员。这项工作主要由实施督导来负责。选聘调查员需要做如下工作：第一，根据数据搜集方式编写工作说明书；第二，确定调查员应该具备的素质或特点；第三，选择具备这些素质或特点的人作为调查员。一般而言，调查员需要具有以下几个方面的素质：①良好的思想品德素质；②较高的业务素质；③良好的身体素质。

市场调查人员在招聘来之后，还不能胜任具体的工作，所以先要对他们进行培训。对调查员的培训主要包括以下内容：如何接触被调查者；如何提问；如何记录；如何结束访谈。

监督调查员是为了确保他们严格按照培训中的指示进行调查，监督内容包括质量控制、抽样控制、作弊行为控制等，监督方式包括现场监督、问卷审查、电话回访、实地复访等。

## 课 堂 讨 论

在日常生活中，人们经常在街头看到有人在进行市场调查活动，或在家受到市场调查人员的"骚扰"，或者自己进行过市场调查活动。结合这些现实，根据我们所学的有关调查实施的知识，分析一下哪些市场调查活动实施得比较合理，哪些在进行中管理得不严格，对于调查结果又会产生什么样的影响，在经济性上又会有什么影响。

## 课 后 自 测

一、选择题

1. 下列各项中不属于实施主管的具体工作的是(　　)。
　　A. 实施计划制订　　　　　B. 财务安排
　　C. 信息搜集　　　　　　　D. 各类人员配备

2. 下列各项中不属于实施主管的主要工作的是(　　)。
　　A. 招募访问员　　　　　　B. 培训访问员
　　C. 现场督导　　　　　　　D. 财务安排

3. 下列各项中不属于调查员培训的项目的是(　　)。
　　A. 接触被调查者　　　　　B. 体质锻炼
　　C. 提问　　　　　　　　　D. 道德培训

4. 监督调查员是为了确保他们严格按照培训中的指示进行调查，监督内容不包括(　　)。
　　A. 质量控制　　　　　　　B. 抽样控制
　　C. 经费控制　　　　　　　D. 作弊行为控制

## 二、判断题

1. 一般情况下,调查实施在整个市场调查活动中的费用是最大的。（  ）
2. 一个曾经的调查员在接到新任务的情况下不用培训。（  ）
3. 接触被调查者的时候,调查员应该向被调查者开门见山,第一句话直接进入具体内容调查。（  ）
4. 调查员培训好以后,具体实施的时候就不用监督管理了。（  ）

## 三、简答题

1. 在调查实施中,实施主管的职责有哪些?
2. 在调查实施中,实施督导的职责有哪些?
3. 调查员需要具备哪几个方面的素质?
4. 对调查员的培训主要包括哪些内容?
5. 对调查员的监督方式有哪几种?
6. 对调查员的评估主要包括哪些内容?

# 案 例 分 析

### 我国企业市场调查实施率低下的原因及改进对策

对信息的占有是正确决策的前提和基础,而调查是获取信息的重要手段。竞争的激烈化、全球化,使市场调查的作用更为突出。

市场调查的突出作用已成为国际共识,在国际企业的经营实践中,市场调查的使用越来越普遍。早在1993年,美国电话电报公司用于市场调研的费用就高达3.47亿美元。宝洁公司每年的市场调查费用都在千万美元以上。总体来看,发达国家大公司的市场调查费用至少要占其经营额的1%,跨国公司甚至占到3.5%。跨国公司正是凭借对目标国的精准市场调查才所向披靡,席卷全球,占领了世界上大部分领地,并以更高的速度狂吞着世界上所剩不多的处女地。相比之下,我国的情况非常可怜。1999年,我国市场调查业的营业额约为11亿元,其中90%以上的营业额来自在华的三资企业。2002年,我国市场调查业的经营额达到25亿元,但本土企业委托的调查业务不足两成。可见,中国本土企业市场调查实施率非常之低。

## 一、中国本土企业市场调查实施率低下的原因

(一)中国本土企业经营水平有待提高

中国处于市场经济初建阶段,与在市场经济体制下有几百年经营历史的发达国家的成熟企业相比,中国本土企业的经营水平尚有很大差距。

(1) 这种差距首先表现在经营观念上。对市场调查的重要性缺乏认识,也就产生不了多少市场调查的需求,有时进行一些市场调查活动,也只是装饰门面,是做给领导和社会看的,或是给领导决策作注脚,而不是作决策依据。

(2) 这种差距还体现在经营行为上。习惯"拍脑袋"决策,对市场的把握凭感觉、靠经验。

(3) 这种差距还体现在做企业的心态、经营理念上。爆炒、强力营销、过度透支、短期行为、打得赢就打打不赢就走的游击式经营模式影响了对市场调查的需求。

(4) 由于决策层市场调查目的不明确等原因导致对调查结果的浪费,对调查报告理解不透彻而误导决策等,都对市场调查本身带来负面影响,影响了企业对市场调查的需求。

(二)中国目前的体制与特殊的市场环境、特殊的国情

(1) 中国的市场经济是由计划经济脱胎而来,计划经济的遗风仍存,计划经济的思维方式、行为模式仍在。

(2) 在体制上,国有企业的工作重点不在研究市场,而在讨好领导,让上级主管部门和社会看到他们在做事,至于能不能盈利,那是财务部门做账的事。

(3) 从中国文化上讲,中国是人情文化,在西周时确立的"亲亲""尊尊"早已深入人心。中国的文化特点和双轨体制形成中国国情:在中国有关系就能赚钱。企业经营的重点放在走人情、拉关系上,而不是研究市场。

(4) 很多政策法规不完善、不健全,缺乏进行市场调查相应的行业规范和科学的管理运作程序,缺乏从业资格标准和项目评价体系,使人们难以对咨询调查机构的信誉和能力进行准确的认识和鉴别。

(5) 中国市场的特殊性。

① 市场经济的过渡性决定了市场的不成熟、不规范,导致规律性不强,影响了市场调查结果的准确性和预测的准确性。

② 过渡性决定了消费者的不成熟,理性消费程度低,跟风消费、攀比消费严重。

③ 中国市场的不成熟体现在选购者选择性较低,来什么吃什么、有什么买什么的消费者在总人口中占的比例较发达国家高很多。

④ 中国市场的过渡性还体现在它的不稳定性,消费需求偏向不明显、不持久,个性不突出。

⑤ 中国市场广大,"上当只一回"是对商业欺诈的警告,但在中国 1/10 的消费者上

当一次就够企业赚的了。

⑥ 中国是资本约束的经济运行模式，除了上市公司外，中国的本土企业资金紧缺，这也影响了本土企业对市场调查的需求。

(三)调查机构本身存在的问题

(1) 市场调查结果的低质量是中国市场调查实施率低下的重要原因。低质量的市场调查不仅不能对企业决策起到指导作用，而且产生的是误导，损失更大。

造成低质量调查结果的原因有很多。

① 人才供给。中国是人口大国、人才弱国，市场调查与研究人才紧缺。

② 市场调查费用。由于企业对调查的付出与价值含量缺乏认识，因此，企业往往对市场调查费用过于吝啬，而调查机构通常的做法是给多少钱办多少事，在调查中偷工减料，这严重影响了调查质量。

③ 调查人员待遇低，导致人员流动性强，一般情况是干上两三年就转到别的部门或别的行业去了。

④ 对市场调查质量控制的研究存在技术主义的偏向，无论企业界还是学术界，重统计技术的研究，轻管理控制的研究。

⑤ 调查机构短期行为严重，不注重品牌塑造。

(2) 调查机构自我营销能力低下。1935 年，盖洛普公司正式创立。第二年，是美国总统大选年，于是盖洛普公司抓住这一全社会关注的热点，采用随机抽样调查方法对总统大选进行预测，预测罗斯福获胜，并大力宣传。大选结果出来后，果不出所料，罗斯福击败了兰登，盖洛普也因此名声大振，企业对市场调查的需求直线上升。我国的调查机构大部分不注重对自己的宣传，自我营销能力滞后。

(3) 职业道德有待提高、定位雷同、恶性竞争、不规范操作、整个行业形象不高等因素也是重要原因。

## 二、对策建议

(一)必须充分发挥政府的主导作用

(1) 完善制度，加快改革，规范管理，为市场调查业的发展提供一个有序的良好的经济环境。

(2) 引进人才、技术、管理到我国的调查业，吸引外资投资我国的市场调查业。

(3) 对市场调查给予政策倾斜，扶强汰弱。开展市场调查业的质量标准认证，制定严格的咨询执业资格标准，对从业人员和单位进行严格的资格审查，保证人员素质和设备条件。建立项目评价体系，加强客户和社会对咨询调查机构的监督。

(4) 加大宣传力度，培育和引导企业和社会公众对市场调查的认识，以需求为导向加快教育改革，培养市场调查人才。

任务 8　组织实施市场调查

(5) 加快信息化建设。政府要加快信息基础网络建设、各类公用信息库建设；制定有利于普及信息服务的资费政策，促进各类终端接入信息网络，加强协调，打破信息的部门封锁、行业封锁、单位封锁，逐步建成完整、统一、高效、布局合理、分工有序的全国信息网络体系。

(二)调查机构

(1) 提高调查质量是刺激我国本土企业市场调查需求的关键所在，调查服务的专业化、国际化，调研机构的集中化是提高调查水平的根本途径。

(2) 强化品牌意识，塑造品牌形象。市场调查提供的是无形的服务，客户较难预先评估服务的内容与品质，其质量测量标准具有模糊性，营销效果是多因一果。因此，客户对调查有效性的认知是感觉性认知，这样，调查机构的品牌塑造至关重要。今天，面临外资调查机构纷纷在中国抢滩登陆的严峻形势和行业形象欠佳的情况，品牌形象塑造尤为重要。

(3) 加强交流与合作。交流与分工合作，是减少不必要的重复和浪费，充分发挥市场调查功能，相互学习、取长补短的有效途径。这就需要各调查机构摒弃近视症，加强交流，相互合作，互为共用，逐步形成开放有序、相互协作、资源共享、避免重复、减少内耗的良好局面。

(4) 引导、培育企业的咨询调查意识。加强与企业的沟通，使企业增强调查意识，提高对调查重要性的认识；增加对咨询调查工作的了解，刺激市场需求，提高企业选择调查机构的能力，通过企业的选择实现调查机构的优胜劣汰。

(5) 加强调查业的现代化建设，实施标准化管理，加强调查业的自我营销，全面提高调查业的综合服务能力和服务质量。

(资料来源：工作视点，2004(4))

问题：结合具体行业分析市场调查实施中提高效率的措施。

## 模 拟 实 训

一、实训项目：市场调查实施。

二、实训目标：通过市场调查实施练习，让学生了解市场调查实施工作中各种人员的职责、素质要求以及实施工作中需要注意的问题。

三、实训内容：到图书馆或网上查找一个市场调查案例，针对此案例的具体条件设计调查实施计划，进行人员分配，模拟具体实施与管理，作出评估。

四、实训组织：学生分组进行，组内不同的学生进行不同的分工。

五、实训考核：要求每组同学把自己设计的调查实施方案进行演示，全班讨论、交流。

# 任务 9  整理、分析市场调查资料

## 能力目标

通过完成本任务,你应该能够:①接收与审核问卷;②进行资料的分组与汇总;③对问卷进行编码;④分析数据。

## 核心能力

- 编制统计表。
- 汇制统计图。
- 进行平均指标分析。

## 任务分解

- 整理市场调查资料。
- 分析市场调查资料。

## 任务导入

SPSS公司总裁杰克·努南说过,"绝大多数营销调查者会告诉你,他们总是在搜集数据。但是只有成功的研究者知道如何利用那些数据去解决疑难的营销问题:明白分析什么,如何分析,如何解释结论,从而使你的研究有价值;懂得统计分析基础知识对于一名营销调研领域的成功者来说是必需的。"

(资料来源:张欣瑞. 市场营销管理[M]. 北京:北京交通大学出版社,2005.)

## 分项任务

## 9.1 整理市场调查资料

**任务提示** 本分项任务将引领你完成市场调查资料的整理工作。

**任务情景** 通过问卷调查得到的大量原始资料,只是研究分析的基础,因为这些资料反映的总体单位(个体)的状况是分散凌乱的,不能完整系统地反映总体的情况。资料的整理是指对通过各种方法搜集到的资料加以整理、分析及统计运算,把庞大的、复杂的、零散的资料集中简化,使资料变成易于理解和解释的形式。简言之,资料整理就是通过一系列的操作将搜集到的第一手或者第二手资料转变成为数据结果,以便于研究者了解、提示其中的含义,使之成为更适用、价值更高的信息,为下一阶段的统计分析作准备的过程。

### 9.1.1 接收调查资料

调查数据的整理计划应该在研究设计阶段就制订好,但真正着手整理是从仍在实施的现场中回收的第一份问卷开始的。因此,如果一旦发现问题,还可以及时地纠正或改进实施的工作。

接收调查资料(完成的问卷)工作的要点如下。

(1) 认真仔细地管理好数据的搜集和问卷的回收工作,要掌握每天完成的问卷数和每天接收的问卷数。

(2) 在完成的问卷后面记录下问卷完成的日期和接收的日期,以便有必要时在分析过程中可对先接收的数据和后接收的数据作比较。

(3) 多个项目同时实施时,必须清楚地记录以下的数字:交付实施的项目数、仍在实施的项目数、已经完成并返回的项目数。

(4) 每一个返回的问卷都要记录一个唯一的、有顺序的识别号码,作为原始的文件。

(5) 在有人进行资料的核对、事后的编码、数据的录入等工作时,必须按识别的号码,准确地记录清楚是谁拿着哪些原始文件(返回的问卷)。

(6) 要让所有参与资料整理工作的人员都知道,他们不但负有保证工作质量的责任,还负有保证不丢失任何原始文件的责任。

### 9.1.2 审核调查资料

#### 1. 调查资料的审核

调查资料是资料整理工作的基础,通过对原始资料进行审查核实,可以避免调查资料的遗漏、错误或重复,保证调查资料准确、真实、完整和一致,达到调查资料整理的目的和要求。调查资料审核具体包括完整性、准确性、时效性与一致性等方面的审核。问卷一般由具有丰富经验的资深审核员进行审核。

1) 进行完整性审核

完整性审核包括检查应调查的总体单位是否齐全与调查项目(标志)的回答是否完整两个方面。调查问卷的所有问题都应有答案。答案缺失,可能是被调查者不能回答或不愿回答,也可能是调查人员遗忘所致。资料整理人员应决定是否接收该份问卷,如果接收就应马上向原来的被调查者询问,填补问卷的空白;或者询问调查人员有无遗漏,能否追忆被调查者的回答。否则,就应放弃该份问卷,以确保资料的可靠性。

在进行完整性审核时,应注意答案缺失有三种表现:其一是全部不回答;其二是部分不回答；其三是隐含不回答，如对所有问题都选"A"，或都回答"是"。第一种和第二种情况容易发现。对第三种情况应仔细辨别，谨慎处理，一旦确认，一般作无效问卷处置。

2) 进行准确性审核

准确性审核可以通过逻辑检查、比较审查法和设置疑问框等方法进行。逻辑检查是分析标志、数据之间是否符合逻辑，有无矛盾及违背常理的地方，即进行合理性检查。如一般情况下，在审核中发现少年儿童年龄段的居民，文化程度的填写却是大学以上，即属于不合逻辑的情况。

比较审查法是利用指标数据之间的关系及规律进行审查。如地区居民户数不可能大于地区居民人数，地区居民总人数应等于城镇居民人数与农村居民人数之和，产品全国的销售总额应等于其在各省、直辖市、自治区的销售额之和等。

设置疑问框审核则是利用指标之间存在一定的量值与比例关系，通过规定疑问框，审查数据是否有疑问。例如，规定某变量值不低于0.3，不高于0.8，如果数据在此范围之外，即属于有疑问数据，应立即抽取出来并进行审查。操作中应注意，疑问框的设置不能相距过大，否则会遗漏有差错的数据；但也不能过小，过小会使大量正确数据被检出来，增加审查的工作量。因此，疑问框的设计应由经验丰富的专家负责，才能取得良好的效果。

3) 进行时效性审核

检查各调查单位的资料在时间上是否符合本次调查的要求，其中，包括接收的资料是否延迟，填写的资料是否是最新的资料等，从而避免将失效、过时的信息资料用作决策的依据。

4) 进行一致性审核

进行一致性审核即检查资料前后是否一致，避免自相矛盾。

例如：在一次牙膏市场调查中，一位被调查者在某一问题中回答说自己最喜爱某品牌的牙膏，但在回答另一个问题时却说自己经常购买另一品牌的同类产品。显然该被调查者的答案是前后矛盾的。对于这种情况，审核人员应决定是再向被调查者询问，还是将该份问卷作为无效问卷剔除。

**2. 处置有问题问卷**

1) 返回现场重新调查

此方法适用于规模较小、被调查者容易找到的情形。但是，调查时间、调查地点和调查方式可能发生变化，从而影响二次调查的数据结果。

例如：由于季节的变化，可能导致消费者的消费倾向也产生变化，如我国北方的春夏之交，气候冷热交替非常快，人们对购买服装的意愿可能也会快速变化。调查方式变化，如第一次调查时，调查人员采用的是电话访谈，第二次调查采用了面谈方式。由于被调查者短期内未适应这种变化，心理上出现了波动，回答问题与第一次出现了较大差异。

2) 视为缺失数据

在无法退回问卷，不能重新调查的情形下，可以将这些不满意的问卷作为缺失值处理。如果不满意的问卷数量较少，而且这些问卷中令人不满意回答的比例也很小，涉及的变量不是关键变量，在此情况下，可采取此方法。

缺失值也称缺失数据，是由于被调查者对问题回答的表述含混不清、错误、未作回答，或者由于访问人员疏忽，未问问题，也未作记录，造成的数据奇异值或缺失。缺失回答大于10%时，必须对其进行必要的处理。

3) 视为无效问卷

存在以下情况时，问卷应被视作无效问卷，可放弃不用。

(1) 令人不满意回答的问卷占问卷总数的比例在10%以下。

(2) 样本量很大。

(3) 不满意问卷与合格问卷的答卷者在人口特征、关键变量等方面的分布没有显著差异。

(4) 准备放弃的问卷中令人不满意回答的比例较大。

(5) 关键变量的回答缺失。

### 9.1.3 编码与输入调查资料

#### 1. 调查资料的编码

利用计算机进行汇总时，一般必须对调查项目进行编码，才能保证计算机的高效处理。所谓编码，就是将调查表或调查问卷中的各个项目转化为数字符号的过程。编码首先要将数据进行分类，然后给每一个类别指派一个数字代码。如果是问卷调查，对于封闭型问题，都设计了若干选项，每一个选项就是一个类别，编码时只需要对每一个类别指派一个数字代码即可；对于开放型问题，则要对全部的回答进行分类，然后再进行编码。

编码分为事前编码和事后编码。事前编码是在调查问卷设计时对结构型问卷进行的编码，所以，事前编码适合于问卷中的封闭型问题。事后编码是在数据的搜集工作结束后、整理开始之初，对所调查问题的可能答案进行的编码。对于开放型问题，只能采取事后编码的方式；而对于封闭型问题，如果未做事前编码，则必须进行事后编码。

编码既是一项繁重的工作，也是一项重要的工作。编码的质量如何，不仅影响数据的输入速度和质量，而且影响数据处理的最终结果。

编码的常用方法如下。

1) 顺序编码法

顺序编码法又称系列编码法，是指只用一个标准对数据进行分类，并按照一定的顺序用连续数字或字母进行编码的方式。

例如，根据某项对家庭月度消费支出的调查，家庭月度消费支出可分为以下四个档次。

小于 500 元　　　(1)

500～1000 元　　(2)

1000～1500 元　　(3)

1500 元以上　　　(4)

按顺序编码法可用(1)、(2)、(3)、(4)分别表示从低到高的这四个档次。这种编码方法操作简单，但不便于进行分组处理。

2) 分组编码法

分组编码法又称区间编码法，是根据调查数据的属性特点和处理要求，将具有一定位数的代码单元分成若干个组，每个组的数字均代表一定的意义。

**例 9.1**　在某项关于社会公众保险意识的调查中，对被调查者个人的基本情况进行了调查，运用分组编码法对有关信息进行编码，如表 9-1 所示。

表 9-1　社会公众保险意识调查编码表

| 性别 | | 居住地 | | 家庭人口数 | | 月收入水平 | |
|---|---|---|---|---|---|---|---|
| 回答 | 编码 | 回答 | 编码 | 回答 | 编码 | 回答 | 编码 |
| 男 | 1 | 大城市 | 1 | 单身 | 1 | 200 元以下 | 1 |
| 女 | 2 | 中小城市 | 2 | 两人 | 2 | 200～300 元 | 2 |
| | | 县乡镇 | 3 | 三口之家 | 3 | 300～400 元 | 3 |
| | | 农村 | 4 | 四人以上 | 4 | ⋮ | ⋮ |
| | | | | | | 1000～1100 元 | 11 |
| | | | | | | ⋮ | ⋮ |

若某个被调查者是女性，居住在中等城市，家中有三口人，月收入为 1100～1200 元，则其回答信息的编码是：22312。

分组编码法应用广泛、容易记忆、处理方便，但位数过多，容易造成系统维护上的困难。

3) 信息组码编码法

信息组码编码法是指把调查数据分成不同的组，并给以一定的组码(数字区间)来进行编码的方法。例如，对某地市场上 99 种商品的价格变动进行调查，在运用信息组码编码法对调查的信息进行编码时，首先对 99 种商品分组，再给每个组分配一个组码。

| 组 别 | 名称码 |
|---|---|
| 百货组 | 01～30 |
| 食品组 | 31～50 |
| 家电组 | 51～65 |
| 服装组 | 66～80 |
| 其他组 | 81～99 |

这种编码的优点是能以较少的位数分组；缺点是编码体系确定后，若遇到某些组内资料增加时(项目超出了原定的数字区间)，处理起来就相当麻烦。所以运用这种方法之前一定要对所分各组的内容有充分的把握。

4) 表义式文字编码法

表义式文字编码法又称助忆编码法，它用数字符号等表明编码对象的属性，并依此方式对调查数据进行编码。

例如，用 180BXJ 表示容量为 180 升的进口电冰箱，其中 180 为冰箱的容量，BX 表示冰箱，J 表示进口。

这种方法比较直观，易于理解，便于记忆。

5) 编码手册的编制

编码手册也称编码表，是用来进行数据编码的工作手册。它包括四个项目：问题顺序号、每个调查项目的预置代码位置、项目名称、内容说明。

**例 9.2** 对某高等学校教师的工作、生活状况的调查，一共有 32 个问题，我们摘录 6 个问题，来说明编码手册的编制。

1. 您的职务？ (1)正高级 (2)副高级 (3)中级 (4)其他

2. 您的年龄_____。

3. 您从事的专业_____。

4. 您对自己工作情况的评价？

(1) 已充分发挥积极性

(2) 基本发挥了积极性

(3) 积极性有所发挥

(4) 完全没有发挥积极性

5. 目前，您是否有离开学校的想法？ (1)是 (2)否

6. 请您按投入精力的多少，将下列三项活动排序。

(1)校内工作 (2)校外兼职 (3)生活琐事

第一位____ 第二位____ 第三位____

上述 6 个问题中既有封闭型问题(1、4、5、6)，也有开放型问题(2、3)，该项调查收回有效问卷 2000 份。对于封闭型问题，问题 1、4、5 的代码均为 1 位，问题 6 的代码位数为

3位；对于开放型问题，问题2的代码位数为两位(本次调查中年龄最大的为65岁)，问题3的代码位数为3位(本次调查根据被调查者的回答，共涉及112个专业)。在数据的编码工作完成后，为了便于数据的输入，还要根据编码手册将问卷或调查表上的数据数字化，并将这些数字过录到登录卡上。一般的登录卡是每张80列(因为个人计算机屏幕的宽度为80个字节；每列记录一个数字)25行(每行记录一份问卷或调查表上的回答信息，每行可以记录一个80位的代码数字)。这样，就需要将每个调查项目的代码在行上的位置确定好。代码位置的确定要根据调查项目的顺序和各个项目的编码位数依次排列下来，这样各代码在登录卡上行列的位置就自然确定了。表9-2是本次调查编码手册示例片段。

表9-2 编码手册示例片段

| 1 | 职务 | 1 | 1.正高级 |
| | | | 2.副高级 |
| | | | 3.中级 |
| | | | 4.初级 |
| 2 | 年龄 | 2~3 | 答卷人回答的年龄 |
| 3 | 从事的专业 | 4~6 | 专业编码见附表 |
| 4 | 工作状况的评价 | 7 | 1.已充分发挥积极性 |
| | | | 2.基本发挥了积极性 |
| | | | 3.积极性有所发挥 |
| | | | 4.完全没有发挥积极性 |
| 5 | 是否打算离开学校 | | 1.是 |
| | | | 2.否 |
| 6 | 按投入精力对活动排序 | | 1.校内工作 |
| | | | 2.校外兼职 |
| | | | 3.生活琐事 |
| | | | (排序) |

在表9-2中，问题3的专业编码没有在表中列出，是因为从回收的有效问卷来看，本次调查共涉及112个专业，如果在表中全部列出其所有编码，会使表格显得臃肿，故需专门编制一份专业代码附表。该附表给每一个专业以一个数字代码，如统计学的编码是001，会计学的编码是002……城市规划是099……考古学是112。限于篇幅，本例中未将该附表列示出来。

根据上述编码表，将各份问卷或调查表上的回答全部转化为数字代码，并将其记录在登录卡上。例如，某份问卷的回答信息在登录卡上的前11位数字为23300112132，则表明该位被调查者是副教授，33岁，从事统计学专业，在工作方面已充分发挥了积极性，目前不打算离开学校，投入精力最多的是校内工作，其次是生活琐事，校外兼职投入最少。

在编制编码表时要注意以下问题。

(1) 编码符号绝大多数情况下必须使用数字，个别时候也可使用英文字母。在使用数字时，能用自然数绝不用小数；能用正数绝不用负数；能用绝对值小的整数绝不用绝对值大的整数；能用一位数码表示清楚绝不用两位数。

(2) 可以将某些数字赋予特殊意义，便于整理资料时识别。

(3) 可以利用标准化代码和现成代码，以提高编码工作效率。

编码位数应根据具体情况来确定。对于给出了固定答案，只需由被调查者进行单项选择的问题，编码位数与答案数目的位数(对于品质数据)或与答案中数字的最大位数(对于数量数据)一致；如果是对固定答案进行多选，则编码位数等于答案数目的位数与允许选择的答案数目的乘积；若答案不是固定的，要由被调查者填答，需要进行事后编码，则根据回答的具体情况来确定编码的位数。

2. 输入调查资料

数据输入是指将问卷或编码表中的每一项目对应的代码读到磁盘、磁带中，或通过键盘直接输入到计算机中。在发达国家，数据的搜集常常是采用计算机辅助电话调查(CATI)、计算机辅助面访(CAPI)进行的，因此键盘输入就不再需要。此外，还可以利用特殊的Mark Sense Forms、光学扫描等方法来读取数据。但是在我国，目前键盘输入的办法还是最常用的。采用键盘输入会产生错误，为了将错误限制到最低水平，特给出以下几点提示。

(1) 提供给每个输入员一份记录格式的清楚的说明件。

(2) 开始输入前几个个案时，研究人员必须在场。

(3) 绝不能假定输入人员是懂得如何做数据输入的。

(4) 如有可能，就对输入的数据进行全面的核查。

(5) 如果全面的核查不可行，就采取抽查的方法。

对输入人员也要进行培训，明确任务的具体要求及注意事项。如果输入的格式没有事先印刷在问卷上，就必须向输入人员提供一份"记录格式"，用于明确每个记录包含的变量及相对位置(如所在列的位置等)。在输入工作刚开始时，研究人员最好能在场，使输入人员得以提问题。缺乏经验的研究人员常常会犯对输入人员估计过高的错误。研究人员有时觉得这些输入人员对输入设备是很熟悉的，那么他们对计算机操作和数据处理也会是了解的，可能对手中的项目也是知道的，事实上这种情况几乎从没有发生过。一般来说，输入人员虽然可以做得又快又准确，但他们对手中的数据或研究的最终目的几乎是一无所知的。

为了保证高度的准确性，有必要对输入的结果进行核查以发现是否有错误。全面的核查(verification)要求每一个个案都必须输入两次，采用一台核查机和两个输入人员。第二个输入人员将编码的问卷重新再输入一遍。对两个人输入的数据要进行逐个个案的比较，如果稍有不同，输入的错误就会被检测出来。但是对整个数据集进行全面核查，时间和费用都要加倍。因此大多数研究人员都不采取这种全面核查的方式，除非是需要特别高精确度的情况。根据时间和费用的限制，以及有经验的输入人员其准确度一般都相当高的事实，通常只抽查25%或稍多一些就足够了。如果只找出少量的错误，那么就不必变更数据文件；如果查出大量的错误，就有必要进行全面的核查，或使用更准确的输入人员重新输入一份文件。

### 9.1.4 资料分组汇总

资料分组是根据调查研究的目的和任务，按照某种标志，将总体区分为若干部分的一种统计方法。总体的这些组成部分称为"组"。资料分组有两层含义：对于总体而言是"分"，即把不同性质的现象区分开来；对于个体而言是"合"，即把性质相同的个体归纳在一起。资料分组的基本原则是：保持各组内统计资料的同质性和组与组之间资料的差别性。准确的分组，能够揭示现象的本质和特征。在保证调查资料准确性的前提下，分组是否合理、科学关系到整个调查统计分析研究的成败。

**1. 选择分组标志**

根据调查研究目标选择分组标志。同一总体由于研究目的不同，采用的分组标志也不同。

例如，对某地区所有消费者这一总体，根据研究目的的不同，可以分别采用性别、年龄或者职业等标志作为分组标志。

选择能够反映现象本质或主要特征的标志。有时能够反映某一研究调查目的的标志有多个，此时应尽可能选取最能反映现象本质的关键性标志。

例如，研究居民购买能力，有关的标志有居民工资水平与居民家庭人均收入水平，而其中人均收入水平更能反映居民购买能力的真实情况，是应该被采用的关键性标志。

不过需要指出的是，有些现象由于其复杂性，采用单个分组标志不能满足要求，必须采用两个以上的分组标志。例如对企业规模的划分，就需采用资产总额和年销售额双重标志进行分组。

选择分组标志时还应考虑现象所处的具体历史条件和经济条件。随着社会的发展，现象所处的历史条件和经济条件也在不断变化，改革开放以后，我国经济体制已从计划经济转轨为市场经济，尤其是中国加入WTO以后，包括统计制度在内的经济活动逐步与国际接轨，因此许多过去适用的分组标志现在可能不再适用，应根据条件的变化选用新的、合适的标志。

## 2. 简单分组与复合分组

根据统计分组时采用标志的多少，有简单分组和复合分组两种分组方法。

1) 简单分组

简单分组是对所研究的现象只采用一个标志进行的单一分组。

例如，对总人口按性别进行分组，或将所有产品市场分为消费性产品市场和工业性产品市场。

2) 复合分组

复合分组是对所研究的现象采用两个或两个以上的标志进行连续分组。

例如，对某地区消费者总体，可以先采用收入标志，然后再按照职业进行分组，还可以进一步根据文化程度、性别等标志进行第三次、第四次分组。

又如，在人口统计分析中，可以将人口先按"性别"分成男、女两组，然后在男性和女性两组中分别按照"文化程度"划分为大学生及大学以上、高中、初中、半文盲及文盲五组。

在实际业务活动中，一般来说，如果总体单位数很多，情况复杂，适宜采用复合分组。例如，为了认识我国高等院校在校学生的基本状况，可以同时选择学科、本科或高职高专、性别三个标志进行复合分组，并得到复合分组体系。

但是需要注意的是，如果采用标志太多，会使所分组数成倍增加，导致各组单位数过少，反而达不到分组目的。因此，不宜采用过多标志进行分组。

例如，一家公司派出市场调查人员深入市场进行实地考察，目的是想了解当地用户对某类产品的采购方式。市场调查人员走访了几家公司后，发现各家公司的采购方式与各自公司的规模大小、经营产品类别有密切关系，同时还发现各自重点选购的商品差别很大。市场调查人员又根据了解到的情况分析，认为这些公司的采购方式很可能与各家公司本身的特点有关，于是，又将有关这十几家公司的规模、经营的产品等方面资料再作详细"分类"。为了能够客观地验证各家公司的规模与其采购方式之间可能存在着某些关系，他们根据各自的营业额把这几家公司划分为五类：每年营业额1000万元以上；每年营业额500万元～1000万元；每年营业额250万元～499.9万元；每年营业额100万元～249.9万元；每年营业额100万元以下。

分类之后，市场调查人员只需要有这五类规模大小各异的企业公司的采购方式，根据各类公司的采购方式相互进行比较即可说明问题。

例如，某公司的一位市场调查人员正在某地进行实地调查，主要了解巧克力糖果在当地的销售情况。他了解到当地销售的巧克力糖果共有几十个品牌，还搜集到关于某个品牌的销售数量正在增长。但有些品牌的销售量不断下降,而且变化速度彼此大不相同。他考虑可能与各种巧克力糖果的销售方式有关。为进一步深入调查,他将每个品牌(包括今后可能新出现的品牌)的巧克力糖果分为四大类:实心巧克力、软心巧克力、带包装的、不带包装的。这样一来,他就可以通过集中观察这几类巧克力糖果的销售情况,进一步查明各种销售方式对增加或减少销售数量有什么直接的影响。

### 9.1.5 绘制统计表、统计图

#### 1. 绘制统计表

1) 统计表的结构

统计表是表现调查资料的一种重要形式,即将调查得来的原始资料经过整理,使之系统化,用表格形式表现。

从形式上看,统计表是由纵横交叉的直线组成的左右两边不封口的表格,表的上面有总标题,即表的名称,左边有横行标题,上方有纵栏标题,表内是统计数据。因此,统计表的构成一般包括以下三个部分。

(1) 总标题。它相当于一篇论文的总标题,表明全部统计资料的内容,一般写在表的上端正中位置。表 9-3 的总标题为 2002—2003 年城镇居民家庭抽样调查资料。

(2) 横行标题。横行标题通常也称为统计表的主词(主栏),表明研究总体及其分组的名称,也是统计表说明的主要对象,一般列于表的左方。表 9-3 的横行标题是调查户数、平均每户家庭人口、平均每户就业人口和平均每人消费性支出。

(3) 纵栏标题。纵栏标题通常也称为统计表的宾词,表明总体特征的统计指标的名称,一般写在表的上方。表 9-3 的纵栏标题是项目、单位、2002 年和 2003 年。

表 9-3  2002—2003 年城镇居民家庭抽样调查资料

| 项　目 | 单　位 | 2002 年 | 2003 年 |
|---|---|---|---|
| 调查户数 | 户 | 45 317 | 48 028 |
| 平均每户家庭人口 | 人 | 3.04 | 3.01 |
| 平均每户就业人口 | 人 | 1.58 | 1.58 |
| 平均每人消费性支出 | 元 | 6029.88 | 6510.94 |

注:本表为城镇居民家庭收支抽样调查资料。

2) 编制频数表

把变量的值按照一定的类别次序和距离划分成若干组,然后将所有的项目在各组出现的次序记录下来,便构成频数表。频数表的编制方法如下。

(1) 确定组距和组数。首先将原始资料按标志值的大小顺序排列，找出最大值、最小值，确定全距，然后再根据标志值的数量及全距确定组距和组数。组距和组数互为制约，组数越多则组距越小，组数越少则组距越大。一般可先确定组距，再根据组距确定组数。

假如以 $R$ 代表全距，$I$ 代表组距，$K$ 代表组数，如已知全距和组距，则 $K=R/I$；反之，如已知全距和组数，则 $I=R/K$。

在市场调查研究中，所分组数不宜太多或太少，一般为 5~15 组较合适。当然，不同情况需区别对待，重要的是通过分组将总体单位的性质区别及其分布特征、集中趋势显示出来。

(2) 确定组限。确定组限时，最小组的下限应低于或等于最小变量值，而最大组的上限应高于或等于最大变量值。因为只有如此，才能把所有的变量值都包括在各组中。但组限和变量值的距离又不要差距过大。

**例9.3** 对某企业 30 天的产量情况进行调查，某原始资料如下(单位：吨)。

```
98    81    95    84    93    86    91   102
103  105  100  104  108  107  108  101
106  109  112  114  109  117  125  115
120  119  118  116  129  113
```

第一步，计算全距。

将各变量值由小到大排序，确定最大值、最小值，并计算全距。

变量的最大值是 129，最小值是 81。

全距=最大值-最小值=129-81=48。

第二步，确定组数和组距。

在等距分组时，组距与组数的关系是：组距=全距/组数。

本例中根据一般将成绩分成优、良、中、及格和不及格的五档评分习惯，可以先确定组数为 5。在等距分组时，计算组距如下：组距=48÷5=9.6。

为了符合习惯和计算方便，组距近似地取 10。

第三步，确定组限。

关于组限的确定，应注意如下几点。

第一，最小组的下限(起点值)应低于最小变量值，最大组的上限(终点值)应高于最大变量值。

第二，组限的确定应有利于表现出总体分布的特点，应反映出事物质的变化。

第三，为了方便计算，组限应尽可能取整数，最好是 5 或 10 的整倍数。

第四，由于变量有连续型变量和离散型变量两种，其组限的确定方法是不同的。

(3) 编制频数(频率)分布表。对例 9.3 的数据编制频数分布表如表 9-4 所示。

表 9-4 某企业 30 天产量完成情况分布图表

| 产量完成情况/吨 | 频数/人 | 频数/% |
| --- | --- | --- |
| 80～90 | 3 | 10.0 |
| 90～100 | 4 | 13.3 |
| 100～110 | 12 | 40.0 |
| 110～120 | 8 | 26.7 |
| 120～130 | 3 | 10.0 |
| 合计 | 30 | 100.0 |

3) 制表应注意的问题

(1) 制表要求科学、实用、简明、美观。

(2) 表格一般采用开口式，表的左右两端不画纵线，表的上下通常用粗线封口。

(3) 最好一个表集中说明一个问题，如果反映的内容较多，可以分成几个表来表达。

(4) 表的左上方是表的序号，表格上方的总标题要简明扼要，恰当反映表中的内容。

(5) 表中的数字要注明计量单位。

**2. 绘制统计图**

由于社会经济现象的性质不同，各种统计总体频数分布的特征也不相同，使用各种不同类型的统计图对其频数分布特征进行直观形象的描述，有利于准确认识和把握不同现象的分布特征和规律。

常用的统计图有：直方图、折线图、饼图、环形图、雷达图等。绘制统计图最常用、最简单的工具就是 Office 套件中的 Excel 软件。

1) 直方图

直方图是用于展示分组数据分布的一种图形，它是用矩形的宽度和高度来表示频数分布的，以宽度相等的条形的长度或高度来反映统计资料。绘制该图时，在平面直角坐标中，用横轴表示数据分组，纵轴表示频数或频率，这样，各组与相应的频数就形成了一个矩形，即直方图。

**例 9.4** 一家市场调查公司为研究不同品牌饮料的市场占有率，对随机抽取的一家超市进行了调查。调查员在某天对 50 名消费者购买饮料的品牌进行了记录，如果一个消费者购买某一品牌的饮料，就将这一饮料的品牌名字记录一次，如表 9-5 所示。

表9-5 消费者购买饮料的品牌名称

| 旭日升冰茶 | 可口可乐 | 旭日升冰茶 | 汇源果汁 | 露露 |
| --- | --- | --- | --- | --- |
| 露露 | 旭日升冰茶 | 可口可乐 | 露露 | 可口可乐 |
| 旭日升冰茶 | 可口可乐 | 可口可乐 | 百事可乐 | 旭日升冰茶 |
| 可口可乐 | 百事可乐 | 旭日升冰茶 | 可口可乐 | 百事可乐 |
| 百事可乐 | 露露 | 露露 | 百事可乐 | 露露 |
| 可口可乐 | 旭日升冰茶 | 旭日升冰茶 | 汇源果汁 | 汇源果汁 |
| 汇源果汁 | 旭日升冰茶 | 可口可乐 | 可口可乐 | 可口可乐 |
| 可口可乐 | 百事可乐 | 露露 | 汇源果汁 | 百事可乐 |
| 露露 | 可口可乐 | 百事可乐 | 可口可乐 | 露露 |
| 可口可乐 | 旭日升冰茶 | 百事可乐 | 汇源果汁 | 旭日升冰茶 |

根据表 9-5 建立的直方图如图 9-1 所示。

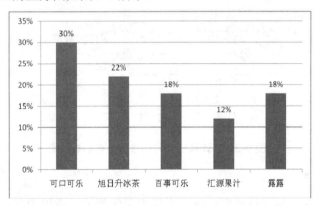

图 9-1 消费者购买饮料品牌的直方图分布

2) 折线图

折线图也称频数多边形图,是在直方图的基础上,把直方图顶部的中点(组中值)用直线连接起来,再把原来的直方图抹掉。折线图的两个终点要与横轴相交,具体的做法是:第一个矩形的顶部中点通过竖边中点(即该组频数一半的位置)连接到横轴,最后一个矩形顶部中点与其竖边中点连接到横轴。折线图下所围成的面积与直方图的面积相等,二者所表示的频数分布是一致的。

例 9.5 某计算机公司销售量的频数分布如表 9-6 所示。

表 9-6 某计算机公司销售量的频数分布

| 按销售量分组/台 | 频数/天 | 频率/% |
| --- | --- | --- |
| 150 以下 | 4 | 3.33 |
| 150～160 | 9 | 7.50 |

续表

| 按销售量分组/台 | 频数/天 | 频率/% |
|---|---|---|
| 160~170 | 16 | 13.33 |
| 170~180 | 27 | 22.50 |
| 180~190 | 20 | 16.67 |
| 190~200 | 17 | 14.17 |
| 200~210 | 10 | 8.33 |
| 210~220 | 8 | 6.67 |
| 220~230 | 4 | 3.33 |
| 230 以上 | 5 | 4.17 |
| 合计 | 120 | 100 |

根据表 9-6 的数据绘制的折线图如图 9-2 所示。

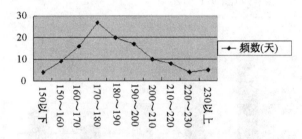

图 9-2　某计算机公司销售量分布的折线图

3) 饼图

饼图也称圆形图，是用圆形面积的大小代表总体数值，或用圆形中的扇形面积反映总体内部各构成指标的数值。后者也称圆形结构图，常用于在总体分组的情况下，反映总体的结构、各组所占比重(百分比)资料。饼图也是普遍使用的一种统计图。其绘制方法是根据构成总体的各组成部分所占比重，求出其占圆心角的度数，按其度数绘制出扇形面积。

根据表 9-5 的数据绘制的饼图如图 9-3 所示。

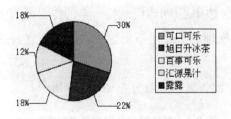

图 9-3　不同品牌饮料的构成

4) 环形图

环形图中间有一个"空洞"，总体中的每一部分数据用环中的一段表示。

环形图与圆形图类似，但又有区别：圆形图只能显示一个总体各部分所占的比例；环形图则可以同时绘制多个总体的数据系列，每一个总体的数据系列为一个环。环形图可用于结构比较研究，主要用于展示分类和顺序数据。

**例 9.6** 在一项城市住房问题的研究中，研究人员在甲乙两个城市各抽样调查 300 户，其中的一个问题是"您对您家庭目前的住房状况是否满意？"，如表 9-7 所示。

1. 非常不满意；2. 不满意；3. 一般；4. 满意；5. 非常满意

表 9-7　甲乙城市家庭对住房状况评价的频数分布

| 回答类别 | 甲城市 | | 乙城市 | |
|---|---|---|---|---|
| | 户数/户 | 百分比/% | 户数/户 | 百分比/% |
| 非常不满意 | 24 | 8 | 21 | 7 |
| 不满意 | 108 | 36 | 99 | 33 |
| 一般 | 93 | 31 | 78 | 26 |
| 满意 | 45 | 15 | 64 | 21.3 |
| 非常满意 | 30 | 10 | 38 | 12.7 |

根据表 9-7 的数据绘制的环形图如图 9-4 所示。

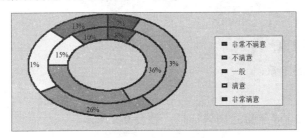

图 9-4　甲乙两城市家庭对住房状况的评价

5）雷达图

设有 $n$ 组样本 $S_1, S_2, \cdots, S_n$，每个样本测得 $p$ 个变量 $X_1, X_2, \cdots, X_p$，要绘制这 $p$ 个变量的雷达图，其具体做法是：先做一个圆，然后将圆 $p$ 等分，得到 $p$ 个点，令这 $p$ 个点分别对应 $p$ 个变量，再将这 $p$ 个点与圆心连线，得到 $p$ 个辐射状的半径，这 $p$ 个半径分别作为 $p$ 个变量的坐标轴，每个变量值的大小由半径上的点到圆心的距离表示，再将同一样本的值在 $p$ 个坐标上的点连线。这样，$n$ 个样本形成的 $n$ 个多边形就是一个雷达图。

## 9.2　分析市场调查资料

**任务提示** 本分项任务将引领你完成市场调查资料的分析工作。

**任务情景** 使用图表对数据整理后，还需要进行具体、深入的分析，才能使这些资料说明一定问题，具有实际意义，最终应用于市场活动实际。

### 9.2.1 平均指标分析

从计算方法来看，平均指标可分为数值平均数和位置平均数两大类。前者包括算术平均数、调和平均数和几何平均数，它们都是根据分布数列中各单位的标志值及其分布次数计算而得到的；后者包括众数和中位数，它们是根据分布数列中某些单位标志值所处的位置来确定的。

**1. 平均数**

平均数是数列中全部数据的一般水平，是数据数量规律性的一个基本特征值，反映了一些数据必然性的特点。平均数包括算术平均数、调和平均数和几何平均数。算术平均数分为简单算术平均数和加权算术平均数。

1) 简单算术平均数

简单算术平均数的计算公式如下：

$$\bar{x} = \frac{\sum_{i=1}^{n} x}{n} = \frac{x_1 + x_2 + \cdots + x_n}{n}$$

式中：$\bar{x}$——算术平均数；

$x_i$——各个变量值；

$n$——变量值的个数；

$\sum$——求和符号。

**例 9.7** 某公司 2006 年每月销售记录，如表 9-8 所示。

表 9-8 某公司 2006 年每月销售记录 　　　　　　　　单位：万元

| 1月 | 2月 | 3月 | 4月 | 5月 | 6月 | 7月 | 8月 | 9月 | 10月 | 11月 | 12月 |
| --- | --- | --- | --- | --- | --- | --- | --- | --- | --- | --- | --- |
| 33 | 31 | 29 | 28 | 29 | 30 | 33 | 32 | 31 | 28 | 29 | 30 |

$$\bar{x} = \frac{30 + 29 + 28 + 31 + 32 + 33 + 30 + 29 + 28 + 29 + 31 + 33}{12} = 30.25(万元)$$

则该公司 2006 年月平均销售额为 30.25 万元。

在本例中，30.25 万元充分说明了 2006 全年的平均销售水平，同时也可与上一年数据进行比较分析，也能为下一年度的经营活动或销售计划制订等工作提供依据。

2) 加权算术平均数

加权算术平均数的计算公式为

$$\bar{x} = \frac{\sum mf}{\sum f}$$

式中：$m$——各组的组中值；

$f$ ——各组的频数。

**例 9.8** 某公司的计算机销售量如表 9-9 所示，求该公司电脑的平均销售量。

表 9-9 某公司的计算机销售量

| 按销售量分组/台 | 组中值 | 频数/天 | $mf$ |
|---|---|---|---|
| 140～150 | 145 | 4 | 580 |
| 150～160 | 155 | 9 | 1395 |
| 160～170 | 165 | 16 | 2640 |
| 170～180 | 175 | 27 | 4725 |
| 180～190 | 185 | 20 | 3700 |
| 190～200 | 195 | 17 | 3315 |
| 200～210 | 205 | 10 | 2050 |
| 210～220 | 215 | 8 | 1720 |
| 220～230 | 225 | 4 | 900 |
| 230～240 | 235 | 5 | 1175 |
| 合计 | — | 120 | 22 200 |

$$\bar{x} = \frac{\sum mf}{\sum f} = \frac{22\,200}{120} = 185(台)$$

则该公司计算机的平均销售量为 185 台。

### 2. 众数

众数是数据中出现次数最多的变量值，也是测定数据集中趋势的一种方法。

例如，有 10 名大学生的年龄资料如下：16 岁，17 岁，18 岁，18 岁，18 岁，18 岁，18 岁，19 岁，20 岁，22 岁。其中 18 岁出现的次数最多，所以它就是这 10 名大学生的年龄众数，可以此作为其年龄的代表水平。

在市场调查得到的统计数据中，众数能够反映最大多数数据的代表值，可以使我们在实际工作中抓住事物的主要问题，有针对性地解决问题。要注意的是，由于众数只依赖于变量出现的次数，所以对于一组数据，可能会出现两个或两个以上的众数，也可能没有众数。在调查实践中，有时没有必要计算算术平均数，只需要掌握最普遍、最常见的标志值就能说明社会经济现象的某一水平，这时就可以采用众数。

例如，在市场调查数据资料分析中，众数就是列出的所给数据中出现次数最多的那个，比其他数据出现的频率都高。如果数据出现的个数一样，或者每个数据都只出现一次，那么，这组数据中，众数可以不止一个或者没有。

甲组数据：2、2、3、3、4 的众数是多少？(2、3)

乙组数据：1、2、3、4 的众数是多少？(没有)

### 3. 中位数

中位数是一组数据按一定顺序排列后,处于中间位置上的变量值。中位数的概念表明,数列中有一半单位的变量值小于中位数,另一半单位的变量值大于中位数,因此,在许多场合,用中位数反映现象的一般水平更具有代表性。例如在研究城乡居民收入水平时,总体中存在极高收入者,这时用居民收入的中位数比算术平均数更能代表居民收入的一般水平。

中位数的计算:先将总体各单位的标志值按大小顺序排列,然后按下列公式来确定中位数的位置。

$$中位数的位置 = \frac{n+1}{2}$$

如果总体单位数的项数 $n$ 为奇数,则 $\frac{n+1}{2}$ 即为中位数位置,该位置的标志值就是中位数;若 $n$ 为偶数,则 $\frac{n+1}{2}$ 居于数列中间的两个标志值之间,中位数为这两个标志值的简单算术平均数。

例如,求数列 6、9、12、15、18 的中位数。这个数列共有 5 项,所以中位数位置 $=\frac{n+1}{2}=3$,即第三项的标志值就是中位数,即 12。

又如,求数列 6、9、12、15、18、21 的中位数。这个数列共有 6 项,中位数位置在第 3、4 项的标志值之间,所以中位数是:

$$\frac{12+15}{2} = \frac{27}{2} = 13.5$$

中位数、众数、算术平均数之间的关系如下。

(1) 在同一变量数据集合中,如果变量值分布呈对称型,则算术平均数、中位数和众数三者相等。

(2) 若不对称,则中位数必居中,算术平均数和众数分列两侧,如图9-5所示。

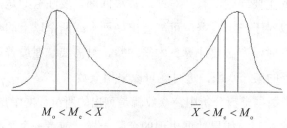

图9-5 三种平均数的关系

众数是一组数据分布的峰值,不受极端值的影响。其缺点是具有不唯一性,一组数据可能有一个众数,也可能有两个或多个众数,也可能没有众数。众数只有在数据量较多时才有意义,当数据量较少时,不宜使用众数。众数主要适合作为分类数据的集中趋势测度值。

中位数是一组数据中间位置上的代表值,不受极端值的影响。当一组数据的分布偏斜程度较大时,使用中位数是一个好的选择。中位数主要适合作为顺序数据的集中趋势测度值。

平均数是对数值型数据计算的,而且利用了全部数据信息,它是实际中应用最广泛的集中趋势测度值。

## 9.2.2 变异度指标分析

变异度指标是综合反映总体各单位标志值差异程度的指标,也是反映总体分布状况的特征之一。变异度指标主要有:全距、平均差和方差等。

### 1. 全距

全距是所有数据中最大数值和最小数值之差,也就是,全距=最大值-最小值。因为全距是数据中两个极端值的差值,不能反映中间数据变化,只受最大值和最小值的影响,所以它是一个粗略的测量离散程度的指标,在实际调查中,主要用于离散程度比较稳定的调查数据。同时,全距可以一般性地检验平均值的代表性大小,全距越大,平均值的代表性越小;反之,平均值的代表性越大。

例如,在某个城市中随机抽取 9 个家庭,通过调查得到每个家庭的人均月收入数据如下(单位:元)。要求计算人均月收入的全距。

1500  750  780  1080  850  960  2000  1250  1630

计算 9 个家庭人均月收入的全距=2000-750=1250(元)

全距是描述数据离散程度的最简单测度值,计算简单,易于理解,但它容易受极端值的影响。由于全距只是利用了一组数据两端的信息,不能反映出中间数据的分散状况,因而不能准确描述出数据的分散程度。

### 2. 平均差

平均差即平均离差,是总体各单位标志值与其算术平均数离差绝对值的算术平均数。它也可以反映平均数代表性的大小,由于平均差的计算涉及了总体中所有的数据,因而能够更加综合地反映总体数据的离散程度。其计算公式为

$$平均差 AD = \frac{\sum_{i=1}^{n}(x - \bar{x})}{n}$$

式中:$(x - \bar{x})$——离差,即每一个标志值与平均指标之间的差数;

$n$——离差的项数。

从公式中可以看到，平均差受数据的离散程度和总体的平均指标两个因素的共同影响。所以，当需要对比两个总体变量的离散程度时，如果它们的平均指标水平不同，就不能简单地直接用两个平均差来对比。另外，平均差具有和平均指标相同的计量单位，所以，对于计量单位不同的总体平均差不能直接比较。这里，可以引入平均差系数的方法。

平均差系数就是将平均差除以相对应的平均指标得到的数值。因为平均差系数计算出来的结果是一个相对数，所以就解决了以上平均差的局限，可以应用于比较两个平均指标水平不同的总体问题。

### 3. 方差

标准差反映的是每一个个案的分值与平均的分值之间的差距，简单来说，就是平均差异有多大。标准差越大，表示差异越大。方差和标准差之间是平方的关系。这两个指标都是反映总体中所有单位标志值对平均数的离差关系，是测定数据离散程度最重要的指标，其数值的大小与平均数代表性的大小是反方向变化的。

样本的方差是所有观测值与均值的偏差平方和除以样本量减 1，具体计算公式为

$$s^2 = \frac{1}{n-1}\sum_{i=1}^{n}(x_i - \overline{x})^2$$

我们可以看到，计算方差时用到了所有的数据。方差越小，数据的离散程度越小。

样本的标准差是方差的平方根，公式为

$$s = \sqrt{\frac{1}{n-1}\sum_{i=1}^{n}(x_i - \overline{x})^2}$$

应该注意的是，方差的单位是观测数据单位的平方，即标准差的单位与观测数据的单位相同。

例如，5 个大学班级样本的班级人数数据分别为 46、54、42、46、32。

根据上例计算的方差为

$$s^2 = \frac{1}{n-1}\sum_{i=1}^{n}(x_i - \overline{x})^2 = 64$$

## 9.2.3 偏度和峰度指标分析

### 1. 偏度

1) 定义

偏度就是指次数分布的非对称程度，以偏态系数来表示。

2) 计算公式

偏度的计算公式为

$$\alpha = \frac{\sum(x-\bar{x})^3 f}{\sigma^3 \sum f}$$

$\alpha=0$ 表示数据正态分布或对称。

$\alpha>0$ 表示正偏或右偏。

$\alpha<0$ 表示负偏或左偏。

$\alpha$ 的绝对值越大，表示偏斜的程度就越大。

**2. 峰度**

1) 定义

峰度：数据分布集中趋势高峰的，尖平程度亦即分布曲线的尖峭程度，通常以峰度系数来表示。

尖峰分布：统计数据的分布比正态分布更加陡峭。

平顶分布：统计数据的分布比正态分布更加平坦。

峰度系数：测定峰度的指标。

2) 计算公式

峰度的计算公式为

$$\beta = \frac{\sum(x-\bar{x})^4 f}{\sigma^4 \sum f}$$

$\beta=3$ 表示正态分布峰度。

$\beta>3$ 表示尖态峰，说明频数分布集中趋势显著，离散度低。

$\beta<3$ 表示平坦峰，说明频数分布离散度高。

## 课 程 小 结

调查问卷回收上来以后，要进行审核编辑、资料分类、数据编码和数据录入等工作。这一过程首先要做的就是确认每份问卷是否都是有效的，这不仅需要对问卷本身进行审核，还需要对一定比例的被访者进行回访。接下来的编辑要确保每个要回答的问题都有答案，每个答案都是按照问卷设计的要求回答的。在这之后进行的就是烦琐的资料数据的分类和编码工作，工作人员必须在事先为每一类答案设定适当的数字代码。录入数据是一项单调、艰巨的工作，但却是以后数据分析的关键，当今绝大部分录入工作都是通过计算机完成的，而光学扫描已经成为重要的使用方法。

从计算方法来看，平均指标可分为数值平均数和位置平均数两大类。前者包括算术平均数、调和平均数和几何平均数，它们都是根据分布数列中各单位的标志值及其分布次数计算而得到的；后者包括众数和中位数，它们是根据分布数列中某些单位标志值所处的位置来确定的。

变异度指标是综合反映总体各单位标志值差异程度的指标，也是反映总体分布状况的特征之一。变异度指标主要有：全距、平均差和方差等。

## 课 堂 讨 论

1. 对你搜集到的大学生生活费支出的数据进行整理，用图形显示，并对其分布特征进行描述。

2. 怎样运用平均数分析数据的集中趋势？

## 课 后 自 测

### 一、选择题

1. 下面各项中适合比较研究两个或多个总体或结构性问题的是(　　)。

  A. 环形图　　　　　B. 饼图　　　　　C. 直方图　　　　　D. 茎叶图

2. 将全部变量值依次划分为若干个区间，并将每一区间的变量值作为一组，这样的分组方法称为(　　)。

  A. 单变量值分组　　B. 组距分组　　　C. 等距分组　　　　D. 连续分组

3. 下面最适合描述大批量数据分布的图形是(　　)。

  A. 条形图　　　　　B. 茎叶图　　　　C. 直方图　　　　　D. 饼图

4. 由一组数据的最大值、最小值、中位数和两个四分位数五个特征值绘制而成的，反映原始数据分布的图形，称为(　　)。

  A. 环形图　　　　　B. 茎叶图　　　　C. 直方图　　　　　D. 箱线图

5. 10家公司的月销售额数据(单位：万元)分别为72、63、54、54、29、26、25、23、23、20。下面不宜用于描述这些数据的图形是(　　)。

  A. 茎叶图　　　　　B. 散点图　　　　C. 条形图　　　　　D. 饼图

### 二、判断题

1. 众数是总体中出现次数最多的数。　　　　　　　　　　　　　　　　　　(　　)

2. 所谓组距是指每个组变量值中的最大值与最小值之差，也就是组的上限与下限之差。

                        (　　)

3. 统计分组的关键是正确选择分组标志和划分各组的界限。　　　　　　　　(　　)

4. 甲班有男生33人、女生25人，乙班有男生25人、女生20人，学生性别差异甲班

大于乙班。                                        (    )

### 三、简答题

1. 数值型数据的分组方法有哪些？
2. 直方图与条形图有何区别？
3. 环形图与饼图相比有什么优点？
4. 简述众数、中位数和均值的特点及应用场合。

# 案 例 分 析

## 大学毕业生的表现

### 1. 问题的提出

振兴大学是一所综合性大学，有三个附属学院，分别是商贸学院、生物学院和医学院。近期高校管理层为了了解社会对本校学生的满意程度，以此促进本校教学改革，进行了一项对本校毕业生的调查。随机抽取了48名毕业生组成样本，要求他们所在的工作单位对其工作表现、专业水平和外语水平三个方面的表现进行评分，评分由0到10，分值越大表明满意程度越高。搜集的有关样本数据如表9-10和表9-11所示。

表9-10　48名毕业生的工作表现、专业水平和外语水平评分资料表

| 学生编号 | 工作表现 | 专业水平 | 外语水平 | 学生编号 | 工作表现 | 专业水平 | 外语水平 |
| --- | --- | --- | --- | --- | --- | --- | --- |
| 1 | 7 | 8 | 3 | 25 | 6 | 6 | 6 |
| 2 | 8 | 9 | 4 | 26 | 7 | 8 | 4 |
| 3 | 8 | 7 | 4 | 27 | 7 | 7 | 7 |
| 4 | 9 | 8 | 5 | 28 | 7 | 5 | 2 |
| 5 | 7 | 6 | 3 | 29 | 9 | 6 | 2 |
| 6 | 7 | 4 | 6 | 30 | 8 | 7 | 6 |
| 7 | 7 | 6 | 4 | 31 | 9 | 8 | 4 |
| 8 | 6 | 5 | 8 | 32 | 7 | 4 | 5 |
| 9 | 8 | 6 | 3 | 33 | 9 | 7 | 9 |
| 10 | 9 | 6 | 7 | 34 | 9 | 6 | 5 |
| 11 | 7 | 6 | 6 | 35 | 8 | 9 | 5 |
| 12 | 9 | 6 | 2 | 36 | 7 | 6 | 6 |
| 13 | 8 | 7 | 7 | 37 | 8 | 8 | 2 |
| 14 | 9 | 6 | 6 | 38 | 7 | 6 | 3 |
| 15 | 9 | 5 | 6 | 39 | 8 | 8 | 5 |
| 16 | 7 | 7 | 3 | 40 | 10 | 7 | 5 |
| 17 | 7 | 5 | 2 | 41 | 10 | 7 | 6 |
| 18 | 9 | 5 | 4 | 42 | 9 | 6 | 7 |
| 19 | 9 | 7 | 7 | 43 | 7 | 4 | 7 |
| 20 | 9 | 9 | 5 | 44 | 8 | 4 | 5 |
| 21 | 8 | 6 | 4 | 45 | 8 | 6 | 6 |
| 22 | 7 | 6 | 5 | 46 | 10 | 8 | 6 |
| 23 | 9 | 4 | 5 | 47 | 9 | 6 | 7 |
| 24 | 8 | 6 | 8 | 48 | 8 | 5 | 7 |

表 9-11 三个学院的 48 名毕业生的工作表现、专业水平和外语水平评分汇总表

| 商贸学院 | | | 生物学院 | | | 医学院 | | |
|---|---|---|---|---|---|---|---|---|
| 工作表现 | 专业水平 | 外语水平 | 工作表现 | 专业水平 | 外语水平 | 工作表现 | 专业水平 | 外语水平 |
| 7 | 6 | 4 | 7 | 8 | 3 | 8 | 9 | 4 |
| 9 | 6 | 2 | 8 | 7 | 4 | 9 | 8 | 5 |
| 8 | 7 | 3 | 7 | 4 | 6 | 7 | 6 | 3 |
| 9 | 6 | 6 | 6 | 8 | 5 | 9 | 6 | 2 |
| 7 | 5 | 2 | 8 | 6 | 3 | 7 | 7 | 3 |
| 9 | 5 | 4 | 7 | 6 | 6 | 9 | 9 | 5 |
| 7 | 6 | 5 | 9 | 6 | 5 | 8 | 6 | 4 |
| 9 | 4 | 5 | 9 | 7 | 4 | 7 | 5 | 2 |
| 8 | 6 | 4 | 7 | 8 | 4 | 9 | 6 | 2 |
| 6 | 6 | 4 | 9 | 8 | 4 | 8 | 9 | 5 |
| 7 | 7 | 7 | 9 | 7 | 9 | 7 | 6 | 6 |
| 8 | 7 | 6 | 10 | 7 | 5 | 8 | 8 | 2 |
| 7 | 4 | 5 | 7 | 4 | 7 | 8 | 5 | 5 |
| 9 | 5 | 5 | 8 | 4 | 5 | 10 | 8 | 6 |
| 7 | 6 | 3 | 8 | 6 | 6 | | | |
| 10 | 7 | 6 | 9 | 8 | 7 | | | |
| 9 | 6 | 7 | 8 | 5 | 7 | | | |

2. 数据的描述

将数据输入计算机,使用 Excel 中的数据分析功能实现对数据的描述。输出结果如表 9-12、表 9-13 和图 9-6 所示。

表 9-12 48 名毕业生的评分统计汇总表

| | 工作表现 | 专业水平 | 外语水平 |
|---|---|---|---|
| 平均值 | 8.042 | 6.375 | 5.083 |
| 中位数 | 8 | 6 | 5 |
| 众数 | 7 | 6 | 5 |
| 标准差 | 1.031 | 1.362 | 1.773 |
| 样本方差 | 1.062 | 1.856 | 3.142 |
| 峰值 | −0.861 | −0.532 | −0.628 |
| 偏斜度 | 0.036 | 0.064 | −0.107 |
| 极差 | 4 | 5 | 7 |
| 最小值 | 6 | 4 | 2 |

续表

|  | 工作表现 | 专业水平 | 外语水平 |
|---|---|---|---|
| 最大值 | 10 | 9 | 9 |
| 求和 | 386 | 309 | 225 |
| 计数 | 48 | 48 | 48 |

表 9-13  三个学院的 48 名毕业生的评分统计汇总表

|  | 商贸学院 | | | 生物学院 | | | 医学院 | | |
|---|---|---|---|---|---|---|---|---|---|
|  | 工作表现 | 专业水平 | 外语水平 | 工作表现 | 专业水平 | 外语水平 | 工作表现 | 专业水平 | 外语水平 |
| 平均值 | 8 | 5.824 | 4.765 | 8 | 6.412 | 5.294 | 8.143 | 7.214 | 3.857 |
| 中位数 | 8 | 6 | 5 | 8 | 7 | 5 | 8 | 7.5 | 4 |
| 众数 | 7 | 6 | 6 | 7 | 8 | 4 | 8 | 6 | 5 |
| 标准差 | 1.118 | 0.951 | 1.602 | 1.061 | 1.460 | 1.611 | 0.949 | 1.369 | 1.512 |
| 样本方差 | 1.25 | 0.904 | 2.566 | 1.125 | 2.132 | 2.596 | 0.901 | 1.874 | 2.286 |
| 峰值 | −1.093 | −0.187 | −0.907 | −0.635 | −0.896 | 0.147 | −0.694 | −1.507 | −1.553 |
| 偏斜度 | 0 | −0.597 | −0.393 | 0.000 | −0.554 | 0.575 | 0.308 | −0.028 | −0.032 |
| 极值 | 4 | 3 | 5 | 4 | 4 | 6 | 3 | 4 | 4 |
| 最小值 | 6 | 4 | 2 | 6 | 4 | 3 | 7 | 5 | 2 |
| 最大值 | 10 | 7 | 7 | 10 | 8 | 9 | 10 | 9 | 6 |
| 求和 | 136 | 99 | 81 | 136 | 109 | 90 | 114 | 101 | 54 |
| 计数 | 17 | 17 | 17 | 17 | 17 | 17 | 14 | 14 | 14 |

图 9-6  样本分布情况

3. 结果的分析

从图 9-6 中可以看出，随机抽取的 48 名毕业生是由商贸学院、生物学院和医学院毕业生组成的。各学院毕业生的人数分别是 17 人、17 人和 14 人，分别占样本的 35.4%、35.4% 和 29.2%。可见，各学院抽取的毕业生人数大致相同，样本具有一定的代表性。

(资料来源：http://jwcweb.lnpu.edu.cn/lnpujpk/tongjixue/index.html)

问题：

(1) 用人单位对该校毕业生哪个方面最满意？哪个方面最不满意？应在哪些方面作出教学改革？

(2) 用人单位对该校毕业生哪个方面的满意程度差别最大？是由什么原因产生的？

(3) 社会对三个学院的毕业生的满意程度是否一致？能否提出提高社会对该校毕业生满意程度的建议？

## 模 拟 实 训

一、实训项目：

1. 将实训项目"街头拦截调查"所搜集到的调查问卷进行课堂实训，用数据图表化进行描述。

2. 上机实训，学会运用 Excel 软件对资料进行正确的图表化处理。

二、实训目标：

1. 通过本项目的训练，学生能够掌握资料整理的基本技能。

2. 通过调查资料的整理统计，学生能够了解调查信息资料如何整理审核、分类编码、统计制表，从而掌握资料整理统计的方法和技巧。

三、实训内容：整理市场调查资料，对问卷资料进行审核、登记、编码、录入，列示调查资料。

四、实训组织：

1. 以个人为单位进行训练。

2. 个人在小组内交流经验。

五、实训考核：老师根据问卷编码是否清楚，能否运用计算机汇总数据、绘制图表并进行统计分析等评定成绩。

# 任务 10　预测市场发展趋势

## 能力目标

通过完成本任务，你应该能够：①运用定性分析法对数据资料进行预测；②运用时间序列分析方法对数据资料进行预测；③运用一元回归分析法对数据资料进行预测。

## 核心能力

- 运用集合意见法预测。
- 运用德尔菲法预测。
- 运用移动平均法预测。
- 运用一元回归法预测。

## 任务分解

- 定性预测法。
- 时间序列预测法。
- 回归预测法。

## 任务导入

### 市场物价预测

CPI 表征已经发生的物价浮动情况，但统计局的数据并不权威。但大数据则可能帮助人们了解未来物价走向，提前预知通货膨胀或经济危机。最典型的案例莫过于马云通过阿里 B2B 大数据提前知晓亚洲金融危机，当然这是阿里数据团队的功劳。

单个商品的价格预测更加容易，尤其是机票这样的标准化产品，去哪儿网提供的"机票日历"就是价格预测，告知你几个月后机票的大概价位。商品的生产、渠道成本和大概毛利在充分竞争的市场中是相对稳定的，与价格相关的变量相对固定，商品的供需关系在电子商务平台可实时监控，因此价格可以预测，基于预测结果可提供购买时间建议，或者指导商家进行动态价格调整和营销活动以利益最大化。

(资料来源：http://bbs.pinggu.org/thread-3873586-1-1.html)

企业在经营管理活动中，需要了解未来市场环境的变化，预测消费者的消费趋势走向，判断未来市场的发展状况以及了解竞争对手未来的经营决策。要了解以上内容，企业需要在调查的基础上,运用已知的资料进行预测。市场预测是指在市场调查的基础上,运用科学的方法对市场的各组成要素的变化趋势和未来可能的水平作出估计和测算,为决策提供依据的过程。市场预测分为定性预测和定量预测,定量预测具体包括时间序列预测法和回归预测法。本任务将详细介绍如何运用这些预测法进行预测。

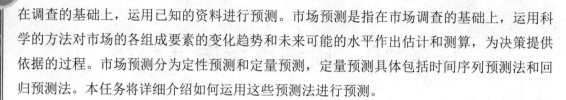

## 10.1 定性预测法

**任务提示** 本分项任务将引领你运用定性预测法完成预测工作。

**任务情景** 定性预测法是指预测人员根据自己的经验、理论和掌握的实际情况,对经济发展前景、性质和程度作出判断。这是一种不依托数学模型的预测方法。这种方法在社会经济生活中有广泛的应用,特别是在预测对象的影响因素难以分清主次,或其主要因素难以用数学表达式模拟时,预测者可以凭借自己的业务知识、经验和综合分析的能力,运用已掌握的历史资料和直观资料,对事物发展的趋势、方向和重大转折点作出估计和预测。

定性预测法的具体形式有个人判断法、集合意见法和德尔菲法。

### 10.1.1 个人判断法

个人判断法是由企业决策人员(如主管经营经理、有关部门主管干部)或基层人员(如营业员、业务员)根据所搜集到的资料凭借自己的经验,对市场需求的情况作出主观判断,预测未来的情况。

运用个人判断法预测的专家一般是经营管理人员、销售人员以及一些特邀的市场分析专家。任何企业要生存、发展,都必须预测市场发展变化的趋势。现代企业所面临的市场是快速变化的,面对频繁的市场变化,往往需要企业"当机立断",这就难以采用复杂的预测方法,而只能由经营管理人员、销售人员或有关专家根据自己的知识经验作出符合市场需求的决策。于是,个人判断法作为最简便易行的方法,在企业市场预测中运用十分频繁。

### 10.1.2 集合意见法

由预测人员召集企业的管理者、业务人员,根据已搜集的信息资料和个人的经验,对未来市场作出判断预测,最后由组织者把预测方案、意见集中起来,用平均数的方法进行数学处理,并根据实际工作情况进行修正,最终取得预测结果的方法,称为集合意见法。

集合意见法的实施步骤如下。

第一步,提出预测项目和要求,尽可能提供有关背景资料。

第二步，凭个人经验和分析判断能力，提出各自的预测方案。(定性和定量)

第三步，计算有关人员的预测方案的方案期望值。

第四步，将参与预测的人员分类，计算各类综合期望值。

第五步，确定最终的预测值。

$$Y_j = \sum_{i=1}^{n} Y_i W_i (0 \leqslant W_i \leqslant 1, \ \sum_{i=1}^{n} W_i = 1)$$

$$Y = \sum_{i=1}^{n} Y_j P_i$$

式中：$Y_j$ ——$j$ 类预测人员的综合预测值；

$Y_i$ ——$j$ 类人员中第 $i$ 位的方案期望值；

$W_i$ ——$j$ 类人员中第 $i$ 位方案期望值的比重或权数；

$n$ ——$j$ 类人员含有的人数总量；

$P_i$ ——$j$ 类预测人员的权数。

**例 10.1** 某零售企业运用集合意见法来预测下一年度企业的销售额。

其基本步骤如下。

第一步，选定预测人员。企业选定了 3 名经理、3 名科室管理人员和 4 名售货员参与预测活动。

第二步，各预测人员对企业明年的销售状况和销售额作出判断预测，经理的预测方案如表 10-1 所示；科室人员的预测方案如表 10-2 所示；售货员的预测方案如表 10-3 所示。

表 10-1 经理的预测方案

| 经理 | 销售状况 | 概率 | 预测值/万元 |
| --- | --- | --- | --- |
| A | 最高销售额 | 0.3 | 160 |
|  | 最可能销售额 | 0.5 | 140 |
|  | 最低销售额 | 0.2 | 100 |
| B | 最高销售额 | 0.2 | 170 |
|  | 最可能销售额 | 0.5 | 150 |
|  | 最低销售额 | 0.3 | 120 |
| C | 最高销售额 | 0.1 | 150 |
|  | 最可能销售额 | 0.6 | 130 |
|  | 最低销售额 | 0.3 | 100 |

表 10-2 科室人员的预测方案

| 科室 | 销售状况 | 概率 | 预测值/万元 |
| --- | --- | --- | --- |
| D | 最高销售额 | 0.2 | 160 |
|  | 最可能销售额 | 0.5 | 150 |
|  | 最低销售额 | 0.3 | 120 |

续表

| 科室 | 销售状况 | 概率 | 预测值/万元 |
|---|---|---|---|
| E | 最高销售额 | 0.2 | 150 |
|  | 最可能销售额 | 0.5 | 120 |
|  | 最低销售额 | 0.3 | 100 |
| F | 最高销售额 | 0.3 | 140 |
|  | 最可能销售额 | 0.5 | 120 |
|  | 最低销售额 | 0.2 | 100 |

表 10-3 售货员的预测方案

| 售货员 | 销售状况 | 概率 | 预测值/万元 |
|---|---|---|---|
| G | 最高销售额 | 0.4 | 100 |
|  | 最可能销售额 | 0.5 | 80 |
|  | 最低销售额 | 0.1 | 60 |
| H | 最高销售额 | 0.3 | 100 |
|  | 最可能销售额 | 0.5 | 80 |
|  | 最低销售额 | 0.2 | 70 |
| I | 最高销售额 | 0.3 | 110 |
|  | 最可能销售额 | 0.5 | 90 |
|  | 最低销售额 | 0.2 | 70 |
| J | 最高销售额 | 0.2 | 120 |
|  | 最可能销售额 | 0.5 | 100 |
|  | 最低销售额 | 0.3 | 70 |

第三步，分别归纳经理层、科室管理层、售货员层各自的预测值。

先计算出各预测人员的预测期望值，再在各层内对预测期望值进行加权平均。

经理层 A 的预测期望值为：0.3×160+0.5×140+0.2×100=138(万元)。

B 的预测期望值为：0.2×170+0.5×150+0.3×120=145(万元)。

C 的预测期望值为：0.1×150+0.6×130+0.3×100=123(万元)。

假定 A、B、C 三人对业务的熟悉程度、判断能力各不相同，在对三人的预测期望值进行归纳(平均)时不能运用简单算术平均法，而必须依个人的综合能力赋以不同的权数，运用加权平均法加以归纳。赋予权数的原则是：业务越熟悉、预测能力越强者，赋予的权数越大；反之越小。本例假定 A、B、C 的权数分别为 3∶2∶1，则经理层预测结果为

$$\frac{138\times3+145\times2+123\times1}{3+2+1}=137.8(万元)$$

同理可得，科室管理层预测结果(设 D、E、F 的权数分别为 2∶1∶1)为 132 万元，售货员层预测结果(由于售货员都工作在第一线，对业务熟悉程度相同，不必赋予权数)为 89.3

万元。

第四步，对各层预测结果加以综合。综合方法仍采用加权平均法。由于经理层、科室管理层和售货员层所处地位不同、看问题的角度不同、所起作用不同，应该赋予不同权数。设三者的权数分别为 3∶2∶1，则企业综合预测值为

$$\frac{137.8\times3+132\times2+89.3\times1}{3+2+1}=127.8(万元)$$

第五步，根据企业实际情况以及预测的目的对预测值加以适当调整。

## 10.1.3 德尔菲法

德尔菲法是指采用征询意见表，利用通信方式向一个专家小组进行调查，将专家小组的判断预测加以集中、反馈，并反复调查多次，最终利用集体的智慧得出市场现象未来预测结果的定性预测方法。

德尔菲法的预测步骤如下。

### 1. 准备阶段

成立一个预测领导小组，确定预测项目，设计预测调查表，寻找有关的背景资料。预测者要将预测对象的调查项目，按次序排列绘制成调查表或调查问卷，一般先介绍预测的目标，然后提出各种问题项目，应有填表说明及要求。各位专家虽对预测对象有所了解，但对全面情况的了解有时不够，或对某一方面的情况了解不多，所以，预测组织者还必须准备与预测有关的资料，以便专家在预测时参考。

### 2. 选择专家

选择专家时应注意：专家对预测目标必须熟悉，对预测项目有兴趣并能自始至终地参与。选择专家一般实行"三三制"，即选择本企业、本部门的专家人数占预测专家总数的 1/3 左右，选择与本企业、本部门有业务联系的行业专家人数占 1/3 左右，选择对经济、市场有研究且有社会影响的知名人士占 1/3 左右。专家人数一般在 10～50 人。被选定的专家，必须是对确定的预测对象具有丰富知识的人，既包括理论方面的专家，也包括具有丰富实际工作经验的专家，并且专家彼此之间没有联系，只有这样才能对预测对象提出可信的预测值。

### 3. 轮番征询专家意见

第一轮：邮寄或当面发给专家调查表及有关预测项目的背景材料，提出所需要预测的具体问题。专家们接到预测项目和背景材料后，互不通气，背靠背作出个人的分析判断，并按组织者的要求在规定时间内将调查表寄给或交给组织者。

第二轮：组织者收到调查表以后，应进行综合整理，归纳出几种不同的判断结论，并

用准确的语言进行描述，简略地附加说明每一种结论的理由，但不注明是哪个或哪几个专家的意见。然后再分寄(发)给每一位专家，让他们根据所寄材料作出第二次判断，并在规定的时间内将调查表寄(交)给组织者。

第三轮：其做法和第二轮一样，只是组织者在归纳意见时，应剔除个别极端的意见，更多归纳集中统一的意见。专家接到调查表后，再次作出预测，并说明自己预测的理由。

经过三次或更多次的轮番征询后，专家的意见逐步趋向一致，最后还需由组织者进行统计处理，得出最终结果。

**4. 确定预测值**

对专家最后一轮预测意见通过归纳或选择适当的统计方法，得出最后的预测结论。一般采用简单算术平均数法和中位数法。

简单算术平均数法，就是用所有专家最后预测值的平均数作为综合的预测值。其计算公式为

$$Y = \frac{\sum x_i}{n}$$

式中：$x_i$——各位专家的预测值；

$n$——专家人数。

中位数法，就是把所有专家的最后预测值按从小到大排序后，将处于中间位置上的变量值作为最后的预测值。

根据未分组数据计算中位数时，要先对数据排序；然后确定中位数的位置，其公式为中位数位置$=\frac{n+1}{2}$，式中的 $n$ 为数据的个数；最后确定中位数的具体数值。当 $n$ 为奇数时，处在中间位置上只有一个变量值，则该变量值就是中位数；当 $n$ 为偶数时，处在中间位置上有两个变量值，则这两个变量值的简单算术平均数就是该组数据的中位数。

**例 10.2** 某企业对新产品投放市场后的年销售量难以确定，因而选择了产品设计生产专家 3 人，商品学专家 3 人，批发业务专家 5 人，零售业务专家 5 人，消费者代表 5 人，并向他们发出了预测的征询意见表。经过三次意见反馈，某新产品的年销售量专家判断意见如表 10-4 所示。

表 10-4 某新产品的年销售量专家判断意见表　　　　单位：万箱

| 专家小组成员 | | | 第一次意见反馈 | | | 第二次意见反馈 | | | 第三次意见反馈 | | |
|---|---|---|---|---|---|---|---|---|---|---|---|
| | | | 最低销售量 | 最可能销售量 | 最高销售量 | 最低销售量 | 最可能销售量 | 最高销售量 | 最低销售量 | 最可能销售量 | 最高销售量 |
| 设计生产专家 | | A | 25 | 60 | 70 | 25 | 65 | 75 | 25 | 70 | 77 |
| | | B | 35 | 70 | 80 | 35 | 65 | 75 | 35 | 65 | 74 |
| | | C | 20 | 50 | 60 | 30 | 55 | 65 | 30 | 60 | 67 |

续表

| 专家小组成员 | | 第一次意见反馈 | | | 第二次意见反馈 | | | 第三次意见反馈 | | |
|---|---|---|---|---|---|---|---|---|---|---|
| | | 最低销售量 | 最可能销售量 | 最高销售量 | 最低销售量 | 最可能销售量 | 最高销售量 | 最低销售量 | 最可能销售量 | 最高销售量 |
| 商品学专家 | D | 30 | 55 | 70 | 30 | 50 | 80 | 31 | 55 | 80 |
| | E | 40 | 60 | 75 | 35 | 55 | 70 | 34 | 64 | 70 |
| | F | 30 | 50 | 65 | 30 | 55 | 75 | 32 | 62 | 75 |
| 批发业务专家 | G | 40 | 55 | 85 | 35 | 55 | 80 | 33 | 54 | 74 |
| | H | 30 | 50 | 80 | 30 | 60 | 80 | 40 | 60 | 78 |
| | I | 16 | 40 | 70 | 25 | 50 | 65 | 28 | 51 | 65 |
| | J | 20 | 40 | 80 | 30 | 55 | 70 | 30 | 56 | 70 |
| | K | 25 | 50 | 60 | 25 | 50 | 65 | 25 | 50 | 68 |
| 零售业务专家 | L | 20 | 40 | 45 | 25 | 50 | 60 | 26 | 52 | 58 |
| | M | 30 | 50 | 55 | 35 | 40 | 55 | 34 | 43 | 56 |
| | N | 25 | 45 | 60 | 30 | 45 | 55 | 32 | 42 | 57 |
| | O | 10 | 50 | 70 | 20 | 55 | 70 | 25 | 54 | 66 |
| | P | 25 | 40 | 60 | 25 | 50 | 60 | 27 | 52 | 60 |
| 消费者代表 | Q | 18 | 25 | 30 | 20 | 30 | 40 | 22 | 32 | 40 |
| | R | 20 | 30 | 40 | 24 | 32 | 50 | 24 | 30 | 50 |
| | S | 16 | 20 | 30 | 25 | 28 | 45 | 26 | 33 | 45 |
| | T | 20 | 30 | 50 | 20 | 30 | 40 | 20 | 34 | 42 |
| | U | 20 | 30 | 45 | 20 | 32 | 50 | 22 | 33 | 52 |
| 合计 | | | | | | | | 601 | 1052 | 1324 |

从表 10-4 中可以看出，专家们在发表第二、三轮预测意见时，大部分都在上次的预测意见基础上作了修改，经过三轮征询后，专家们预测值的差距在逐步缩小。

利用简单算术平均数求得：

最低销售点预测值=601/21=28.62

最可能销售点预测值=1052/21=50.10

最高销售点预测值=1324/21=63.05

假设三种销售量的概率分别为 0.2、0.7、0.1，则综合预测值为：28.62×0.2+50.1×0.7+63.05×0.1=47.1。

利用中位数求得：最低销售量为 28，最可能销售量为 52，最高销售量为 66。最后综合值为：28×0.2+52×0.7+66×0.1=48.6。

## 10.2 时间序列预测法

**任务提示** 本分项任务将引领你运用时间序列预测法完成预测工作。

**任务情景** 市场情况总是随时间的推移不断发生变化,这一过程受到社会、经济、人文等诸多因素的影响。反映市场变化的经济指标不可能停留在同一水平,但它们都遵循事物发展变化的连续性原理。时间序列预测法就是运用数学方法,从历史统计数据中找出市场发展趋势或变化规律,并使其向外延伸,从而对市场前景作出推测和估计。时间序列预测法的具体形式包括简单平均法、移动平均法、指数平滑法、趋势外推法和季节指数法。

### 10.2.1 简单平均法

**1. 简单算术平均法**

假设时间序列各期的观察值为 $x_1, x_2, \cdots, x_n$,则以这些观察值的简单算术平均数作为预测值。简单算术平均法的计算公式为

$$\hat{x} = \bar{x} = \frac{x_1 + x_2 + x_3 + \cdots + x_n}{n} = \frac{\sum_{i=1}^{n} x_i}{n}$$

式中:$\hat{x}$——预测值;

$\bar{x}$——观察期内各期的算术平均值;

$x_i$——观察期内各期的实际值;

$n$——数据个数。

**例 10.3** 某食品销售公司 2017 年 1—6 月份的某种商品的销售额分别为 65 万元、60 万元、59 万元、62 万元、63 万元、57 万元。以 6 个月的销售额的简单算术平均数作为预测值,预测 7 月份的销售额。

$$x_7 = \bar{x} = \frac{65 + 60 + 59 + 62 + 63 + 57}{6} = 61 \text{(万元)}$$

因此,该食品销售公司 7 月份的销售额为 61 万元。

**2. 加权算术平均法**

在求平均数时,根据观察期各资料重要性的不同,分别给以不同的权数后加以平均的方法,称作加权算术平均法。其计算公式为

$$\hat{x} = \bar{x} = \frac{x_1 f_1 + x_2 f_2 + \cdots + x_n f_n}{f_1 + f_2 + \cdots + f_n} = \sum_{i=1}^{n} \frac{x_i f_i}{f_i}$$

式中：$\hat{x}$——预测值；

$\bar{x}$——观察期内各期的算术平均值；

$x_i$——观察期内各期的实际值；

$f_i$——各期权数；

$n$——数据个数。

简单平均法是将各期的统计数据等同看待，但实际上各个统计数据所包含的趋势信息不相等，因此应根据其包含趋势信息的多少赋予相应的权数。一般来说，对近期统计数据赋予较大的权数，对远期统计数据赋予较小的权数，权数之间的级差根据经验判断。数据变动幅度不大时，以公差为 1 的等差数列给定权数；数据变动幅度较大时，以公比为 2 的等比数列给定权数；波动不定时，根据具体情况给予不同的权数，并使权数之和等于 1。

**例 10.4** 仍以上例的资料为基础，对各月的销售额分配权数，分别为 1、2、3、4、5、6。那么 7 月份的商品销售额预测值应为

$$x_7 = \bar{x} = \frac{65 \times 1 + 60 \times 2 + 59 \times 3 + 62 \times 4 + 63 \times 5 + 57 \times 6}{1+2+3+4+5+6} \approx 60.33 (万元)$$

### 3. 几何平均法

假设时间序列各期的观察值为 $x_1, x_2, \cdots, x_n$，则以这些观察值的几何算术平均数 $\bar{x}$ 的值作为预测值 $\hat{x}$。即

$$\hat{x} = \bar{x} = \sqrt[n]{x_1 \cdot x_2 \cdot x_3 \cdots x_n}$$

几何平均法的适用条件：各期环比发展速度大体接近，预测对象的发展过程一贯上升或下降。

几何平均法的预测步骤如下。

第一步，计算各期环比发展速度。

设时间序列的各期发展水平为：$a_1, a_2, a_3, \cdots, a_n$。

则观察期各期的环比发展速度为 $\dfrac{a_2}{a_1}, \dfrac{a_3}{a_2}, \cdots, \dfrac{a_n}{a_{n-1}}$。

第二步，计算平均发展速度。

$$\bar{x} = \sqrt[n-1]{\frac{a_2}{a_1} \cdot \frac{a_3}{a_2} \cdots \frac{a_n}{a_{n-1}}} = \sqrt[n-1]{\frac{a_n}{a_1}}$$

第三步，建立预测模型。

$$a_{n+1} = a_n \times (\bar{x})^t$$

$t$ 为预测期和模型所处时期的间隔期。

第四步，将 $t$ 值代入模型进行预测。

**例 10.5** 某商场 2010—2016 年销售资料如表 10-5 所示，试用几何平均法预测 2017—2019 年的商场销售额。

表 10-5　某商场 2010—2016 年销售情况

| 年　份 | 销售额/万元 | 环比发展速度/% |
|---|---|---|
| 2010 | 4820 |  |
| 2011 | 5400 | 112.03 |
| 2012 | 6030 | 111.67 |
| 2013 | 6750 | 111.94 |
| 2014 | 7570 | 112.15 |
| 2015 | 8480 | 112.02 |
| 2016 | 9490 | 111.91 |

**解：** 首先计算各期环比发展速度，通过观察可以知道，各期环比发展速度较接近，可用发展速度平均预测法计算环比发展速度的几何平均数。

$$\bar{x} = \sqrt[n-1]{\frac{a_n}{a_1}} = \sqrt[6]{\frac{9490}{4820}} = 111.95\%$$

其次，建立预测模型：$a_{n+1} = a_n \times (\bar{x})^t = 9490 \times 1.1195^t$。

最后，进行预测：2017—2019 年的 $t$ 分别为 1、2、3。

预测值：2017 年：$9490 \times 1.1195^1 = 10\,624$(万元)。

2018 年：$9490 \times 1.1195^2 = 11\,894$(万元)。

2019 年：$9490 \times 1.1195^3 = 13\,315$(万元)。

### 10.2.2　移动平均法

移动平均法是利用若干期实际值的平均值(移动平均数)来预测变动趋势。

移动平均法是全期平均法的一种改进，因为远离本期的历史数据对预测目标的影响甚微，故不予考虑。具体做法是：将时间序列的数据由远而近按一定跨越期求跨越期(3、4、5)内观察期数据平均数；然后，随着观察期的推移，按一定跨越期的观察期数据也相应向前移动，每向前移动一步，去掉最前面一个数据，增添原来观察期之后期的一个新数据，并逐一求得移动平均值；最后将接近预测期的最后一个移动平均值，作为确定预测值的依据。

常用的移动平均法有一次移动平均法和二次移动平均法，下面分别作简单介绍。

**1. 一次移动平均法**

一次移动平均法是以一组观察序列的平均值(移动平均值)作为下一期的预测值。

这种方法适用于没有明显长期变动趋势和循环变动的时间序列，数据只受偶然因素影响，呈不规则变动。

设 $X_t$ 为时间 $t$ 的观察值，$M_t^{(1)}$ 为时间序列中时间为 $t$ 的一次移动平均值，$N$ 为每一移动平均值的跨越期，求一次移动平均值 $M_t^{(1)}$ 的公式。

$$M_t^{(1)} = \frac{x_t + x_{t-1} + \cdots + x_{t-N+1}}{N} = M_{t-1} + \frac{1}{N}(x_t - x_{t-N})$$

$$\hat{x}_{t+1} = M_t^{(1)}$$

**例 10.6** 已知某商场前 11 个月的销售量资料如表 10-6 所示，试用一次移动平均预测法预测第 12 个月的销售量。

表 10-6　某商场前 11 个月的销售情况

| 月　份 | 销售量/千克 | 3 个月移动平均值(N=3) | 5 个月移动平均值(N=5) |
|---|---|---|---|
| 1 | 200 | | |
| 2 | 135 | | |
| 3 | 195 | 176.67 | |
| 4 | 197.5 | 175.83 | |
| 5 | 310 | 234.17 | 207.50 |
| 6 | 175 | 227.50 | 202.50 |
| 7 | 155 | 213.33 | 206.50 |
| 8 | 133 | 154.33 | 194.10 |
| 9 | 220 | 169.33 | 198.60 |
| 10 | 277 | 210.00 | 192.00 |
| 11 | 235 | 244.00 | 204.00 |

根据资料，预测第 12 个月的销售量值如下。

3 次移动时：$x_{12}$=244.00(千克)。

5 次移动时：$x_{12}$=204.00(千克)。

**2. 二次移动平均法**

二次移动平均法是指在一次移动平均法的基础上，对新产生的移动平均序列再次移动平均，以修正滞后偏差，并根据两次移动平均资料，建立线性趋势模型进行预测。

该方法适用于：存在明显的线性上升或下降的时间序列。

二次移动平均法的预测步骤如下。

第一步，根据时间序列资料判断是否存在线性趋势特征，如存在，先对观察值作一次移动平均。选择跨越期为 $N$，平均数为 $M_t^{(1)}$。

第二步，对一次移动平均后的新序列，再作移动平均。(与第一步的 $N$ 相同)

$$M_t^{(2)} = \frac{M_t^{(1)} + M_{t-1}^{(1)} + \cdots + M_{t-N+1}^{(1)}}{N} = M_{t-1}^{(2)} + \frac{1}{N}[M_t^{(1)} - M_{t-N}^{(1)}]$$

第三步，求解简单线性方程参数，得预测模型。

$$Y_{t+T} = a_t + b_t T$$
$$a_t = 2M_t^{(1)} - M_t^{(2)}$$
$$b_t = \frac{2}{N-1}[M_t^{(1)} - M_t^{(2)}]$$

式中：$Y_{t+T}$——第 $t+T$ 期的预测值；

$t$——预测模型所处的时期；

$T$——预测模型所处的时间至需要预测的时间之间的间隔期数；

$a_t$，$b_t$——参数值；

$N$——跨越期。

第四步，求解预测值。

**例 10.7** 某商场本年度 1—12 月份某商品销售额如表 10-7 所示，用二次移动平均法预测下一年度 1、2、3 月份的销售额。($N=3$)

表 10-7 某商场 1—12 月份某商品销售情况

| 月 份 | 实际销售额/万元 | 一次移动平均值 | 二次移动平均值 |
|---|---|---|---|
| 1 | 60 | | |
| 2 | 70 | | |
| 3 | 65 | 65.00 | |
| 4 | 75 | 70.00 | |
| 5 | 70 | 70.00 | 68.33 |
| 6 | 75 | 73.33 | 71.11 |
| 7 | 73 | 72.67 | 72.00 |
| 8 | 75 | 74.33 | 73.44 |
| 9 | 77 | 75.00 | 74.00 |
| 10 | 80 | 77.33 | 75.56 |
| 11 | 78 | 78.33 | 76.89 |
| 12 | 82 | 80.00 | 78.56 |

$$a_t = 2M_t^{(1)} - M_t^{(2)} = 2 \times 80.00 - 78.56 = 81.44$$
$$b_t = \frac{2}{N-1}[M_t^{(1)} - M_t^{(2)}] = \frac{2}{3-1}(80.00 - 78.56) = 1.44$$

据 $Y_{t+T} = a_t + b_t T$ 得到预测公式为：$Y = 81.44 + 1.44T$

下一年度 1 月份的销售额($T=1$)为：$81.44 + 1.44 \times 1 = 82.88$(万元)。

下一年度 2 月份的销售额($T=2$)为：$81.44 + 1.44 \times 2 = 84.32$(万元)。

下一年度 3 月份的销售额($T=3$)为：$81.44 + 1.44 \times 3 = 85.76$(万元)。

### 10.2.3 指数平滑法

指数平滑法通过对预测目标历史序列的逐层的平滑计算,消除了由于随机因素造成的影响,找出预测目标的基本变化趋势并以此预测未来。

#### 1. 一次指数平滑法

一次指数平滑法是指以时间序列的最后一个第一次指数平滑值为基础,建立预测模型,确定市场预测值。

已知时间序列为 $x_1, x_2, x_3, \cdots, x_n$,$S_1^{(1)}, S_2^{(1)}, S_3^{(1)}, \cdots, S_n^{(1)}$ 为时间 $t$ 的观察值的一次指数平滑值;$\alpha$ 为加权系数或平滑常数,且 $0 \leq \alpha \leq 1$,那么时间序列各观察期的一次指数平滑值为

$$S_t^{(1)} = \alpha x_t + (1-\alpha) S_{t-1}^{(1)} \text{ 或 } S_t^{(1)} = S_{t-1}^{(1)} + \alpha [x_t - S_{t-1}^{(1)}]$$

预测模型为

$$Y_{t+1} = S_t^{(1)}$$

即 $t+1$ 期的预测值为第 $t$ 期的一次指数平滑值。

一次指数平滑法的预测步骤如下。

第一步,确定初始值 $S_0^{(1)}$。

$S_0^{(1)}$ 没有办法计算出来,只能根据经验进行确定。一般情况下,如果时间序列原始数据比较多,如大于 15 个,这时初始值 $S_0^{(1)}$ 对 $S_t^{(1)}$ 的影响较小,可取 $S_0^{(1)}=x_1$,即以第一个观察期的原始数据代替指数平滑值的初始值;如果数据较小时,如不到 15 个,那么,初始值 $S_0^{(1)}$ 对 $S_t^{(1)}$ 的影响较大,可取时间序列中前 $N$ 个观察期的原始数据的平均值为初始值。

第二步,选择平滑常数 $\alpha$。

平滑常数(加权系数)的选择原则如下。

(1) 整个长期发展趋势比较稳定,权数应取小一点。

(2) 有较大的随机波动时,权数宜选较大点。

(3) 在原始资料缺乏时,取值可以大一点。

第三步,确定预测值。

最后一个指数平滑值即市场预测值。

#### 2. 二次指数平滑法

二次指数平滑法是指呈线性趋势的时间序列在一次指数平滑法的基础上,对一次指数平滑值再作一次指数平滑,然后利用两次指数平滑值,建立预测的数学模型,最后运用数学模型确定预测值。

$$S_t^{(2)} = \alpha S_t^{(1)} + (1-\alpha)S_{t-2}^{(2)}$$
$$Y_{t+T} = a_t + b_t T$$
$$a_t = 2S_t^{(1)} - S_t^{(2)}$$
$$b_t = \frac{\alpha}{1-\alpha}[S_t^{(1)} - S_t^{(2)}]$$

式中：$Y_{t+T}$——第 $t+T$ 期的预测值；

$t$——预测模型所处的时期；

$T$——预测模型所处的时间至需要预测的时间之间的间隔期数；

$a_t$，$b_t$——参数值。

**例 10.8** 某超市 1998—2016 年的销售额如表 10-8 所示，用二次指数平滑法预测 2017 年的销售额。

表 10-8 某超市 1998—2016 年的销售情况　　　　　　　　　　　单位：万元

| 年　份 | 销售额 | $S_t^{(1)}$ | $S_t^{(2)}$ |
| --- | --- | --- | --- |
| 1998 | 80 | 80.00 | 80.00 |
| 1999 | 81 | 80.50 | 80.25 |
| 2000 | 85 | 82.75 | 81.50 |
| 2001 | 84 | 83.38 | 82.44 |
| 2002 | 90 | 86.69 | 84.56 |
| 2003 | 92 | 89.34 | 86.95 |
| 2004 | 95 | 92.17 | 89.56 |
| 2005 | 89 | 90.59 | 90.07 |
| 2006 | 92 | 91.29 | 90.68 |
| 2007 | 99 | 95.15 | 92.92 |
| 2008 | 102 | 98.57 | 95.74 |
| 2009 | 110 | 104.29 | 100.02 |
| 2010 | 120 | 112.14 | 106.08 |
| 2011 | 140 | 126.07 | 116.08 |
| 2012 | 150 | 138.04 | 127.06 |
| 2013 | 155 | 146.52 | 136.79 |
| 2014 | 180 | 163.26 | 150.02 |
| 2015 | 175 | 169.13 | 159.58 |
| 2016 | 180 | 174.56 | 167.07 |

预测步骤如下。

第一步，确定初始值 $S_0^{(1)}$。$S_0^{(1)} = x_1 = 80$

第二步，选定 $\alpha = 0.5$，计算 $S_t^{(1)}$、$S_t^{(2)}$，见表 10-8。

第三步，利用 2016 年的一次指数平滑值、二次指数平滑值作预测模型。

$$a_t = 2S_t^{(1)} - S_t^{(2)} = 2 \times 174.56 - 167.07 = 182.05$$

$$b_t = \frac{\alpha}{1-\alpha}[S_t^{(1)} - S_t^{(2)}] = \frac{0.5}{1-0.5} \times (174.56 - 167.07) = 7.49$$

预测模型为：$Y=182.08+7.49T$。

2017 年的销售额($T$=1)为：182.05+7.49×1=189.54(万元)。

### 10.2.4 趋势外推法

趋势外推法是指根据市场发展的连续资料，寻求市场发展与时间之间的长期趋势变动规律，用恰当的方法找出长期变动趋势增长规律的函数表达式，据此预测市场未来发展的可能水平。趋势外推法分为直线趋势外推法和非线性趋势外推法，这里主要介绍直线趋势外推法。

直线趋势外推法的预测步骤如下。

第一步，画时间序列的直角坐标的散点图，如果长期趋势基本呈现线性趋势，便可选用直线趋势外推法进行预测。

第二步，建立预测模型。

$$Y_t = a + bt$$

式中：$Y_t$——预测值；

　　　$t$——时间序列编号；

　　　$a$，$b$——参数。

第三步，确定数学模型中的参数。

根据最小二乘法可推出 $a$，$b$ 的计算公式：

$$b = \frac{n\sum tY_t - \sum Y_t \sum t}{n\sum t^2 - (\sum t)^2}$$

$$a = \overline{Y} - b\overline{t}$$

为了简化计算，可令 $\sum t = 0$，依据时间序列的数据个数不同，$t$ 的编号方法也不同。当时间序列的数据个数为奇数时，可设定时间序数 $t$ 为…，-3，-2，-1，0，1，2，3，…，即取正中间的 $t$ 序数为 0。当时间序列的数据个数为偶数时，则 $t$ 可设为…，-5，-3，-1，1，3，5，…。这样原公式就简化为

$$b = \frac{\sum tY_t}{\sum t^2}$$

$$a = \overline{Y}$$

第四步，利用直线方程进行外推预测。

**例 10.9**　2008—2016 年某公司的利润情况如表 10-9 所示，试用趋势外推法预测 2017

年的利润。

表 10-9  2008—2016 年某公司的利润情况

| 年 份 | 利润(Y) | t | $t^2$ | tY |
| --- | --- | --- | --- | --- |
| 2008 | 7.3 | -4 | 16 | -29.2 |
| 2009 | 6.2 | -3 | 9 | -18.6 |
| 2010 | 8.7 | -2 | 4 | -17.4 |
| 2011 | 9 | -1 | 1 | -9 |
| 2012 | 8.8 | 0 | 0 | 0 |
| 2013 | 7.5 | 1 | 1 | 7.5 |
| 2014 | 9.9 | 2 | 4 | 19.8 |
| 2015 | 10.6 | 3 | 9 | 31.8 |
| 2016 | 8.4 | 4 | 16 | 33.6 |
| Σ | 76.4 | 0 | 60 | 18.5 |

第一步，在坐标上描绘出各点(如图 10-1 所示)，观察其变化趋势是否可以拟合成直线。

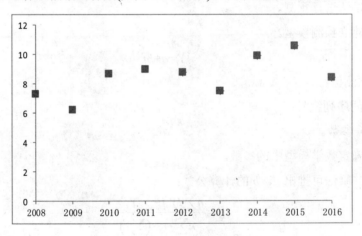

图 10-1  2008—2016 年某公司利润资料散点图

从图 10-1 中可以看出，变化趋势确属直线趋势，所以确定用直线趋势外推法进行预测。

第二步，建立预测模型。

$$Y_t = a + bt$$

第三步，确定数学模型中的参数。

根据 $\sum t = 0$，计算得：

$$a = \frac{\sum y}{n} = \frac{76.4}{9} = 8.49$$

$$b = \frac{\sum tY}{\sum t^2} = \frac{18.5}{60} = 0.31$$

那么直线方程为 $Y = 8.49 + 0.31t$。

第四步，利用直线方程进行外推预测。

2017 年利润($t$=5 时)为 $Y$=8.49+0.31×5=10.04(万元)。

### 10.2.5 季节指数法

季节指数法是根据各季节变动时间序列资料，用求算术平均值的方法直接计算各月或各季的季节指数，据此达到预测目的的一种方法。

季节指数：表示在各月或各季平均销售水平上季节变动的幅度大小。

例如，商品销售量一季度的季节指数 $S_1$=112.8%，意味着春季销售量比全年季度平均销售量高 12.8%；$S_4$=82.8%，意味着冬季销售量比全年季度平均销售量低 17.2%。

季节指数法的预测步骤如下。

(1) 计算时间数列中各年同季或同月的平均值。

(2) 计算所有年度所有季或月的总平均值。

(3) 计算各季或各月的季节比率。

$$某季度(月)季节比率 = \frac{各年同季度(月)平均数}{全期各季度(月)总平均数} \times 100\%$$

(4) 调整季节比率，确定季节指数。

计算季节比率时，若时间数列是按季度编制，则 4 个季度的季节比率之和应为 400%；若时间数列是按月编制，则 12 个月的季节比率之和应为 1200%。但是，由于计算中的四舍五入，可能导致误差，因此应予以调整。

调整系数的计算公式为

$$季度调整系数 = \frac{400\%}{实际各季度季节比率之和}$$

$$月调整系数 = \frac{1200\%}{实际各月季节比率之和}$$

由此，可以确定季节指数。季节指数=季节比率×调整系数。

(5) 计算未来年度没有考虑季节影响的预测值，根据季节指数水平预测公式进行预测。

如果当年某些季度(月)的实际值为已知，从这些实际值中消除季节影响，则可求得当年水平趋势值。而某季度(月)的预测值则根据季节指数可以确定，于是得到预测值的计算公式为

$$未来某季度(月)的预测值 = \frac{当年已知的各季度(月)实际值之和}{相应的各季度(月)季节指数之和} \times 预测季度(月)的季节指数$$

**例 10.10** 某公司近五年各季度的销售资料如表 10-10 所示，已知第六年第二季度的销售额为 25.6 万元，用季节指数法预测第三、四季度的销售额。

表 10-10  季度指数计算表

| | 一季度 | 二季度 | 三季度 | 四季度 | 全年合计 |
|---|---|---|---|---|---|
| 第一年 | 12.8 | 7.7 | 26.5 | 16.5 | 63.5 |
| 第二年 | 13.3 | 18.8 | 25.5 | 17.4 | 75.0 |
| 第三年 | 12.1 | 18.4 | 23.8 | 17.0 | 71.3 |
| 第四年 | 14.7 | 19.0 | 27.3 | 18.4 | 79.4 |
| 第五年 | 14.0 | 20.4 | 26.6 | 17.5 | 78.5 |
| 同季合计 | 66.9 | 84.3 | 129.7 | 86.8 | 367.7 |
| 同季平均 | 13.38 | 16.86 | 25.94 | 17.36 | 全期各季总平均 367.7/20=18.39 |
| 季节比率/% | 72.76 | 91.68 | 141.05 | 94.40 | 399.89 |
| 调整系数 | 400/399.89=1.000 275 076 | | | | |
| 季节指数 | 72.78 | 91.71 | 141.09 | 94.43 | 400 |

已知第六年第二季度的销售额为 25.6 万元，根据预测公式

$$第六年第三季度的销售额 = \frac{25.6}{91.71} \times 141.09 = 39.38(万元)$$

$$第六年第四季度的销售额 = \frac{25.6}{91.71} \times 94.43 = 26.36(万元)$$

## 10.3  回归预测法

**任务提示**  本分项任务将引领你运用回归预测法完成预测工作。

**任务情景**  在实际工作中，我们经常想了解这样一些问题：两种现象之间是否存在着某种关系，一种现象的变动是否会引起另一种现象的变动？例如，利率的变化是否会引起住房需求的变化？此外，我们还想了解能否用一种现象的变动情况来预测另一种现象的变化值。例如，你想估计下一年的消费支出，而消费支出是很难直接估计的，但估计下一年度的可支配收入就容易得多。假若你能找到收入和支出之间的关系，就可以利用这种关系和预期来预测消费支出。本项任务的主要内容就是介绍解决这些问题的方法——回归预测分析法，从各种经济现象之间的相互关系出发，把其相关因素的变化视为"因"，把预测对象的变化视为"果"，建立因果关系之间的数学模型，并根据相关因素的变化，推断预测对象未来状态数量表现的一种预测方法。

### 10.3.1  一元线性回归分析

回归分析法有多种类型：①一元回归分析，当研究的因果关系只涉及因变量和一个自

变量时,运用两个变量间相互依存的关系表达式进行预测;②多元回归分析,当研究的因果关系涉及因变量和两个或两个以上的自变量时,运用自变量与因变量的相互关系建立回归预测模型,进行预测;③线性回归分析,自变量和因变量之间因果关系的函数表达式是线性的;④非线性回归分析,自变量和因变量之间因果关系的函数表达式是非线性的。

回归分析预测法的应用步骤如下。

### 1. 确定因变量和自变量

因变量是指预测对象的变量。我们想了解某产品明年的需求量有多大,就需要对需求量进行预测,此时需求量就是因变量。因变量不是一成不变的,应该根据预测目标确定。自变量是指影响预测对象(因变量)的各种因素。在对需求量进行预测时,考虑了影响需求的因素产品的价格和消费者的收入,此时价格和收入就是自变量。

### 2. 根据散点图,建立模型

根据因变量和自变量的统计资料绘制散点图,若呈线性关系则建立如下模型。

$$y = a + bx$$

式中:$a$——回归常数。

$b$——回归系数。$b$ 的含义:自变量每变动一个单位,因变量平均变动的单位数。

### 3. 求解参数

用最小二乘法(又称最小平均法)确定参数 $a$ 和 $b$,选择的参数 $a$、$b$ 要使因变量的观察值 $y_i$ 与预测值 $\hat{y}_i$ 之间的离差平方和最小。即:$\min \sum_{i=1}^{n}(y_i - \hat{y}_i)^2 = \min \sum_{i=1}^{n} e_i^2$。通过验证,要使其平方和最小的 $a$ 和 $b$ 必须满足下式:

$$\begin{cases} \sum y_i = na + b\sum x_i \\ \sum x_i y_i = a\sum x_i + b\sum x_i^2 \end{cases}$$

解得

$$\begin{cases} b = \dfrac{n\sum x_i y_i - \sum x_i \sum y_i}{n\sum x_i^2 - (\sum x_i)^2} \\ a = \bar{y} - b\bar{x} \end{cases}$$

式中:$x_i$——自变量 $x$ 的第 $i$ 个观察值;

$y_i$——因变量 $y$ 的第 $i$ 个观察值;

$n$——观察值的个数;

$\bar{x}$——$x_i$ 的平均值;

$\bar{y}$——$y_i$ 的平均值。

### 4. 检验模型

通过参数估计，很容易得到变量间关系的模型。但模型是否与实际数据有很好的拟合，能否进行预测，数据是否与一些其他因素有关(如政策、抢购和季节等因素的影响)是需要解决的问题。因为，只有当变量之间确实存在着某种线性关系时，拟合出的回归方程才有意义。所以就要用一些方法对模型进行检验。常用的方法有经济意义检验、F检验、T检验和相关系数检验。本项任务主要介绍经济意义检验和相关系数检验。

1) 经济意义检验

经济意义检验是指模型中的参数符号有其特定的经济含义，通过实际经济现象就可以看出模型是否与实际相符。如居民消费水平与收入应同向变动，即 $b$ 应大于零，即居民消费水平随着收入的提高而提高，若求得的 $b$ 值小于 0，则没有通过经济意义检验。

2) 相关系数检验

相关系数用来反映两个变量间线性关系的密切程度。其计算公式为

$$r = \frac{\sum_{i=1}^{n}(x_i - \bar{x})(y_i - \bar{y})}{\sqrt{\sum_{i=1}^{n}(x_i - \bar{x})^2 \cdot \sum_{i=1}^{n}(y_i - \bar{y})^2}}$$

$$= \frac{n\sum_{i=1}^{n}x_iy_i - \sum_{i=1}^{n}x_i\sum_{i=1}^{n}y_i}{\sqrt{\left[n\sum_{i=1}^{n}x_i^2 - (\sum_{i=1}^{n}x_i)^2\right]\left[n\sum_{i=1}^{n}y_i^2 - (\sum_{i=1}^{n}y_i)^2\right]}}$$

$r$ 的取值范围：$-1 \leq r \leq 1$。

$r$ 值与两变量之间的关系如下。

$r=1$：完全正相关。

$1>r>0$：正相关，越接近 1 相关性越强。

$r=0$：不线性相关。

$0>r>-1$：负相关。

$r=-1$：完全负相关。

由此可知，只有$|r|$接近于 1 时，才能使用一元线性回归预测模型来描述 $x$ 与 $y$ 的关系。在实际中，$|r|$一般大于 0.7 就可以了。相关系数只指出了 $x$ 与 $y$ 之间线性关系的程度，即使 $r$ 很小，也只能表明 $x$ 与 $y$ 之间线性关系不密切，不能说 $x$ 与 $y$ 之间没有关系，可能有其他的函数关系，如双曲线、对数曲线等，此时可改用其他模型或方法进行预测。

### 5. 进行预测

从历史统计数据中进行一元线性回归的参数估计，在通过了一系列检验后，即可进行预测。预测通常有两种情况：一种是点预测，就是所求的预测值为一个值；另一种是区间

预测，即所求的预测值有一个数值范围。通常用正态分布的原理测算其估计标准误差，求得预测值的置信区间。

下面通过实例来说明一元线性回归预测法的应用步骤。

**例 10.11** 某公司销售收入与投入促销费用的关系密切，已知 2007—2016 年销售收入与促销费用的资料如表 10-11 所示，若公司计划 2017 年、2018 年分别投入促销费用 1400 万元和 1600 万元，预测该企业 2017 年、2018 年的销售收入。

表 10-11 某公司 2007—2016 年销售收入与促销费用资料　　　　单位：百万元

| 年 份 | 销售收入($y$) | 促销费用($x$) | $xy$ | $x^2$ | $y^2$ |
| --- | --- | --- | --- | --- | --- |
| 2007 | 272 | 4 | 1088 | 16 | 73 984 |
| 2008 | 304 | 5.2 | 1580.8 | 27.04 | 92 416 |
| 2009 | 312 | 5.6 | 1747.2 | 31.36 | 97 344 |
| 2010 | 328 | 6.4 | 2099.2 | 40.96 | 107 584 |
| 2011 | 344 | 7.2 | 2476.8 | 51.84 | 118 336 |
| 2012 | 364 | 8.2 | 2984.8 | 67.24 | 132 496 |
| 2013 | 380 | 9.4 | 3572 | 88.36 | 144 400 |
| 2014 | 404 | 10.4 | 4201.6 | 108.16 | 163 216 |
| 2015 | 432 | 11.6 | 5011.2 | 134.56 | 186 624 |
| 2016 | 452 | 12.8 | 5785.6 | 163.84 | 204 304 |
| 合计 | 3592 | 80.8 | 30 547.2 | 729.36 | 1 320 704 |

第一步，因为预测目标是销售收入，所以令销售收入为因变量 $y$，促销费用为 $x$。

第二步，依据统计资料，绘制散点图，如图 10-2 所示。

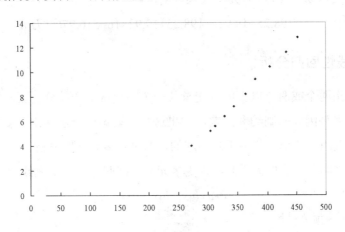

图 10-2 散点图

从散点图中可以看出，$y$ 与 $x$ 呈线性关系，故设预测模型为

$$y=a+bx$$

第三步，估计参数。

$$b = \frac{n\sum xy - \sum x \sum y}{n\sum x^2 - (\sum x)^2} = \frac{10 \times 30\,547.2 - 80.8 \times 3592}{10 \times 729.36 - 80.8 \times 80.8} = 19.92$$

$$a = \frac{\sum y}{n} - b\frac{\sum x}{n} = \frac{3592}{10} - 19.92 \times \frac{80.8}{10} = 198.25$$

所求回归方程为 $y=198.25+19.92x$

第四步，检验模型。

$b>0$，即销售收入随着促销费用的增加而增加，符合实际意义。

$$r = \frac{n\sum_{i=1}^{n} x_i y_i - \sum_{i=1}^{n} x_i \sum_{i=1}^{n} y_i}{\sqrt{\left[n\sum_{i=1}^{n} x_i^2 - \left(\sum_{i=1}^{n} x_i\right)^2\right]\left[n\sum_{i=1}^{n} y_i^2 - \left(\sum_{i=1}^{n} y_i\right)^2\right]}}$$

$$= \frac{10 \times 30\,547.2 - 80.8 \times 3592}{\sqrt{(10 \times 729.36 - 80.8^2)(10 \times 1\,320\,704 - 3592^2)}}$$

$$= 0.998$$

显然，$y$ 与 $x$ 具有高度线性相关性。

第五步，进行预测。

2017 年投入促销费用 1400 万元，代入模型，得

$$r = \frac{10 \times 30547.2 - 80.8 \times 3592}{\sqrt{(10 \times 729.36 - 80.8^2)(10 \times 1\,320\,704 - 3592^2)}}$$

$y=198.25+19.92x=198.25+19.92\times 14=477.13$(百万元)

2018 年投入促销费用 1600 万元，代入模型，得

$y=198.25+19.92x=198.25+19.92\times 16=516.97$(百万元)

### 10.3.2 多元线性回归分析

多元回归是指两个或两个以上的自变量与一个因变量的变动分析。一种社会经济现象的变动，往往受多种因素的制约和影响，如果这些因素难以分清主次，就需要进行多因素的分析。这时，仅用一两个回归分析是不够的，需进行多元回归分析。

当多元变量之间存在线性关系时，称为多元线性回归分析。多元线性回归公式为

$$y=a+b_1x_1+b_2x_2+\cdots+b_mx_m$$

式中：因变量 $y$——预测目标；

自变量 $x_1,x_2,x_3,\cdots,x_m$——影响预测目标的诸因素；

$a,b_1,b_2,b_3,\cdots,b_m$——参数。

存在两个自变量条件下的多元回归方程称为二元回归方程，它是多元回归方程中的

特例。

建立二元线性回归方程:
$$y=a+b_1x_1+b_2x_2$$

**例 10.12**　某公司要对其销售额进行预测,公司的销售额主要受产品销售价格与公司投入广告费用的影响。已知该公司过去 12 个季度的销售及广告费用数据(如表 10-12 所示),若公司下一季度计划投入广告费用 300 万元,产品销售价格降为 76 元/千克,试预测该公司下季度的销售额。

表 10-12　某公司过去 12 个季度销售及广告费用资料

| 季　度 | 销售额 $y$/百万元 | 广告费 $x_1$/万元 | 销售价格 $x_2$/(元/公斤) |
| --- | --- | --- | --- |
| 1 | 40.6 | 85 | 100 |
| 2 | 48.4 | 97 | 98 |
| 3 | 50.4 | 104 | 97 |
| 4 | 52 | 113 | 96 |
| 5 | 56 | 122 | 94 |
| 6 | 59.1 | 128 | 92 |
| 7 | 63.2 | 137 | 90 |
| 8 | 68.5 | 144 | 89 |
| 9 | 75 | 162 | 86 |
| 10 | 79.4 | 185 | 84 |
| 11 | 86.6 | 203 | 82 |
| 12 | 98.8 | 250 | 80 |

建立二元线性回归方程:
$$y=a+b_1x_1+b_2x_2$$

式中:$y$——销售额;

$\quad\quad x_1$——广告费;

$\quad\quad x_2$——销售价格;

$\quad\quad a,b_1,b_2$——参数。

参数估计方法仍然采用最小二乘法进行推算,具体计算公式为

$$\begin{cases} \sum y = na + b_1\sum x_1 + b_2\sum x_2 \\ \sum x_1 y = a\sum x_1 + b_1\sum x_1^2 + b_2\sum x_1 x_2 \\ \sum x_2 y = a\sum x_2 + b_1\sum x_1 x_2 + b_2\sum x_2^2 \end{cases}$$

列表进行计算,如表 10-13 所示。

表 10-13　二元线性回归预测计算表

| 季度 | 销售额 y /百万元 | 广告费 $x_1$ /万元 | 销售价格 $x_2$ /(元/千克) | $x_1y$ | $x_2y$ | $x_1x_2$ | $x_1^2$ | $x_2^2$ |
|---|---|---|---|---|---|---|---|---|
| 1 | 40.6 | 85 | 100 | 3451 | 4060 | 8500 | 7225 | 10000 |
| 2 | 48.4 | 97 | 98 | 4694.8 | 4743.2 | 9506 | 9409 | 9604 |
| 3 | 50.4 | 104 | 97 | 5241.6 | 4888.8 | 10 088 | 10 816 | 9409 |
| 4 | 52 | 113 | 96 | 5876 | 4992 | 10 848 | 12 769 | 9216 |
| 5 | 56 | 122 | 94 | 6832 | 5264 | 11 468 | 14 884 | 8836 |
| 6 | 59.1 | 128 | 92 | 7564.8 | 5437.2 | 11 776 | 16 384 | 8464 |
| 7 | 63.2 | 137 | 90 | 8658.4 | 5688 | 12 330 | 18 769 | 8100 |
| 8 | 68.5 | 144 | 89 | 9864 | 6096.5 | 12 816 | 20 736 | 7921 |
| 9 | 75 | 162 | 86 | 12 150 | 6450 | 13 932 | 26 244 | 7396 |
| 10 | 79.4 | 185 | 84 | 14 689 | 6669.6 | 15 540 | 34 225 | 7056 |
| 11 | 86.6 | 203 | 82 | 17 579.8 | 7101.2 | 16 646 | 41 209 | 6724 |
| 12 | 98.8 | 250 | 80 | 24700 | 7904 | 20 000 | 62 500 | 6400 |
| 合计 | 778 | 1730 | 1088 | 121 301.4 | 69 294.5 | 153 450 | 275 170 | 99 126 |

将相关数据代入上述方程组得：

$$\begin{cases} 778=12a+1730b_1+1088b_2 \\ 121\,301.4=1730a+275\,170b_1+153\,450b_2 \\ 69\,294.5=1088a+153\,450b_1+99\,126b_2 \end{cases}$$

$$\begin{cases} a=143.439 \\ b_1=0.1985 \\ b_2=-1.1827 \end{cases}$$

所求方程为

$$y=143.439+0.1985x_1-1.1827x_2$$

当 $x_1=300$、$x_2=76$ 时，$y=143.439+0.1985\times300-1.1827\times76=113.10$。

对于三个或三个以上自变量的多元线性回归预测以及非线性回归预测，计算方法要复杂得多，大都需要用电子计算机处理，这里不作介绍。

## 课 程 小 结

市场预测方法有两类，一类是定性预测法，是依赖于预测人员丰富的经验和知识以及综合分析能力，对预测对象的未来发展前景作出性质与程度上的估计和推测的一种预测方法。定性预测方法的具体形式较多，主要包括个人判断法、集合意见法和德尔菲法。另一类是定量预测法，主要是按照信息资料的时间序列进行预测。定量预测法主要分为时间序列预测法和回归预测法。时间序列预测法是市场预测技术中的一个重要部分，在市场预测中被普遍采用。它是根据时间序列外推或延伸，预测未来可能的水平。时间序列预测法常用的方法有简单平均法、移动平均法、指数平滑法、趋势外推法、季节指数法等。在运用过程中，要充分理解每种技术的要点和特点，选择适合预测项目要求和特点的技术。

在社会经济活动中，各种事物之间总是存在着相互关系。事物之间的相互关系可分为函数关系和相关关系两大类。相关关系，也称非确定性关系，是指现象之间存在的非确定性的依存关系。在社会经济活动中，相关关系的种类很多。相关分析是对变量间的相关关系进行分析和研究的方法。回归分析预测是对具有相关关系的现象，利用回归方程预测一种现象对另一现象的影响。

根据影响预测对象的因素多少，有一元线性回归分析和多元线性回归分析。

若影响预测对象的主要因素只有一个，并且它们之间呈线性关系，那么可采用简单的一元线性回归分析法预测。

多元回归是指两个或两个以上的自变量与一个因变量的变动分析。多元回归预测方法在因素分析和计算上都远比一元回归预测方法复杂。

## 课 堂 讨 论

1. 为什么说平均数能够代表预测对象在一定时期内的发展水平？
2. 一次移动平均法中移动跨越期 $n$ 的选取，对预测值有什么影响？
3. 一次指数平滑法中平滑系数 $\alpha$ 的选取，对预测值有什么影响？
4. 如何分析时间序列是否存在季节变动？如何求得季节指数？

## 课 后 自 测

一、选择题

1. 加权平均法的关键是（　　）。
   A. 确定权数　　　　　　　　　B. 观察期的长短
   C. 各期资料的差异度　　　　　D. 销售发展的总趋势
2. 下列方法不是以平均数为基础的是（　　）。
   A. 简易平均法　　　　　　　　B. 移动平均法
   C. 加权平均法　　　　　　　　D. 指数平滑法

3. 市场预测中的因变量通常为(    )。

    A. 确定变量      B. 市场      C. 消费者      D. 预测目标

4. 下列说法中正确的是(    )。

    A. 若相关系数 $r>0$，$x$ 和 $y$ 同方向变化，称正相关

    B. 若相关系数 $r>0$，$x$ 和 $y$ 反方向变化，称负相关

    C. 当 $|r|=0$ 时，称两变量为完全不线性相关

    D. 当 $|r|=0$ 时，称两变量为完全线性相关

    E. 当 $|r|=1$ 时，称两变量为完全线性相关

## 二、判断题

1. 时间序列分析法只适合于近期和短期的预测。（    ）
2. 德尔菲预测法也是一种专家预测法。（    ）
3. 回归分析预测法的主要研究内容是确定性因果关系。（    ）
4. 当 $|r|=1$ 时，称两变量为完全不线性相关。（    ）

## 三、简答题

1. 什么是时间序列？作用于时间序列的因素有哪些？
2. 什么是定性预测法，包括哪些内容？
3. 二次移动平均法的应用步骤有哪些？
4. 回归分析预测法的应用步骤有哪些？

# 案 例 分 析

某 VCD 连锁店非常想知道在电视台做广告与在广播电台做广告哪种渠道更有效。调查者搜集了连锁店每月的销售额和每月用在以上两种媒体上的广告支出，如表 10-14 所示。连锁店想知道：销售额是否与两种媒体的广告有关？每种媒体上的广告支出额对销售额的影响如何？哪种广告形式带来的成本效益更好？请你根据所学知识为连锁店选择一个最佳的广告形式。

表 10-14　广告支出情况表　　　　　　　　　　　　单位：万元

| 销售额 | 广播 | 电视 |
| --- | --- | --- |
| 818 | 13 | 17 |
| 1101 | 23 | 37 |
| 781 | 33 | 30 |
| 1076 | 41 | 22 |

续表

| 销售额 | 广播 | 电视 |
|---|---|---|
| 1253 | 22 | 30 |
| 836 | 17 | 21 |
| 710 | 24 | 25 |
| 684 | 17 | 25 |
| 1007 | 23 | 23 |
| 952 | 11 | 28 |
| 876 | 12 | 27 |
| 821 | 31 | 22 |
| 633 | 10 | 30 |
| 1428 | 32 | 25 |
| 1159 | 27 | 23 |
| 711 | 17 | 18 |
| 800 | 21 | 29 |
| 718 | 15 | 30 |
| 1516 | 34 | 31 |
| 752 | 23 | 16 |

(资料来源：李世杰，王峰. 市场调查与预测[M]. 武汉：武汉理工大学出版社，2005.)

**案例提示：**

用于广播广告支出的回归系数比较大，并且比用于电视广告支出的回归系数显著，说明 VCD 连锁店应该把更多的广告支出用于广播，而减少对电视台的广告支出。

## 模 拟 实 训

一、实训项目：市场预测法。

二、实训目标：能够运用时间序列预测法和回归预测法对一些问题进行预测。

三、实训内容：

1. 某商场本年度下半年的销售额数据，如表 10-15 所示，用几何平均法预测下一年度 1 月份的销售额。

表 10-15　某商场本年度下半年的销售额

| 月份 | 7 | 8 | 9 | 10 | 11 | 12 |
|---|---|---|---|---|---|---|
| 销售额/万元 | 73 | 75 | 77 | 80 | 78 | 82 |

2. 某公司历年收入资料如表 10-16 所示。

表10-16　某公司历年收入

| 年份 | 2010 | 2011 | 2012 | 2013 | 2014 | 2015 | 2016 |
|---|---|---|---|---|---|---|---|
| 收入/万元 | 200 | 220 | 310 | 400 | 460 | 520 | 610 |

要求：

(1) 绘制时间序列图，并描述其变化趋势。

(2) 试用移动平均法预测2017年的收入。($N=3$)

(3) 采用指数平滑法，分别用平滑系数 $\alpha=0.3$ 和 $\alpha=0.5$ 预测2017年的公司收入，并说明用哪一个平滑系数更合适一些。

3. 某广告公司的利润额资料如表10-17所示，试用趋势外推法预测2017年的利润额。

表10-17　某广告公司的利润额

| 年份 | 2009 | 2010 | 2011 | 2012 | 2013 | 2014 | 2015 | 2016 |
|---|---|---|---|---|---|---|---|---|
| 利润额/万元 | 400 | 430 | 440 | 460 | 530 | 560 | 620 | 680 |

4. 某商品五年各季度的销售资料，如表10-18所示，已知第六年第一季度的销售额为25.6万元，用季节指数法预测第二、三季度的销售额。

表10-18　某商品五年各季度的销售额

单位：万元

| | 一季度 | 二季度 | 三季度 | 四季度 |
|---|---|---|---|---|
| 第一年 | 13.9 | 8.7 | 26.5 | 16.5 |
| 第二年 | 14.9 | 19.8 | 25.5 | 17.4 |
| 第三年 | 13.5 | 19.4 | 23.8 | 17.0 |
| 第四年 | 15.7 | 20.0 | 27.3 | 18.4 |
| 第五年 | 15.4 | 21.4 | 26.6 | 17.5 |

5. 某企业7个生产期内的总成本和总产量，如表10-19所示，请根据资料建立回归模型，并预测当总产量为30吨时的总成本。

表10-19　某企业7个生产期内的总成本和总产量

| 总成本/万元 | 100 | 150 | 160 | 240 | 230 | 370 | 410 |
|---|---|---|---|---|---|---|---|
| 总产量/吨 | 0 | 5 | 8 | 10 | 15 | 23 | 25 |

四、实训组织：个人上机完成。

五、实训考核：老师根据步骤及数据的准确性评定成绩。

# 任务 11　准备并编写市场调查报告

### 能力目标

通过完成本任务,你应该能够:①识记市场调查报告的结构;②编写市场调查报告。

### 核心能力

编写市场调查报告。

### 任务分解

- 准备市场调查报告。
- 编写市场调查报告。

### 任务导入

撰写调查报告是市场调查的最后一项工作内容,市场调查工作的成果将体现在最后的调查报告中。调查报告将提交企业决策者,作为企业制定市场营销策略的依据,同时也是在市场细分的基础上,企业投资新市场、新产品或改变经营策略的依据,是企业内部统一思想、统一认识的工具,是评估项目风险与回报的最初级文件,是对投资者的一份承诺书。

### 分项任务

## 11.1　准备市场调查报告

**任务提示**　本分项任务将引领你了解编写市场调查报告的准备工作。

**任务情景**　市场调查报告是经济调查报告的一个重要种类,它是以科学的方法对市场的供求关系、购销状况以及消费情况等进行深入细致的调查研究后所写成的书面报告。其作用在于帮助企业了解、掌握市场的现状和趋势,增强企业在市场经济大潮中的应变能力和竞争能力,从而有效地促进经营管理水平的提高。那么编写市场调查报告需要做哪些准备工作呢?

### 11.1.1　明确市场调查的流程

市场调查报告必须经过市场调查、拟写研究报告两个主要阶段。没有调查,就没有研究；没有调查研究，就写不出调查报告。调查报告的主要材料来源于调查，科学客观的调查是写作调查报告的第一步，也是至关重要的一步。在写市场调查报告前让我们先回顾一下市场调查的流程。

(1) 确定市场调查的目的。
(2) 确定市场调查的对象。
(3) 确定市场调查的项目。
(4) 确定调查方式。
(5) 确定调查方法。
(6) 确定研究分析方法。

### 11.1.2 确定市场调查报告的类型及阅读对象

市场调查报告可以从不同角度进行分类，一般主要分为以下几种。

按其所涉及内容含量的多少，市场调查报告可以分为综合性市场调查报告和专题性市场调查报告；按调查对象的不同，可分为关于市场供求情况的市场调查报告、关于产品情况的市场调查报告、关于消费者情况的市场调查报告、关于销售情况的市场调查报告以及有关市场竞争情况的市场调查报告；按表述手法的不同，可分为陈述型市场调查报告和分析型市场调查报告。

调查报告还必须明确阅读对象。阅读对象不同，他们的要求和所关心的问题的侧重点也不同。比如，调查报告的阅读者是公司的总经理，那么他主要关心的是调查的结论和建议部分，而不是大量数字的分析等。但如果阅读的对象是市场研究人员，他所需要了解的是这些结论是怎么得来的，是否科学、合理，那么，他更关心调查所采用的方式、方法，数据的来源等方面的问题。市场调查报告必须明确要解决什么问题，阅读对象是谁，必须要有针对性。

### 11.1.3 确定编写市场调查报告的意义

市场调查报告撰写的意义归纳起来有以下三点。

**1. 调查报告是调查工作的最终成果**

市场调查报告是调查与分析成果的有形产品。调查报告是将调查研究的成果以文字和图表的形式表达出来，因此调查报告是市场调查成果的集中体现，并可用作市场调查成果的历史记录。

**2. 调查报告是感性认识到理性认识的反映**

市场调查报告比起调查资料来，更便于阅读和理解，它能把死数字变成活情况，起到透过现象看本质的作用，使感性认识上升为理性认识，有利于商品生产者、经营者了解、掌握市场行情，从而为确定市场经营目标、工作计划奠定基础。

**3. 市场调查报告是为社会、企业、各管理部门服务的一种重要形式**

市场调查的最终目的是写成市场调查报告呈报给企业的有关决策者，以便他们在决策时作参考。一个好的调查报告，能对企业的市场活动提供有效的导向作用。

### 11.1.4 确定市场调查报告的功能

市场调查报告应具备如下几个方面的功能：描述调查结果；充当参考文件；证明所做工作的可信度。

**1. 描述调查结果**

调查报告必须表述研究的细节，市场调查报告中应对已完成的调研项目作完整而又准确的描述。也就是说，调查报告的内容必须详细，完整地表达给读者以下内容。

(1) 调查目的。

(2) 主要背景信息。

(3) 调查方法的评价。

(4) 以表格或图形的方式展示调查结果。

(5) 调查结果摘要。

(6) 结论。

(7) 建议。

**2. 充当参考文件**

调查报告必须能像一个参考文件一样发挥作用，一旦报告被报送或分发给决策者，它便开始了自己的使命。大多数调查报告都包括几个目标和一系列意义重大的信息。但是，让决策者在某一特定时间记住这些内容是不可能的，因此，决策者及其他研究人员常拿出原报告重新阅读，以便熟悉调查的基本内容。从这方面来看，它像一个价值卓著的参考文件一样发挥作用。

**3. 证明所做工作的可信度**

调查报告必须建立并保持研究的可信度，调查报告的可信度可以从以下几个方面得到体现：一是调查报告的外观质量会影响到人们对它的可信度，换句话说，如果调查报告格式不规范，错别字太多，印刷质量太差，有漏掉的页码，图表制作缺乏美观等，那么给人的第一印象就不好，人们就会对调查报告制作者的态度产生怀疑，进而影响读者对研究可信度的评价；二是调查报告对所采用的调查方法和抽样技术以及可能的误差要加以说明，从而使得使用调查报告的人员确信调查报告在某些方面是可信的；三是避免提出一些"令人大吃一惊"的极端性建议。总之，调查报告必须让读者感受到调查人员对整个调查项目的重视程度和对调查质量的控制程度，这一点无论怎么强调都不过分。

### 11.1.5 确定市场调查报告编写的特点

市场调查报告应具有针对性、新颖性、时效性和科学性等几个方面的特点。

**1. 针对性**

针对性包括选题上的针对性和阅读对象的明确性两个方面。首先，调查报告在选题上必须强调针对性，做到目的明确、有的放矢，围绕主题展开论述，这样才能发挥市场调查应有的作用。其次，调查报告还必须明确阅读对象。阅读对象不同，他们的要求和所关心的问题的侧重点也不同。针对性是调查报告的灵魂，针对性不强的调查报告必定是盲目的和毫无意义的。

**2. 新颖性**

市场调查报告的新颖性是指调查报告应从全新的视角去发现问题，用全新的观点去看待问题。市场调查报告要紧紧抓住市场活动的新动向、新问题等提出新观点。这里的新，更强调的是提出一些新的建议，即以前所没有的见解。比如，许多婴儿奶粉均不含蔗糖，但通过调查发现，消费者并不一定知道这个事实。有人就在调查报告里给某个奶粉制造商提出了一个建议，建议在广告中打出"不含蔗糖"(不会让小宝宝的乳牙蛀掉)，结果取得了很好的效果。

**3. 时效性**

市场的信息千变万化，经营者的机遇也是稍纵即逝。若市场调查滞后，就失去了其存在的意义。因此，要求调查行动要快，市场调查报告应将从调查中获得的有价值的内容迅速、及时地报告出去，以供经营决策者抓住机会，在竞争中取胜。

**4. 科学性**

市场调查报告不是单纯报告市场客观情况，还要通过对事实作分析研究，寻找市场发展变化规律。这就需要写作者掌握科学的分析方法，以得出科学的结论，适用的经验、教训，以及解决问题的方法、意见等。

## 11.2 编写市场调查报告

**任务提示** 本分项任务将引领你了解怎样编写市场调查报告。

**任务 11　准备并编写市场调查报告**

|任务情景| 调查报告是调查结果的集中表现。能否撰写出一份高质量的调查报告，是决定调查本身成败的重要环节。市场调查报告是市场调查研究成果的一种表现形式。它是通过文字、图表等形式将调查的结果表现出来，以使人们对所调查的市场现象或问题有一个全面系统的了解和认识。

调查报告必须要能回答两个问题："是怎样"和"为什么"。通过调查，我们对"是怎样"有了基本的了解，现在必须通过现象看本质，从具体到抽象、由个别到一般地归纳出现象背后的本质规律来。调查报告不仅要告诉读者"是怎样"，更要能回答"为什么会是这样""原因何在"等问题。这就有一个穷尽问题所有环节的"足文"思维过程。

## 11.2.1　确定市场调查报告的封面

市场调查报告的封面是整个市场调查报告的"脸面"，因此一定要慎重对待，不能出现错别字，否则会影响阅读对象对整篇调查报告的印象。

### 1. 封面

封面的内容一般包括标题和报告日期、委托方、调查方等，具体如图 11-1 所示。

```
        关于天津市居民收支、消费及储蓄情况的
                    调 查 报 告


        调查单位_____
        通信地址_____
        电话_____
        E-mail_____
        报告日期_____
        报告委托方_____
```

图 11-1　市场调查报告封面(一)

但有的市场调查报告的封面也做了简化、艺术处理，如图 11-2 和图 11-3 所示的封面。

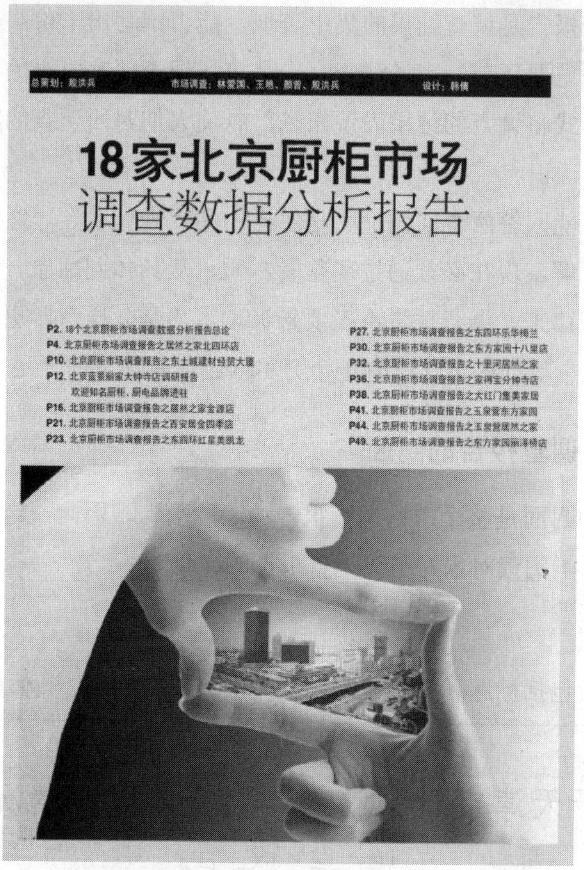

图 11-2 市场调查报告封面(二)

图 11-3 市场调查报告封面(三)

## 2. 标题

标题的形式一般有以下 4 种。

(1) 直叙式标题：是反映调查意向或指出调查地点、调查项目的标题。例如，《北京市中高档商品房需求的调查》等。这种标题的特点是简明、客观。

(2) 表明观点式标题：是直接阐明作者的观点、看法，或对事物作出判断、评价的标题。如《对当前的需求不旺不容忽视》《高档羊绒大衣在北京市场畅销》等标题。这种标题既表明了作者的态度，又揭示了主题，具有很强的吸引力。

(3) 提出问题式标题：是以设问、反问等形式，突出问题的焦点和尖锐性，以吸引读者阅读、思考。

(4) 标题按其形式又可以分为单行标题和双行标题。单行标题是用一句话概括调查报告的主题或要回答的问题，一般是由调查对象及内容加上"调查报告"或"调查"组成。例如，《"中关村电子一条街"调查报告》《海尔洗衣机在国内外市场地位的调查》《关于上海市家用电脑销售情况的调查》等。双标题由主题加副题组成。一般用主题概括调查报告的主题或要回答的问题，用副题标明调查对象及其内容。例如，《保护未成年人要从规范成年人入手——关于中小学生出入电子游戏厅的调查》《应对国际金融危机系列调研报告之一——金融危机下的中国文化产业》等。

### 11.2.2 确定市场调查报告的目录

如果调查报告的内容、页数较多，为了方便读者阅读，应当使用目录或索引形式列出报告所分的主要章节和附录，并注明标题、有关章节号码及页码。一般来说，目录的篇幅不宜超过一页。

目录一般包括以下内容。

(1) 调查设计与组织实施。

(2) 调查对象构成情况简介。

(3) 调查的主要统计结果简介。

(4) 综合分析。

(5) 数据资料汇总表。

(6) 附录。

但目录也有简化形式，如图 11-4 所示。

图 11-4　简化目录示例

此目录是电子文档，没有页码，正规的目录，应在相应的位置标注页码，以便阅读对象查阅。

### 11.2.3　确定市场调查报告的导语

导语，也称前言、引言，即调查报告的开头部分。导语部分一般简要介绍调查的背景、意义、目的，或交代调查的时间、地点、对象范围、方式方法等。导语要求以叙述说明为主，简短概括，洗练清楚。

**例 11.1**　《中国空调市场消费需求调查报告》的导语如下。

一、调查时间：2003 年 3 月 15 日—2004 年 6 月 15 日。

二、调查形式：以暗访、明调两种主要方式，分东、西、南、北四条线路进行调查。

三、调查范围：北京、济南、太原、石家庄、青岛。

(资料来源：《经济参考报》)

**例 11.2**　《2009 年 3 季度杭州消费者购房需求调查报告》的导语如下。

1. 调查时间

调查时间为 2009 年 10 月 23 日—2009 年 10 月 25 日。

2. 调查目的

了解杭州市消费者购房需求偏好，如购房面积、户型面积偏好以及其他购房考虑因素等；了解杭州市消费者购买力水平，如理想价位、付款方式、装修标准等；了解杭州市消费者购房影响因素；了解杭州市消费者目前居住状况、购房计划及目的等；了解杭州市消费者对于购买二手房的态度及其具体原因；了解杭州市消费者对于目前住宅水平的态度及对未来房价走势的预期。

3. 调查方式与对象

本次调查采取随机调查方式，主要针对杭州市拟购房消费者。

4. 抽样方案

本次调查采取随机抽样方式，共回收有效问卷 523 份。

(资料来源：房地产门户——搜房网. www.soufun.com)

**例 11.3**　《笔记本需求调查：消费者结构特征分析》的导语如下。

笔记本电脑的便携优势深入人心，近年来笔记本在性能大幅提升的同时，价格也越来越为广大消费者所接受。为了了解广大消费者对笔记本电脑的不同需求，同时为厂家提供全面翔实的一手数据以便设计开发出更满足用户切身需求的产品，ZDC 特别筹划本次调研。

本次调研主要通过中关村在线显著位置投放问卷，针对 IT 网站读者进行全面的调查，共回收有效样本量 1034 个。根据丰富的一手资料，ZDC 对笔记本电脑消费者的结构特征、应用现状、个性需求等进行了全面的分析。

(资料来源：中关村在线)

## 11.2.4　确定市场调查报告的主体内容

这部分是市场调查报告的核心，也是写作的重点和难点所在。在这一部分，要完整、准确、具体地说明调查的基本情况，进行科学合理的分析预测，并在此基础上提出有针对性的对策和建议。具体包括以下三方面的内容。

1. 情况介绍

市场调查报告的情况介绍，即对调查所获得的基本情况进行介绍，是全文的基础和主要内容，要用叙述和说明相结合的手法，将调查对象的历史和现实情况，包括市场占有情况，生产与消费的关系，产品、产量及价格情况等表述清楚。在具体写法上，既可按问题的性质将其归结为几类，采用设立小标题或者撮要显旨的形式，也可以时间为序，或者列示数字、图表或图像等加以说明。无论如何，都要力求做到准确和具体，富有条理性，以便为下文进行分析和提出建议提供坚实充分的依据。

2. 分析预测

市场调查报告的分析预测，即在对调查所获基本情况进行分析的基础上对市场发展趋势作出预测，它直接影响到有关部门和企业领导的决策行为，因而必须着力写好。要采用议论的手法，对调查所获得的资料条分缕析，进行科学的研究和推断，并据以形成符合事物发展变化规律的结论性意见。用语要富于论断性和针对性，做到析理入微、言简意赅，切忌脱离调查所获资料随意发挥，去唱"信天游"。

3. 建议

这部分内容是市场调查报告写作目的和宗旨的体现，要在上文调查情况和分析预测的基础上，提出具体的建议和措施，供决策者参考。要注意建议的针对性和可行性，能够切实解决问题。

主体部分有以下四种基本构筑形式。

(1) 分述式。这种结构多用来描述对事物作多角度、多侧面分析的结果，是多向思维在谋篇布局中的反映。其特点是反映业务范围宽、概括面广。

(2) 层进式。这种结构主要用来表现对事物逐层深化的认识，是收敛性思维在文章谋篇布局中的反映。其特点是概括业务面虽然不广，但挖掘却很深。

(3) 三段式。主体部分由三个段落组成：现状、原因、对策。如此三段，是三个层次，故称三段结构。

(4) 综合式。主体部分将上述各种结构形式融为一体，加以综合运用，即为综合式。例如，用"分述结构"来写"三段结构"中的"现状"；用"三段结构"来写"层进结构"中的一个层次；用"总分结构"来写"分述结构"中的某一方面内容，等等。

### 11.2.5　确定市场调查报告的结尾

结尾的写法灵活多样，调查报告可以有结尾部分，也可以无结尾部分。一般有以下几种。

(1) 自然结尾或无结尾。如果主体部分已把观点阐述清楚，作出了明确结论，就不必再硬加一条尾巴。

(2) 总结性结尾。为加深读者的印象，深化主旨，概括前文，把调查分析后对事物的看法再一次强调，作出结论性的收尾。

(3) 启示性结尾。在写完主要事实和分析结论之后，如果还有些问题或情况需要指出，以引起读者的思考和探讨，或为了展示事物发展的趋势，指出努力方向，就可以写一个富有启示性的结尾。

(4) 预测性结语。有的报告在提出调查分析情况和问题之后，又写出作者的预测，说明发展的趋向，指出可能引起的后果和影响。这是在更广阔的视野上来深化主题。此外，依作者的身份、地位的不同，还可以用号召或警戒语来结尾。

总之，结尾要富于启发性、教育性，给人以信心和鼓舞，文字要简洁有力、干脆利落，不要拖泥带水。市场调查报告的结尾，是作者对问题做了调查后，经过充分的研究、分析而得出的结论性意见，应水到渠成，顺其自然地结束全篇，切忌拖泥带水、画蛇添足。

### 11.2.6 确定市场调查报告的附录

附录是指调查报告正文包含不了或没有提及,但与正文有关必须附加说明的部分。它是对正文的补充或更详尽的说明。附录包括数据汇总表及原始资料背景材料和必要的工作技术报告,如为调查选定样本的有关细节资料及调查期间所使用的文件副本等。

附件也包括复杂、专业性的内容,通常将调查问卷、抽样名单、地址表、地图、统计检验计算结果、表格、制图等作为附件内容。每一内容均需编号,以便查询。

### 11.2.7 各种常见市场调查报告的参考内容

#### 1. 市场需求调查报告

市场需求调查报告的主要内容包括产品销售对象的数量与构成,消费者家庭收入水平,实际购买力,潜在需求量及其购买意向,消费者收入增加额度、需求层次变化情况,消费者对商品需求程度的变化、消费心理等。

#### 2. 市场供给调查报告

市场供给调查报告的主要内容包括商品资源总量及构成、商品生产厂家有关情况、产品更新换代情况、不同商品市场生命周期的阶段、商品供给前景等。

#### 3. 商品销售渠道调查报告

商品销售渠道调查报告的主要内容包括渠道种类与各渠道销售商品的数量、潜力;商品流转环节、路线、仓储情况等。

#### 4. 商品价格调查报告

商品价格调查报告的主要内容包括商品成本、税金、市场价格变动情况;消费者对价格变动情况的反映等。

#### 5. 市场竞争情况调查报告

市场竞争情况调查报告的主要内容包括竞争对手情况;竞争手段;竞争产品质量、性能、价格等。

## 课 程 小 结

本任务作为市场调查工作的结尾工作,首先回顾了市场调查的主要流程,然后为编写市场调查报告作了前提性的知识介绍,包括确定调查报告的类型及阅读对象;确定编写市场调查报告的意义;确定市场调查报告的功能;确定市场调查报告的编写特点。

编写市场调查报告需从以下几点入手：封面、目录、导语、主体、结尾和附录。

## 课 堂 讨 论

市场调查报告和我们前面学过的市场调查方案有无关系？请说明理由。

## 课 后 自 测

一、选择题

1. 市场调查报告应具备的功能有(    )。
    A. 商品交换              B. 描述调查结果
    C. 参考文件              D. 证明所做工作的可信度
2. 封面的内容一般包括(    )。
    A. 标题      B. 报告日期      C. 委托方      D. 调查方
3. 导语部分一般包括(    )。
    A. 调查的背景            B. 调查的目的
    C. 调查的时间、地点      D. 调查的对象范围、方式方法
4. 市场调查报告的主体内容包括(    )。
    A. 消费者需求            B. 情况介绍
    C. 分析预测              D. 建议

二、判断题

1. 市场调查报告是市场调查所有活动的综合体现，是调查成果的集中体现。 (    )
2. 附录是指调查报告正文包含不了或没有提及，但与正文有关必须附加说明的部分。
 (    )
3. 市场调查报告的主体内容是调查报告的核心，也是写作的重点和难点所在。 (    )
4. 调查报告的结尾部分必须有。 (    )

三、简答题

1. 市场调查报告的类型有哪些？
2. 市场调查报告的特点是什么？
3. 编写市场调查报告需要哪些步骤？

# 案例分析

大学生绿色消费认知、态度、意愿以及行为的调查分析

—— 以北京地区大学生为例

## 一、引言

随着人们环境意识的增强和对可持续发展理念的深层认知，绿色消费作为一种内在自省的行为模式，为越来越多的消费者所关注和尝试。现代科技的发展，为绿色消费成为主流消费模式提供了技术支持和利益支撑。随着供应商能够以日趋优惠的价格提供防止或减少环境污染的技术和设备，消费者需求的满足也有了更为充裕的选择空间，消费者可以出于自身健康或环境保护的原因放弃对某种产品或服务的消费，而不必付出较高的成本代价。时至今日，随着绿色食品、绿色家电、绿色住宅以及绿色旅游等绿色产品和服务的风靡，绿色消费已渗透到人们消费的各个领域，在人们生活中占据越来越重要的地位，产品是否绿色环保已经成为多数消费者购物时的重要考虑因素。

大学生作为未来社会消费的主力军，正在接受着系统的高等教育，大学阶段对于增强其绿色消费认知、提升其绿色消费态度和意愿，进而促进其未来主动积极地进行绿色消费是一个良好的契机。这对于提高未来整个社会的绿色消费行为的水平也有积极的作用。

## 二、研究内容

绿色消费行为受很多因素的影响，国外学者们就此做了很多研究。在消费者行为研究领域，学者们基于以下三个不同视角做了大量的研究：第一，探索人口统计变量是否会影响消费者的绿色消费行为；第二，考察消费者关于环境问题的信息量和知识，用以检验个人的环境知识是否会影响其绿色消费行为；第三，考察心理变量对绿色消费行为的影响，主要包括情感、价值观、态度以及意愿等心理因素，以期得出消费者心理与绿色消费行为之间的关系。

在已有研究基础上，本文从绿色消费认知、绿色消费态度、绿色消费意愿、绿色消费行为四个方面调查研究北京地区大学生绿色消费的状况。

## 三、研究方法

本文采用问卷调查的方法进行研究。问卷主要涉及人口统计变量、绿色消费认知、绿色消费态度、绿色消费意愿、绿色消费行为五个方面的17道选择题，问卷内容借鉴参考了在国外研究中应用较为广泛的新环境范式量表等，并结合大学生消费群体的特点进行了问题设计。问卷题项包括单项选择题和多项选择题两种类型，其中一些单项选择题采用了李克特5点量表的表述形式。本文将采用描述统计对调查数据进行分析。

由于大学生的分布比较广泛而且数量庞大，为了方便获取数据，本文依据便利性原则随机选取了北京地区的5所大学的200名同学进行问卷调查，其中包括北京林业大学、北京航空航天大学、北京理工大学、北京邮电大学和中央财经大学。此次调查共发放问卷200

份，回收问卷 194 份，剔除其中答题随意和不认真以及答题不完整的无效问卷后，共有有效问卷 186 份，有效回收率为 93%。其中男性学生 86 份，女性学生 100 份。

## 四、调查数据分析

### (一) 绿色消费认知

调查发现，65%的大学生认为自己对绿色消费的认知一般，23%的大学生同意或非常同意自己了解绿色消费的相关知识。这说明大学生对绿色消费已经有了一定的认识。但是，从图 11-5 和图 11-6 中可以看出其对于绿色消费的具体内容认知还不够全面和深入，因为大学生认为绿色消费所涉及的内容仅仅集中在环保方面，例如对于节约资源、减少污染、循环使用、保护自然等，而对于绿色消费中时间和产品的充分利用方面认识相对较弱。绿色消费已经涉及日常生活中的各个领域，但是大学生们对不同类型绿色产品的认知差异较大，譬如有多达 90%的大学生认为自己了解绿色食品，66%的大学生认为自己了解生态旅游，65%的大学生认为自己了解绿色交通，但对于绿色服饰、绿色化妆品，以及其他领域的认知度仍处于较低水平。

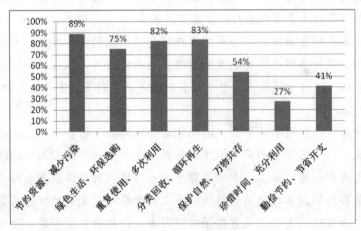

图 11-5 你认为绿色消费包括哪些内容

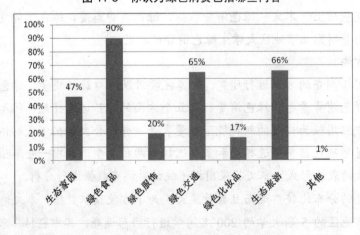

图 11-6 你了解的绿色消费领域有哪些

## (二)绿色消费态度

秦凤洁(2011)在绿色消费态度和绿色消费知识对绿色产品购买行为的影响研究中指出，消费态度是消费者在消费问题上所持有的一种态度、观念和行为倾向。德国学者巴得加的研究指出，一个消费者对污染问题的认知程度会影响其对环保的态度，对环保的态度又会影响其对绿色生活方式的态度，而对绿色生活方式有积极态度的人则会参与绿色产品的购买和消费。在态度对消费者绿色行为的探索分析中，大多数研究都将环境态度视为环境行为的重要预测因素，且大多数实证研究的结果证实了积极的环境态度对环境行为具有显著的预测作用。因此，可以认为大学生积极的绿色消费态度，对于促进其绿色消费行为有正向影响作用。

调查发现，对于是否愿意参加环保活动这一问题，有69%的同学给出同意或完全同意的肯定回答。但是，关于是否会在意自己的消费行为对环境造成影响，只有53%的同学给出肯定回答，有超过40%的同学对于其消费行为是否会影响环境给出否定或一般的回答。关于是否觉得进行绿色消费非常必要，觉得必要或非常必要的同学只有42%。综上所述，可以看出目前大学生对于绿色消费的态度尚不明确，也存在不稳定的特点。

## (三)绿色消费意愿

Ajzen的计划行为理论认为，意向是预测行为的最重要的变量，而绿色消费行为认知、绿色消费态度等都是通过绿色消费意向作用于绿色消费行为的。可见，绿色消费行为很大程度上是由绿色消费意向决定的。所以，大学生的绿色消费意向的强度会直接影响其绿色消费行为的倾向。

调查发现，目前90%的大学生表示很少或偶尔会特意选择绿色产品，几乎不会选购绿色产品的有6%，而愿意经常选购绿色产品的大学生只有4%。这说明目前大学生的绿色消费意愿还处在很低的水平。关于不愿意选购绿色产品的原因，调查数据显示29%的人是因为不会识别绿色产品，27%的认为绿色产品的价格太高，23%的认为绿色产品和普通产品区别不大。这说明目前大学生的绿色消费意愿仍有很大的提升空间。

## (四)绿色消费行为

目前，随着全球环境的急剧恶化，整个社会对于绿色消费的关注度越来越高，越来越多的消费者基于健康、环保等目的加入绿色消费这一行列。据不完全统计，62%的荷兰人、82%的德国人在购物时会考虑到环境保护问题，66%的英国人愿意以更高的价格购买绿色产品，85%的瑞典人愿意为环境清洁支付更高的费用。但是，我国目前的绿色消费水平仍处于较低水平，大部分消费者虽有一定的环保意识，对绿色产品也有一定程度的偏好，但并不愿意为绿色产品支付额外的成本，属于浅色的绿色消费者。

统计数据表明，调查对象中有84%的大学生表示曾有过绿色消费的经历，其中大部分都是浅色的绿色消费者，真正能够坚持绿色消费的人很少。2008年6月以来，我国各大超市实行塑料袋收费制度，这一制度实施以来仍有超过64%的大学生还在使用塑料袋，其中有26%的同学仍觉得几毛钱没关系，还是要塑料袋方便，仅有29%的同学采用环保袋或自制袋。同时，调查数据显示，大学生在购买绿色产品的过程中，其中52%注重质量，27%注重价格，17%注重健康，12%注重品牌，关于便捷性、环保性、服务的关注度均低于5%。这说明，大学生在绿色消费过程中，很大程度受到月收入的限制，几乎很少有同学真正考虑到产品的环保性。至于健康性成为大学生绿色消费的主要关注因素，原因在于受到近年来食品安全问题频出的影响。数据也显示，45%的消费者进行绿色消费的目的是健康。

### 五、结论和建议

#### (一) 结论

大学生对绿色消费已经有一定的认知，但是具体内容仍不够全面和深入。大学生虽然正在接受系统的高等教育，但是目前为止都没有接受过专门针对绿色消费较为系统的教育或培训，仅仅是通过报纸、电视、网络等传统媒体随机地了解绿色消费知识。虽然大学生对于知识的汲取和吸收有着良好的能力，但是由于信息获取不够全面和系统，造成了大学生对于绿色消费认知的局限性。

大学生绿色消费态度尚不明确，仍存在不稳定性。大部分大学生愿意参加环保活动，愿意为环境保护贡献自己的力量。但是，认识到自己的消费行为对环境产生影响的人数并不是很多，而认为绿色消费行为非常必要的人数进一步减少。这说明，大学生对于绿色消费的态度还不是很明确，这与大学生绿色消费认知还不够深入有关。

大学生绿色消费意愿水平较低，仍有很大的提升空间。目前绿色产品的价格一般较高，大学生目前没有稳定收入，大部分生活费用来源于父母，因此不愿花费更高的价格去购买绿色产品。其次，大部分大学生对于绿色产品的标志难以识别，这也在一定程度上抑制了大学生绿色消费意愿。

大学生绿色消费行为水平较低，多为浅色绿色消费者，绿色消费的潜力大。当前大学生在购买绿色产品时对质量与价格因素的考虑最多，对环境保护的考虑仅为2%，说明并不是情愿为绿色产品支付更高的价格。另外，绿色产品较高的价格，也限制了大学生绿色消费行为。

#### (二) 建议

针对大学生方面，大学生作为未来社会的栋梁，对社会的可持续发展和建设有着重要的责任和义务，因此，应该自发地拓宽自己获取绿色消费信息的渠道，增强绿色消费的认知水平，强化绿色消费的态度。

针对高校方面，高校是大学生获取知识的主要渠道，因此，高校应该针对绿色消费设立讲座或是相关性较强的课程，加强大学生的环境认知和环保态度，进一步推动大学生的绿色消费意愿和行为。同时，学校也应为学生作出表率，在采购资源和设备等方面尽量选购绿色产品，让大学生可以提前感受到绿色产品的价值，这对大学生未来的绿色消费会有积极的促进作用。

针对企业方面，目前我国的绿色产品种类较少，价格也相对较高，企业应该加强绿色产品的开发和创新，在增加绿色产品种类的基础上，改善技术，降低价格。其次，企业对于消费者消费方式有一定的引导作用，企业可以通过广告宣传或公共关系等营销活动，引导顾客进行绿色消费，还可以针对大学生这个潜力巨大的消费群体，设计相应的绿色产品。

首先，政府作为市场监管部门，应该加大监管环境保护和产品安全的力度，严惩损害消费者健康的市场行为，尤其是在食品安全方面。其次，政府可以制定相关财政税收政策，以扶持和鼓励企业从事绿色产品的研发、创新和推广，如此不仅可以提高企业的积极性，刺激消费者进行绿色消费，而且对于产业的升级转型都具有积极的影响作用。

(资料来源：陈凯，肖敏. 大学生绿色消费认知、态度、意愿以及行为的调查分析——以北京地区大学生为例[J]. 企业经济，2012(3).)

**问题**：本调查报告的结构是怎样的？从本案例中我们得到什么启示？

**启示**：市场调查报告的编写格式是多样化的，根据阅读对象的不同，市场调查报告的编写格式也不同，可以进行简化。

## 模 拟 实 训

一、实训项目：学生根据上一任务所作的市场调查，编写市场调查报告。

二、实训目标：通过编写市场调查报告，让学生了解市场调查报告的编写方法。

三、实训内容：根据以上几个任务的完成，分组编写一份市场调查报告。完整的调查报告格式应包括封面、目录、前言、主要内容、参考文献和附录。

四、实训组织：全班分成若干小组，每组同学合作完成。

五、实训考核：要求每组同学把写好的市场调查报告打印出来，全班讨论、交流。

# 附录 A  利用 Excel 工具统计汇总调查问卷

## 1. 单选问题的统计

**例 A.1**  如果某洗发水进行促销活动(9 折优惠)，你会去购买吗？

A. 会　　　　　　　　B. 不会

调查问卷共 30 份，利用 Excel 工具进行统计、汇总。

具体操作步骤如下。

(1) 编码。将不同选项用数字代码表示。比如，对"A 会"与"B 不会"的制定代码分别是：1 表示会；2 表示不会。

(2) 录入。进入 Excel，并打开新的工作簿，将 30 份调查问卷的代码输入到 Excel 表格的 B2：B31 单元格中，如图 A-1 所示。

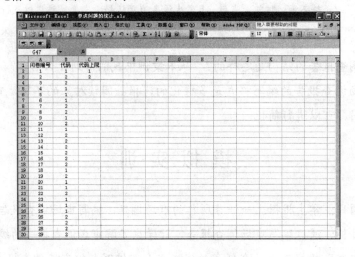

图 A-1  输入调查问卷的代码

Excel 工具要求对每个代码指定一个上限，我们将代码上限输入到 Excel 表格的 C2:C3 单元格中。

(3) 添加数据分析加载项。在 Excel 2010 中添加数据分析功能的步骤如下。

第一步：单击菜单栏中的"文件"→"选项"命令。

第二步：出现新的弹窗，单击"加载项"选项，再单击"转到"加载宏。

第三步：出现新的弹窗，将前面的"分析工具库"复选框选中，单击"确定"按钮。

选择"数据"→"数据分析"命令，在打开的"数据分析"对话框中选择"直方图"选项，如图 A-2 所示。

附录 A 利用 Excel 工具统计汇总调查问卷

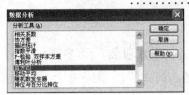

图 A-2 "数据分析"对话框

(4) 单击"确定"按钮，系统将弹出如图 A-3 所示的"直方图"对话框。

(5) 在"输入区域"文本框中输入代码"$B$2:$B$31"；在"接收区域"文本框中输入代码上限"$C$2:$C$3"；在"输出区域"文本框中输入"$E$2"，如图 A-4 所示。

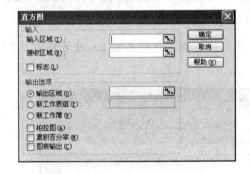　　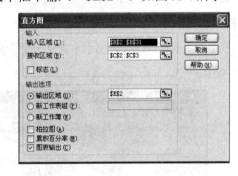

图 A-3 "直方图"对话框　　　　　图 A-4 "直方图"对话框的参数设置

(6) 选中"图表输出"复选框，单击"确定"按钮，结果如图 A-5 所示。

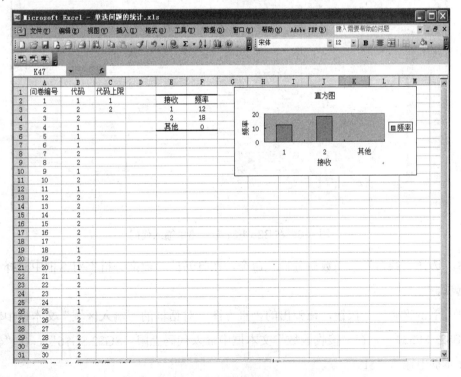

图 A-5 图表输出结果

## 2. 多选问题的统计

**例 A.2** 您喜欢哪种风格的洗发水包装？(可多选)

A. 休闲简约式　B. 优雅高尚式　C. 阳光朝气式　D. 情感氛围式　E. 童真趣味式

调查问卷共 30 份，利用 Excel 工具进行统计、汇总。

具体操作步骤如下。

(1) 编码。将不同选项用数字代码来表示。此例的指定代码是：1 表示休闲简约式；2 表示优雅高尚式；3 表示阳光朝气式；4 表示情感氛围式；5 表示童真趣味式。

(2) 录入。进入 Excel，并打开新工作簿，将 30 份调查问卷的代码输入到 Excel 表格的 B2:F31 单元格中，如图 A-6 所示。

Excel 工具要求对每个代码制定一个上限，我们将代码上限输入到 Excel 表格的 G2:G6 单元格中。

图 A-6　在 B2：F31 单元格中输入代码

(3) 选择"数据"→"数据分析"命令，在打开的"数据分析"对话框中选择"直方图"选项。

(4) 单击"确定"按钮，在弹出的"直方图"对话框的"输入区域"文本框中输入代码"$B$2: $F$31"，在"接收区域"文本框中输入代码上限"$G$2:$G$6"，在"输出区域"文本框中输入"$I$1"。

(5) 选中"图表输出"复选框，单击"确定"按钮，结果如图 A-7 所示。

### 3. 开放式问题的统计

**例 A.3**  您通过什么渠道了解所使用的洗发水？

调查问卷共 30 份，利用 Excel 工具进行统计、汇总。

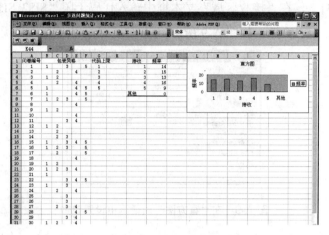

图 A-7  输出图表

具体操作步骤如下。

(1) 编码。对调查问卷进行整理并将调查结果分为七类，将不同类别用数字代码来表示。此例的指定代码是：1 表示电视广告；2 表示商场宣传广告；3 表示报纸杂志；4 表示网络广告；5 表示朋友推荐；6 表示亲自消费体验；7 表示其他途径。

(2) 录入。进入 Excel，并打开新工作簿，将 30 份调查问卷的代码输入到 Excel 表格的 B2：H31 单元格中，如图 A-8 所示。

Excel 工具要求对每个代码制定一个上限，我们将代码上限输入到 Excel 表格的 I2:I8 单元格中。

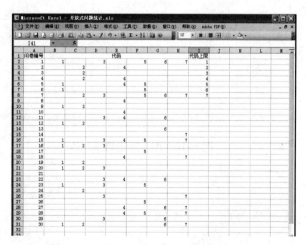

图 A-8  录入代码

(3) 选择"数据"→"数据分析"命令,在打开的"数据分析"对话框中选择"直方图"选项。

(4) 单击"确定"按钮,在弹出的"直方图"对话框中的"输入区域"文本框中输入代码"$B$2: $H$31",在"接收区域"文本框中输入代码上限"$I$2: $I$8",在"输出区域"文本框中输入"$K$1",如图 A-9 所示。

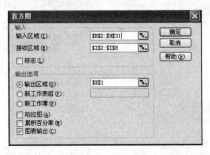

图 A-9　在"直方图"对话框中设置参数

(5) 选中"图表输出"复选框,单击"确定"按钮,结果如图 A-10 所示。

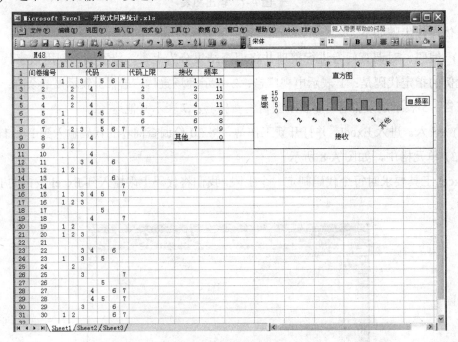

图 A-10　图表输出结果

# 附录 B  利用 Excel 工具绘制统计图

## 1. 直方图

直方图是由若干并列矩形构成，表现分组表中分配在各组中的单位数的图形，又称分配直方图。直方图是用矩形的高度来表述频数(次数)分布状况的图形。各矩形的高低与各组频数(次数)的多少成正比。绘制直方图的基础是分组表。

对于等距分组的数据，我们在平面直角坐标系上，以横轴表示各组的组限(即直方图的宽)，以纵轴表示各组的频数或者频率(直方图的高)。

下面以消费者购买洗发水能接受的价格水平为例，介绍使用 Excel 2010 工具绘制直方图的步骤。

**例 B.1**  消费者购买洗发水能接受的价格水平的调查。

所调查的样本数为 1000 人，被调查者是普通家庭主妇、在校学生、现代上班族、私营企业者四类人。被调查者是在街头随机拦截的，共收回有效问卷 880 份。

问卷的一个问题是："如果您购买此洗发水，您接受的价位是？"
A. 6～8 元/瓶　　B. 8～10 元/瓶　　C. 10～15 元/瓶　　D. 15～20 元/瓶

具体操作步骤如下。

(1) 输入基础数据，如图 B-1 所示。

| A | B | C |
|---|---|---|
| 按价格分组（元） | 人数 | 频率 |
| 6-8 | 400 | 45.45% |
| 8-10 | 230 | 26.14% |
| 10-15 | 150 | 17.05% |
| 15-20 | 100 | 11.36% |
| 合计 | 880 | 100.00% |

**图 B-1  录入基础数据**

按住 Ctrl 键，选中"按价格分组"和"频率"两列。(注意：不包括合计项)

(2) 在"插入"选项卡的"图表"组中，单击要使用的图表类型，然后单击图表子类型。本例中，选择"柱形图"选项卡中的"二维柱形图"选项，如图 B-2 所示。

(3) 使用"图表工具"图表标题、数据标签等命令可添加标题和数据标签等图表元素，以及更改图表的设计、布局或格式。

**注意：** 如果"图表工具"图表标题、数据标签等命令不可见，请单击图表内的任何位置将其激活。

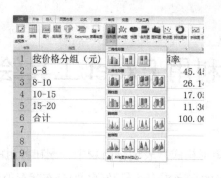

图 B-2　选择"二维柱形图"选项

为了使图表更加清晰明确,首先给图表添加标题,从"布局"选项卡中选择。通常图表中有两种标题:一种是图表本身的标题;另一种是坐标轴标题,包括主要横坐标轴标题(即 X 轴的标题)和主要纵坐标轴标题(即 Y 轴上的标题)。本例中,图表标题为"洗发水价格柱形图",X 轴的标题为"价格",Y 轴的标题为"频率",如图 B-3~图 B-5 所示,结果见图 B-6。

(4) 将柱形图调整为直方图,方法是:在柱形图上右击,在弹出的快捷菜单中选择"数据系列格式"命令,如图 B-7 所示,系统会弹出"设置数据系列格式"对话框。在"系列选项"选项卡的"分类间距"微调框中输入"0",如图 B-8 所示,然后单击"确定"按钮。调整后的图形如图 B-9 所示。

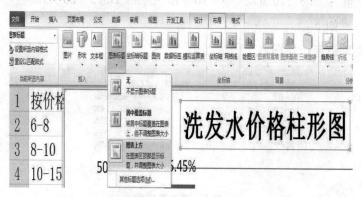

图 B-3　添加图表标题

图 B-4　添加 X 轴标题

附录 B 利用 Excel 工具绘制统计图

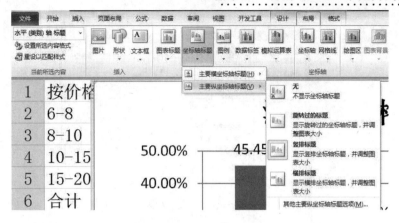

图 B-5　添加 Y 轴标题

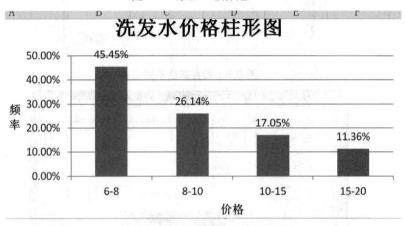

图 B-6　在图表数据源的工作表旁插入图表

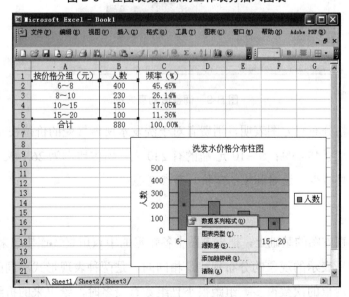

图 B-7　选择"数据系列格式"命令

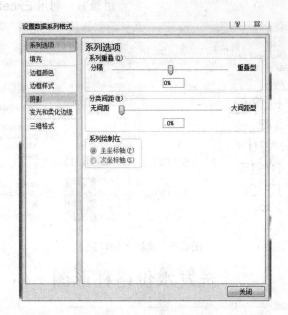

图 B-8 设置数据系列格式

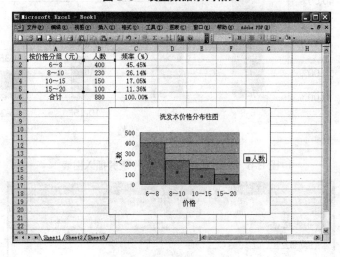

图 B-9 调整后的直方图

该洗发水价格分布直方图表明，消费者对于洗发水所能接受的价位在 6~8 元/瓶的有 400 人，所占比例为 45.45%；8~10 元/瓶的有 230 人，所占比例为 26.14%。随着价格的升高，购买人数明显减少，这对商家的定价具有参考意义。

2. 折线图

折线图是在直方图的基础上，把直方图中各矩形的中点用直线连接起来所形成的图形。直方图与折线图所表示的现象的分布规律是相同的，是两种表现形式不同的次数分配图示方法。但所观察现象的次数很多、组距很小且组数有很多时，绘出来的折线图就会光滑，接近一条曲线。

**例 B.2** 下面仍以消费者购买洗发水能接受的价格水平为例,介绍使用 Excel 工具绘制折线图的步骤。

具体操作步骤如下。

(1) 输入基础数据,选中"按价格分组"和"人数"两列。

(2) 选图形。在"插入"选项卡的"图表"组中,单击要使用的图表类型,然后单击图表子类型。本例中,选择"折线图"→"二维折线图"→"带数据标记的折线图"选项,如图 B-10 所示。

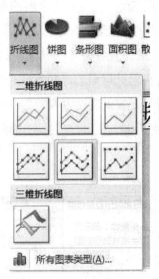

图 B-10 选择"折线图"选项

(3) 以下步骤与直方图的制作步骤相同,最终得到绘制结果如图 B-11 所示。

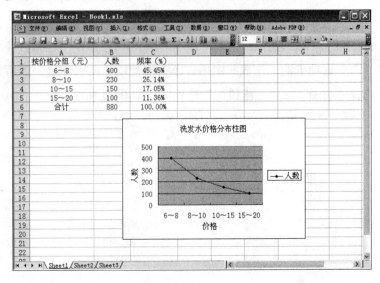

图 B-11 折线图的绘制结果

该调查项目的结果表明，消费者对购买洗发水所能接受的价位，随着价格的升高，购买人数逐渐减少，呈明显的下降趋势。

### 3. 饼图

饼图，也称圆形图，是用圆形及圆内扇形的面积来表示数值大小的图形。立体图比平面图更能引人注意，增强了显示效果。饼图主要用于表示总体中各组成部分所占的比例，在研究结构性问题中经常用到。

下面以例 B.3 为例，介绍使用 Excel 工具制作饼图的步骤。

**例 B.3** 对于洗发水购买地点的调查。

所调查的样本数为 1000 人，被调查者是普通家庭主妇、在校学生、现代上班族、私营企业者四类人。被调查者是在街头随机拦截的，共收回有效问卷 880 份。

问卷的一个问题是："您最常在哪购买洗发水？"(单选题)

  A. 大型超市      B. 便利店      C. 批发市场      D. 其他

具体操作步骤如下。

(1) 输入基础数据，如图 B-12 所示。

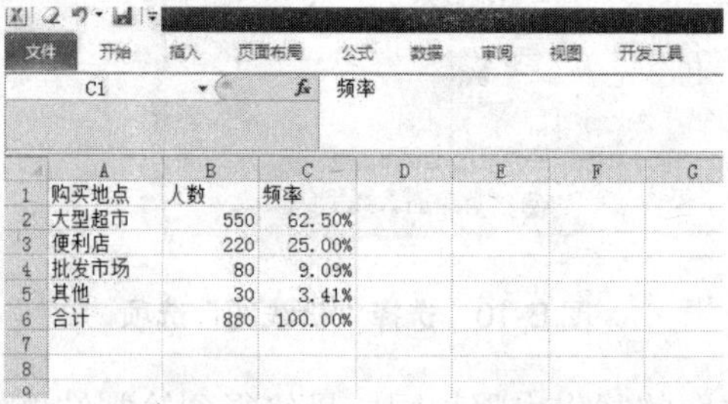

图 B-12 录入基础数据

按住 Ctrl 键，选中"按购买地点"和"频率"两列。(注意：不包括合计项)

(2) 在"插入"选项卡的"图表"组中，单击要使用的图表类型，然后单击图表子类型。本例中，选择"饼图"→"三维饼图"选项，如图 B-13 所示。

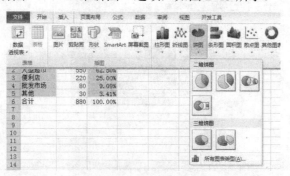

图 B-13 选择"三维饼图"选项

(3) 使用"图表工具"图表标题、数据标签命令可添加标题和数据标签等图表元素，以及更改图表的设计、布局或格式。

注意：如果"图表工具"图表标题、数据标签命令不可见，请单击图表内的任何位置将其激活。

(4) 添加图表标题。单击工具栏的"布局"，选择"图表标题"命令，在下级菜单中选择相应的命令设置图表标题在图表中出现的位置。这里选择"图表上方"命令，如图 B-14 所示。图表标题：购买洗发水地点。

(5) 设置图例位置。单击工具栏中的"布局"，选择"图例"命令，在下级菜单中选择相应的命令设置图例位置。这里选择"在底部显示图例"命令，如图 B-15 所示。

图 B-14　添加图表标题　　　　　图 B-15　设置图例位置

(6) 图示中添加类别名称和数值。选中饼图并右击，从弹出的快捷菜单中选择"设置数据标签格式"命令，如图 B-16 所示。打开"设置数据标签格式"对话框，选择"标签选项"选项卡，选中"值"和"类别名称"复选框，如图 B-17 所示。

图 B-16　设置数据标签格式

(7) 完成上述步骤后即可得到如图 B-18 所示的图形。

由饼图可以看出，消费者选择在超市购买洗发水的人数最多，占到 62.50%；选择在便利店的人数次之，占到 25.00%；选择在批发市场和其他地方的最少，分别为 9.09% 和 3.41%。这对商家选择销售布点有着重要的参考意义。

图 B-17　设置标签选项

图 B-18　完成饼图的制作

# 附录 C  用 Excel 软件计算描述统计量

下面以某公司 2000—2009 年洗发水的销售收入(如表 C-1 所示)为例,介绍使用 Excel 工具计算均值和标准差等描述统计量的方法。

表 C-1  某公司 2000—2009 年洗发水的销售收入  单位:万元

| 年份 | 2000 | 2001 | 2002 | 2003 | 2004 | 2005 | 2006 | 2007 | 2008 | 2009 |
| --- | --- | --- | --- | --- | --- | --- | --- | --- | --- | --- |
| 销售收入 | 272 | 304 | 312 | 328 | 344 | 364 | 380 | 404 | 432 | 452 |

具体操作步骤如下。

(1) 添加数据分析加载项。在 Excel 2010 中添加数据分析功能的步骤如下。

第一步:选择菜单栏中的"文件"→"选项"命令。

第二步:出现新的弹窗,单击"加载项"选项,再单击"转到"加载宏。

第三步:出现新的弹窗,选中"分析工具库"复选框,单击"确定"按钮。

选择"数据"→"数据分析"命令,如图 C-1 所示。

图 C-1  选择"数据"→"数据分析"命令

(2) 在打开的"数据分析"对话框中选择"描述统计"选项,然后单击"确定"按钮,如图 C-2 所示。

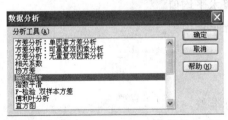

图 C-2  "数据分析"对话框

(3) 系统弹出"描述统计"对话框,在"输入区域"文本框中输入数据所在的单元,在"输出区域"文本框中输入输出区域(在此选中"新工作表组"单选按钮),并选中"汇总统计"复选框(该复选框给出全部描述统计量),如图 C-3 所示。

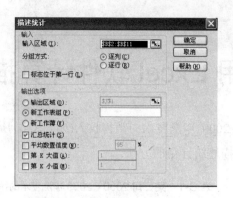

图 C-3 "描述统计"对话框

(4) 单击"确定"按钮,得到计算结果,如图 C-4 所示。

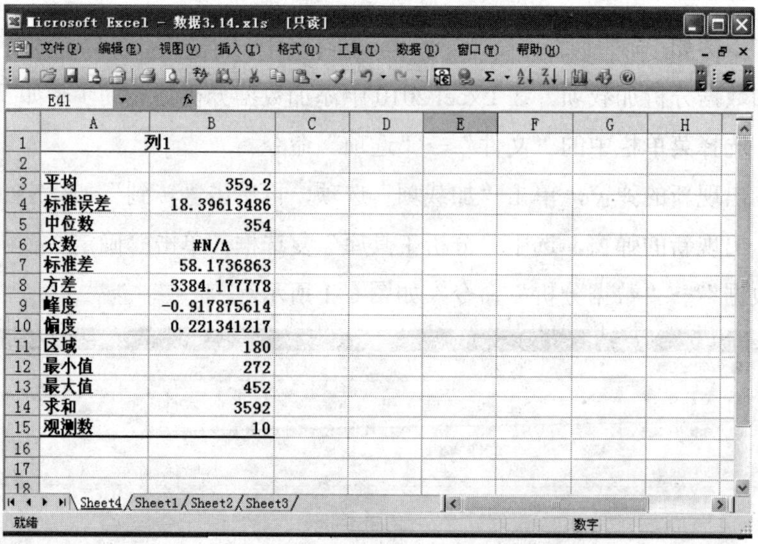

图 C-4 计算结果

"描述统计"分析工具输出结果每项指标的解释如下。

(1) 平均——均值、算术平均值。

(2) 标准误差——抽样平均误差。

(3) 中位数——中值。

(4) 众数——模式。

(5) 标准差——样本标准差。

(6) 方差——样本方差。

(7) 峰度——峰值。

(8) 偏度——偏斜度。

(9) 区域——极差。

(10) 最小值。

(11) 最大值。

(12) 求和。

(13) 观测数——数据个数。

对于分组的组距变量分布数列,可以直接利用 Excel 工作表,列表计算出集中趋势值(均值)和离中趋势值(标准差),上述的任务都是这样完成的。

# 附录 D　运用 Excel 进行回归分析

运用 Excel 进行回归分析的具体操作步骤如下。

## 1. 绘制散点图

两个变量之间的关系，通常可以通过散点图直观地表示出来。通过散点图，可以大致看出两个变量之间相关关系的形态、方向和密切程度。

根据表 D-1 中的数据，利用 Excel 2010 工具绘制散点图，具体操作步骤如下。

表 D-1　某公司 2000—2009 年洗发水的销售收入与促销费用　　单位：万元

| 年　份 | 促销费用 | 销售收入 |
|---|---|---|
| 2000 | 4 | 272 |
| 2001 | 5.2 | 304 |
| 2002 | 5.6 | 312 |
| 2003 | 6.4 | 328 |
| 2004 | 7.2 | 344 |
| 2005 | 8.2 | 364 |
| 2006 | 9.4 | 380 |
| 2007 | 10.4 | 404 |
| 2008 | 11.6 | 432 |
| 2009 | 12.8 | 452 |

(1)　进入 Excel，打开新工作簿，在 A1:C11 单元格中分别输入年份、促销费用与销售收入的相关数据，如图 D-1 所示，选中“促销费用”和“销售收入”列。

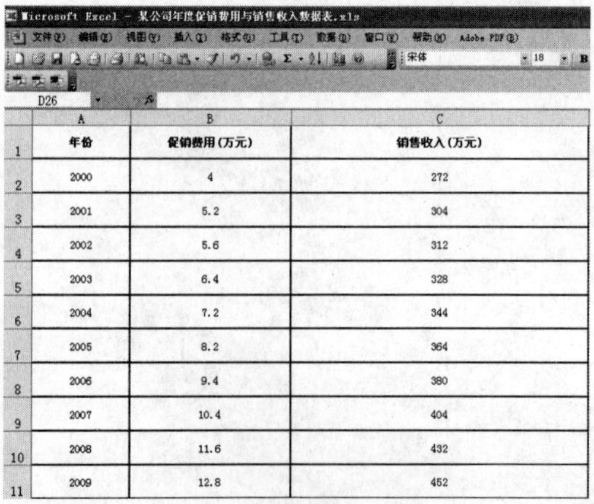

| 年份 | 促销费用(万元) | 销售收入(万元) |
|---|---|---|
| 2000 | 4 | 272 |
| 2001 | 5.2 | 304 |
| 2002 | 5.6 | 312 |
| 2003 | 6.4 | 328 |
| 2004 | 7.2 | 344 |
| 2005 | 8.2 | 364 |
| 2006 | 9.4 | 380 |
| 2007 | 10.4 | 404 |
| 2008 | 11.6 | 432 |
| 2009 | 12.8 | 452 |

图 D-1　输入相关的数据

(2) 选择工具栏中的"插入"按钮，选择"图表"区域右下角的箭头，单击"创建图表"，打开"插入图表"对话框，选择"XY(散点图)"选项，并在选项区域选择第一种"散点图"选项，如图 D-2、D-3 所示。

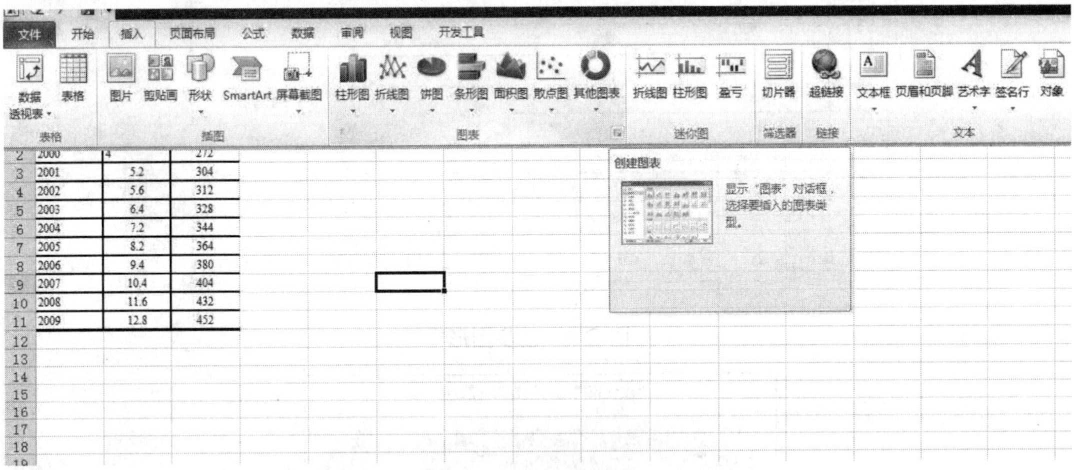

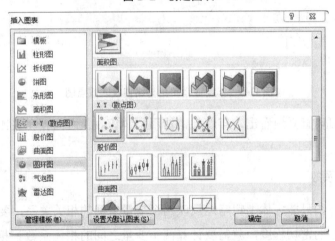

图 D-2　创建图表

图 D-3　"插入图表"对话框

(3) 单击"确定"按钮，形成初步图形，如图 D-4 所示。

(4) 单击图表工具，在"布局"选项卡的图表标题文本框中输入标题"年度促销费用与销售收入散点图"，在坐标轴标题选项卡中，主要横坐标轴标题(即 X 轴的标题)文本框中输入"年度促销费用(万元)"和主要纵坐标轴标题(即 Y 轴上的标题)文本框中输入"销售收入(万元)"。单击"图例"或者"数据标志"标签等，还可以对图例、数据标志等方面的内容进行相应的设置和修改。

完成以上内容，即得到散点图，如图 D-5 所示。

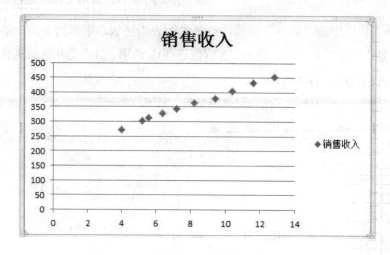

图 D-4　初步图形

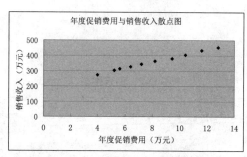

图 D-5　年度促销费用与销售收入散点图

从散点图中可以直观地看出，年度促销费用与销售收入之间存在着比较明显的正线性相关关系。

**2. 计算相关系数**

相关表和散点图只能大体上粗略地反映两个变量之间的相关关系，要确切地掌握两个变量之间相关关系的密切程度，就需要计算两个变量之间的相关系数。相关系数是反映两个变量之间线性相关关系密切程度的最主要指标。

为了确切掌握该公司年度促销费用与销售收入之间相关关系的密切程度，可以计算两个变量之间的相关系数。相关系数的计算可借助于 Excel 软件。运用分析数据库中的"相关系数"模块计算年度促销费用与销售收入之间的相关系数的具体步骤如下。

(1) 在"工具"菜单中加载"数据分析"功能。

"数据分析"作为一种宏程序，在初装 Excel 软件时可能没有被加载，若想在功能菜单中加载这项功能，就需要先执行"加载宏"命令。

添加数据分析加载项。在 Excel 2010 中添加数据分析功能的步骤如下。

第一步：选择菜单栏中的"文件"→"选项"命令。

附录 D 运用 Excel 进行回归分析

第二步：出现新的弹窗，单击"加载项"选项，再单击"转到"加载宏。

第三步：出现新的弹窗，将前面的"分析工具库"复选框选中，单击"确定"按钮。

最后，单击"确定"按钮即可。这时再查看"数据"菜单，就会发现"数据分析"选项被添加了，如图 D-6 所示。

图 D-6 添加"数据分析"选项

(2) 选择"数据"→"数据分析"命令，在打开的"数据分析"对话框中选择"相关系数"选项，如图 D-7 所示。

图 D-7 选择"相关系数"选项

(3) 单击"确定"按钮后，弹出"相关系数"对话框，在"输入区域"文本框中输入"$B$2:$C$11"(或用鼠标拖选)(如果在"输入区域"文本框中输入$B$1:$C$11，则应选中"标志位于第一行"复选框)，在"输出选项"选项组选中"新工作表组"(默认值)单选按钮(作为结果输出区域)，如图 D-8 所示。

图 D-8 "相关系数"对话框

(4) 单击"确定"按钮即得相关系数，结果如图 D-9 所示。

| | A | B | C |
|---|---|---|---|
| 1 | | 促销费用(万元) | 销售收入(万元) |
| 2 | 促销费用(万元) | 1 | |
| 3 | 销售收入(万元) | 0.998325506 | 1 |

图 D-9 Excel 计算的相关系数

从图 D-9 中可以看出，该公司年度促销费用与销售收入之间的相关系数为 0.998，表明两个变量之间存在着高度的正线性相关关系。

### 3. 对变量之间的关系进行回归分析

在相关分析的基础上，可以对变量之间的关系进行进一步的回归分析。回归分析主要是通过在变量之间建立模型来具体揭示变量之间的数量关系。这里主要介绍如何通过 Excel 工具对两个变量进行一元线性回归分析，从而反映两个变量之间的线性相关关系。

运用分析工具库中的"回归"模型进行回归分析的具体操作步骤如下。

(1) 在如图 D-6 所示的数据表的窗口中选择"数据"→"数据分析"命令，在打开的"数据分析"对话框中选择"回归"选项，如图 D-10 所示。

(2) 单击"确定"按钮，弹出"回归"对话框，在"Y 值输入区域"文本框中输入"$C$1:$C$11"(或用鼠标拖选)(因变量为年度销售收入)，在"X 值输入区域"文本框中输入"$B$1:$B$11"(或用鼠标拖选)(自变量为年度促销费用)，在"输出选项"选项组中选中"新工作表组"(默认值)单选按钮(作为输出区域)，如图 D-11 所示。

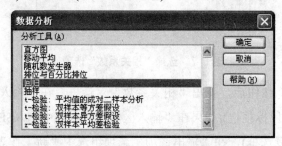

图 D-10 选择"回归"选项

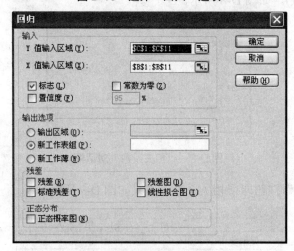

图 D-11 "回归"对话框

(3) 单击"确定"按钮后，得到的主要计算结果如表 D-2 所示。

表 D-2　回归分析中的回归统计结果

| 回归统计 | |
|---|---|
| Multiple $R$ | 0.998 325 506 |
| Square $R$ | 0.996 653 815 |
| Adjusted $R$ Square | 0.996 235 542 |
| 标准误差 | 3.569 256 817 |
| 观测值 | 10 |

表 D-2 中的回归统计结果主要反映回归方程的整体拟合效果。Square $R$ 中，$R^2$ 就是回归方程的判定系数，$R^2$ 的取值范围在 0 和 1 之间。一般来说，$R^2$ 越大，回归方程的拟合效果就越好。表 D-2 中的 $R^2$ 接近 0.9967，可以说明该公司年度销售收入($y$)与该公司年度促销费用($x$)之间有着很显著的线性相关关系。Multiple $R$ 是判定系数的正平方根，Adjusted $R$ Square 是修正的 $R^2$。标准误差是对随机误差项 $\varepsilon$ 的标准差的估计，也可以表现回归方程的整体拟合程度。

表 D-3 是回归分析中的方差分析表，其中的 F 及 Significance F 是对回归方程的显著性检验，也常被用来衡量回归方程的整体拟合效果。

表 D-3　回归分析中的方差分析表

| | df | SS | MS | F | Significance F |
|---|---|---|---|---|---|
| 回归分析 | 1 | 30 355.68 | 30 355.68 | 2382.783 | 3.432 73E-11 |
| 残差 | 8 | 101.9168 | 12.739 59 | | |
| 总计 | 9 | 30 457.6 | | | |

表 D-4 是回归系数和 $t$ 检验的计算结果。从表中可以看出，回归方程的截距项即常数为 198.247，斜率即回归系数为 19.921。通过 $t$ Stat($t$ 检验值)和 P-value($P$ 值)可以判断出，回归方程的常数项和回归系数都是显著的。所以，回归方程为

$$\hat{y} = 198.247 + 19.921x$$

式中：$\hat{y}$——回归值。

表 D-4　回归系数和 $t$ 检验的计算结果

| | Coefficients | 标准误差 | $t$ Stat | P-value | Lower 95% | Upper 95% |
|---|---|---|---|---|---|---|
| Intercept | 198.247 | 3.485 | 56.88 | 1.01E-11 | 190.205 | 206.279 |
| 促销费用 | 19.921 | 0.408 | 48.81 | 3.43E-11 | 18.979 | 20.861 |

# 参 考 文 献

[1] 范云峰. 营销调研策划[M]. 北京：机械工业出版社，2004.
[2] 范伟达. 市场调查教程[M]. 上海：复旦大学出版社，2002.
[3] 赵轶. 市场调查与分析[M]. 北京：北京交通大学出版社，2008.
[4] 李世杰，王峰. 市场调查与预测[M]. 武汉：武汉理工大学出版社，2005.
[5] 叶叔昌，邱红彬. 营销调研实训教程[M]. 武汉：华中科技大学出版社，2006.
[6] 唐立军. 市场调查与预测[M]. 北京：中国商业出版社，2001.
[7] 马连福. 现代市场调查与预测[M]. 北京：首都经济贸易大学出版社，2002.
[8] 伊恩·布雷. 市场调查问卷设计宝典[M]. 胡零，刘智勇，译. 上海：上海交通大学出版社，2005.
[9] 延静. 调查技能与分析[M]. 北京：清华大学出版社，2006.
[10] 雷培莉，姚飞. 市场调查与预测[M]. 北京：经济管理出版社，2004.
[11] 庄贵军. 市场调查与预测[M]. 北京：北京大学出版社，2007.
[12] 林根祥，吴晔，吴现立. 市场调查与预测[M]. 武汉：武汉理工大学出版社，2005.
[13] 李桂荣. 市场调查与预测[M]. 北京：经济管理出版社，2004.
[14] 赵喜仓，马志强，何嫦. 市场调查与预测[M]. 镇江：江苏大学出版社，2007.
[15] 王秀娥. 市场调查与预测[M]. 北京：清华大学出版社，2008.
[16] 张灿鹏，郭砚常. 市场调查与分析预测[M]. 北京：清华大学出版社，2008.
[17] 韩东信. 市场调查与预测[M]. 上海：上海交通大学出版社，2001.
[18] 于翠华. 市场调查与预测[M]. 北京：电子工业出版社，2009.
[19] 贾俊平. 统计学[M]. 北京：中国人民大学出版社，2007.
[20] 安德森. 商务与经济统计[M]. 北京：机械工业出版社，2006.
[21] 阿尔文·C.伯恩斯，罗纳德·F.布什. 市场调研[M]. 北京：中国人民大学出版社，2002.
[22] 孙国辉. 市场调查与预测[M]. 北京：中国财政经济出版社，2004.
[23] 车礼，胡玉立. 市场调查与预测[M]. 武汉：武汉大学出版社，2000.
[24] 李君，刘智琳，卢娟，等. 成都大学生绿色消费状况的调查与分析[J]. 消费导刊，2008(9).
[25] 曾宇容，王洁. 大学生绿色消费内在机理调查与研究[J]. 消费经济，2009(10).
[26] 何凤波. 城市居民绿色消费影响因素的研究[D]. 吉林大学硕士学位论文，2010(6).
[27] 于伟. 消费者绿色消费形成机理分析[J]. 消费经济，2009(8).
[28] 秦凤洁. 绿色消费态度和绿色消费知识对绿色产品购买行为的影响浅析[J]. 市场营销，2011(1).
[29] Ajzen. I, The Theory of Planned Behavior [J]. Organizational Behavior and Human Decision Processes，1991(50).
[30] 杨肖丽，张道昱. 绿色食品消费的认知、态度和相关因素分析[J]. 市场与贸易，2006(12).
[31] 向欣. 当前大学生消费行为分析与对策研究[J]. 现代教育科学与高教研究，2009(2).